今、なぜ記録管理なのか
＝記録管理の**パラダイムシフト**
──コンプライアンスと説明責任のために──

KOTANI masashi
小谷 允志

PARADIGM SHIFT

日外選書
Fontana

カバー・デザイン:山中章寛+岐部友祐

目　次

今、なぜ記録管理なのか ——序に代えて ……………… 7
1. 政府記録に関する不祥事：年金記録など ……………… 7
2. 民間企業の不祥事：食品偽装 ……………… 10
3. 民間企業の不祥事：品質関連の事故 ……………… 11
4. 組織の隠蔽体質と記録管理 ……………… 13
5. 今、なぜ記録管理なのか ……………… 14

第1章　日本の文書管理の問題点 ……………… 17
1. グローバル・スタンダードとの関連で ……………… 17
2. 日本での文書・記録に対する考え方 ……………… 17
3. 文書と記録の違い ……………… 20
4. 文書管理と記録管理はどう違うのか ……………… 22
5. 法制度・体制から見た問題点 ……………… 25
6. 日米国立公文書館比較 ……………… 33
7. 民間企業における文書管理の問題 ……………… 36
8. 文書管理専門職の育成 ……………… 38

第2章　記録管理のパラダイムシフト ……………… 45
1. 記録管理のパラダイムシフトとは ……………… 45
2. これまでの文書管理とその背景 ……………… 46
3. これからの記録管理 ……………… 47
4. パラダイムシフトを促進する要因 ……………… 51

第3章　説明責任と文書管理　—情報公開法制を中心に— …… 69
1. 説明責任（アカウンタビリティ）の意味 ……………… 69
2. アカウンタビリティの起源 ……………… 70

3. アカウンタビリティと情報公開法 ……………………………… 71
   4. 情報公開法制と文書管理 ………………………………………… 72
   5. 行政機関情報公開法における文書管理 ………………………… 74
   6. 「行政文書の管理方策に関するガイドライン」………………… 77
   7. 記録管理の国際標準 ISO15489 とアカウンタビリティ ……… 82
   8. アーカイブズと説明責任 ………………………………………… 82
   9. 民間企業における説明責任 ……………………………………… 83

第 4 章　記録管理の目的 …………………………………………… 87
   1. 説明責任（アカウンタビリティ）を果たす …………………… 88
   2. 知識管理（ナレッジマネジメント）を行う …………………… 89
   3. 危機管理（リスクマネジメント）を行う ……………………… 91

第 5 章　国際標準に則った記録管理プログラム ………………… 97
   1. 記録管理の要求事項 ……………………………………………… 97
   2. 記録の品質（良い記録の要件）………………………………… 100
   3. 記録管理プログラムの作成 ……………………………………… 103
   4. 記録管理方針の明確化 …………………………………………… 107
   5. 記録管理の責任の明確化 ………………………………………… 108
   6. 記録のライフサイクル管理のルール作り ……………………… 109

第 6 章　電子文書管理の課題 ……………………………………… 131
   1. 電子文書をめぐるオフィスの現状 ……………………………… 131
   2. 問題の背景 ………………………………………………………… 132
   3. 電子文書管理の課題 ……………………………………………… 133
   4. 電子文書管理の方向とその留意点 ……………………………… 134
   5. 電子メール記録の管理をどうするか …………………………… 142
   6. 電子文書管理の今後の方向 ……………………………………… 147

4

第 7 章　内部統制のための記録管理 ……………………………… 151
1. 日本版 SOX 法「金融商品取引法」のインパクト ……………… 151
2. サーベンス・オクスレー法（SOX 法）とは ……………………… 152
3. サーベンス・オクスレー法を制定させたエンロンの破綻 ……… 153
4. SOX 法と記録管理の関係 …………………………………………… 155
5. 日本でも同様の不祥事が多発 ……………………………………… 156
6. 日本版 SOX 法「金融商品取引法」 ………………………………… 158
7. 新会社法の内部統制 ………………………………………………… 161
8. 会社法施行規則による内部統制の細則 …………………………… 163
9. 金融商品取引法・新会社法が求める記録管理 …………………… 166

第 8 章　対談 ― 文書、コンプライアンス、リスクマネジメント、
　　　　　　ディスクロージャー　長谷川俊明、小谷允志 …………… 171
内部統制の周辺 ………………………………………………………… 171
手続的正義、ということ ― プロセスをもってプロセスをチェックする … 173
文書管理規程の形骸化 ………………………………………………… 178
文書管理の専門職、レコードマネジャーの必要性 ………………… 180
訴訟社会と文書 ………………………………………………………… 183
製造物責任 ― 製造記録をいつまで取っておくか ………………… 186
戦後補償問題のケース ………………………………………………… 187
電子メールの管理、情報のデジタル化への対応 …………………… 189
記録の品質 ― 真正性、完全性、信頼性、利用性 ………………… 192
本音の出る電子メール ………………………………………………… 194
今後の文書管理 ………………………………………………………… 196

第 9 章　情報セキュリティと記録管理 …………………………… 201
1. 情報セキュリティと記録管理 ……………………………………… 201
2. 情報セキュリティと情報リスク …………………………………… 202

3. 情報の機密性をめぐるリスク ………………………………… 203
　4. 情報の完全性をめぐるリスク ………………………………… 213
　5. 情報の可用性をめぐるリスク ………………………………… 215
　6. まとめ：記録の不正な取扱いを防ぐには ………………………… 218

第 10 章　文書管理の専門職 …………………………………………… 223
　1. 「公文書管理の在り方等に関する有識者会議」の動き…………… 223
　2. 文書管理の専門職（レコードマネジャー）の役割・機能 ………… 223
　3. 文書管理専門職（レコードマネジャー）の資質・能力 …………… 225
　4. 記録情報管理の基本能力（コア・コンピタンシー）……………… 227
　5. CRM（認定記録管理者）資格認定制度 …………………………… 231

参考文献 ……………………………………………………………………… 234

索引（事項・人名）………………………………………………………… 241

あとがき …………………………………………………………………… 249

今、なぜ記録管理なのか ──序に代えて

１．政府記録に関する不祥事：年金記録など

　ここのところ官民を問わず組織の不祥事が目立つが、その中には記録の不適切な取り扱いに関係したものが少なくない。その中でも特に社会的・政治的に大きな話題となったのが社会保険庁の年金記録問題である。「記録」というものの重要性を、これほど多くの人々に印象付けてくれた事件は今までなかったのではないか。社会保険庁の杜撰な年金記録の管理のお陰で、皮肉にも日頃、一般の人々にはあまり馴染みのない「記録」という言葉を広く社会的に認知させてくれたのがこの事件である。

　最初、持ち主の分からない、いわゆる「宙に浮いた記録」が５千万件あると聞いて、その数の巨大さに驚いたが、このような事態を起こしながら長年放置していた社会保険庁という役所の体質、仕事振りにも驚かされたのである。

　この年金記録問題は、2007年２月、５千万件の基礎年金番号が付与されていない、該当者不明の年金記録の存在が判明して以来、様々な問題が明らかになってきた。例えばコンピュータに収納されずマイクロフィルムのまま残っているもの（1,430万件）、生年月日の間違いや不記載（30万２千件）、記録の一部または全部が存在しないもの（２万件）、氏名や納付実績を手書きした名簿をすべて廃棄していたもの、年金記録を管理するコンピュータに不正にアクセスし、納付記録を改ざんするなど悪質な例もあったという。さらに９月になっ

て、社会保険庁は不明記録5千万件の内、1割強に相当する524万件については氏名が登録されていなかったことを公表、記録の名寄せ作業に影響が出ることが懸念された。やはり12月になると名寄せしても解明できない記録が約4割の1,975万件もあることが社会保険庁の調査で判明したことから、舛添厚生労働大臣は、当時の安倍首相や自身が言っていた「2008年3月までにすべての名寄せを完了する」という当初の公約を翻し、「期限はエンドレスであり、照合できないもの、分からないものも出てくる」と発言し、物議をかもした。舛添厚労相は「正直言って、ここまで杜撰だったとは予想外だった」と語り、問題の根の深さを垣間見せた。

　その問題の年金記録であるが、基本的に年金記録には①原簿（紙）、②マイクロフィルム（バックアップ用）、③磁気テープ（コンピュータ作業用）の3種があり、これらの間に食い違いが生じたり、原簿がなくなったりしているのである。そして実際に名寄せができない理由としては、①コンピュータの入力ミス（名前の読み違い、生年月日の数字の間違い、性別の間違い等）、②結婚で姓が変わった、③漢字の変換ミスなどがある。いずれにしても、これらの杜撰な管理の背景には、そもそも社会保険庁の職員に公的な記録をきちんと残すという意識が根本的に欠落していたということが大きいと考えられる。

　このことは一社会保険庁のみの問題ではなく、多かれ少なかれ日本の役所に共通する問題であるといえよう。それが証拠に、同じ厚生労働省では、血液製剤フィブリノゲンの投与でC型肝炎に感染した可能性のある患者418名のリスト[注1]が放置されていたという事実が出てきた。患者への告知がなかったために治療の機会を逸し、命をなくした人がいたと考えられることから、厚労省の不作為の責任が問題となったのである。舛添厚労相が2007年10月の国会答弁で存在を否定した実名入り資料が、3日後に地下倉庫から発見された問題では、2004年7月にその資料が倉庫に移されていたことを後任の職員に引継いでいなかったため見つからなかったのだという。これについて厚労省は12月に「行政執行における文書管理の大切さの意識が欠落していた。厚労行政に対する信用を失墜させた」として、文書管理の責任者3名を処分している[注2]。

厚労省は1996年、エイズ薬害訴訟時に、非加熱血液製剤の危険性を認知していたことを示す資料（いわゆる郡司ファイル）を隠蔽、当時の菅直人厚生大臣の鶴の一声で、その資料が出てきたことがあったが、それと同様なことを繰り返していたわけだ[注3]。

　また防衛省では2007年10月、インド洋での米艦船への給油量の誤りを隠蔽していたことが判明、防衛省の隠蔽体質が非難されるという事件が起きている。ことの始まりは、イラク戦争開戦直前の2003年2月、海上自衛隊が提供した油80万ガロンが米空母に再給油され、イラク作戦に転用されたのではないかという疑惑があったのだが、政府は給油したのは20万ガロンであり、その量ではイラク戦争への転用はあり得ないと説明していた。ところがその後、防衛省は情報の入力ミスで実は80万ガロンだったとこれを訂正。そもそも海上幕僚監部は2003年当時から、その誤りに気づいていたにもかかわらず防衛庁長官（当時）らに報告せず、隠蔽していたことが判明したのである[注4]。防衛省は2007年12月、この給油量取り違いの隠蔽問題で海幕幹部ら10名を処分している。

　さらにこれに関連して、2007年7月にインド洋で給油活動に当たった海上自衛隊補給艦の航泊日誌が誤廃棄されるという事件が起きている。補給艦「とわだ」の航海科員が、航泊日誌の文書保存期間が4年ということを知らず、また上司の文書管理者の許可も得ずに、2003年7〜12月の航泊日誌をシュレッダーで処分したというのである[注5]。また同じ防衛省で、2007年12月にはイージス艦情報漏洩事件が起き、米国から提供された最高レベルの防衛秘密を含む資料が海上自衛隊内に流出、秘密保護法違反の容疑で海自の幹部が逮捕されるに至っている[注6]。

　これら一連の事件から考えられたのは、防衛省という組織には記録管理を含む情報管理に何か根本的な問題が存在するのではないかという点であった。事実、この直後の2008年2月19日には、そのことを象徴するようなイージス艦「あたご」と漁船との衝突事故が起きている。

２．民間企業の不祥事：食品偽装

　一方、企業に目を転じてみると、不祥事で最近、最も大きな話題となったのが一連の食品偽装の問題である。2007年年明けの不二家から始まった偽装は、ミートホープ社の牛肉偽装と続き、その後も留まるところを知らず、「白い恋人」「赤福」「船場吉兆」などの有名ブランドにまで広がったことは記憶に新しい。これら偽装の中身は賞味期限や製造日の改ざん、産地の偽装などの不正表示であり、JAS法違反となる。「赤福」の例では、社内の製造マニュアルにある「売れ残り商品は焼却する」という規定に違反し再利用していた。そしてその事実を隠すために、再利用の数量などを記録した書類を破棄したことが県の調査で分かっている(注7)。これらの食品偽装はコンプライアンスの問題であると同時に、記録の不正な取り扱いに係わる問題でもあったのである。

　食品のような人の健康、場合によっては生命に関わる製品を作るメーカーがこのようないい加減な品質管理を行っていたとは、とても信じられない思いだが、大体、この種の品質に関する不祥事を起こす企業に共通しているのが杜撰な記録管理なのである。2007年初め、期限切れ原料の使用が発覚し問題となった不二家のケースを見てみよう。

　洋菓子の老舗、不二家では消費期限切れの牛乳を使ったシュークリームを出荷していた他、アップルパイでは賞味期限の切れた材料を使用したり、国の基準を10倍も上回る細菌を検出していた洋菓子を出荷した事実が判明している。「消費期限」「賞味期限」とややこしいが、「消費期限」は傷みやすい食品の期限表示で、所定の方法で保存した場合に安全性を欠くおそれがない期限、「賞味期限」は味や風味が変わらない期限のこととされている。

　不二家はその前年の11月時点で、消費期限切れの牛乳を使っていた事実を知りながら、公表せず、製品の回収も行わなかったことから、その隠蔽体質が問われたのである。

　問題を起こした同社埼玉工場を立ち入り検査した埼玉県によると、シュークリームの製造記録や出荷記録が残っておらず、賞味期限切れのアップルパイの

内容を確認できる資料や、商品出荷などを点検するマニュアルもなかったという。そのため今回の調査も聞き取り調査に頼っていたという話だ。また、その後の記者会見（2007年1月15日）では、消費期限や賞味期限切れの原料を使っていたのは過去7年間に18件で、その内2件は上司が指示していたことが判明。一連の不祥事は組織ぐるみだったことが分かり、その結果、社長は引責辞任に追い込まれている。

　この不二家のケースは2000年に起こった雪印乳業の食中毒事件を思い起こさせる。雪印の事件では、同社大阪工場製品の低脂肪乳が元で関西一円に15,000人に上る食中毒被害者が出た。後に原材料である北海道大樹工場製脱脂粉乳中の毒素が原因であることが判明したが、大阪工場では大樹工場製脱脂粉乳の使用記録がなく、タンクの洗浄記録の不備・改ざん等、杜撰な品質管理の実態が明るみにでた。その後の公判（02年8月）では大樹工場の製造工程で洗浄記録の捏造が判明。また原材料の正確な記録を義務付けたHACCP（ハサップ）[注8]にも違反していた。雪印のケースも品質管理のみならず、そのための記録管理がいい加減だったのである。

3．民間企業の不祥事： 品質関連の事故

　もう一つ、民間企業の不祥事で目立ったのが製品の品質に絡む事故だが、その代表的な例がパロマのガス湯沸し器中毒死事件である。この事件は、1980年から1989年にかけてパロマが製造・販売したガス湯沸し器による一酸化炭素中毒事故が相次ぎ、1985年から2005年の20年間に28件の事故が起き、21人が死亡したというものである。2006年7月の経済産業省の発表で明るみに出た一連のパロマ製ガス湯沸し器による一酸化炭素中毒事故、そこから浮かび上がってきたのは、責任回避の発言に終始した典型的な同族会社のワンマン経営の姿だった。同社はあくまで不正な改造が原因であり、製品の欠陥ではないと主張してきたが、最終的に06年12月の経産省に対する改善計画報告書では従来の見解を改め、「重大な事故が継続的に発生したという点から見れば、広義の欠陥

だった」ことを認めている。パロマの場合も同社の情報管理の杜撰さが目立ったケースであった。これまで経産省から再三、事故原因についての具体的なデータを示すように求められても、「書類は品質管理部で保管していたが、事故情報として一括管理されていなかった」「保管期限を過ぎたため、書類を廃棄した」などとして十分なデータを示すことがなかったのである。同社に対する経営上の改善・改革策を第三者的に提言する目的で設置された第三者委員会（委員長：安部誠治関西大学副学長）はその報告書で次のように指摘している。「事故情報を蓄積し、それらを体系的、系統的に分析する体制も何ら構築されていなかった。発生した死亡事故の事故情報は、その都度、担当者を通じて経営トップに上げられていたが、その情報の評価と解析には著しい欠陥があった。"セーフティパロマ"と標榜し、消費者の安全をうたっておきながら、市場の情報を開発・その他にフィードバックする仕組みも確立されていなかった」。また社員がトップの顔色ばかり窺う傾向があり、悪い情報がトップに上がらない、組織的な活動ができないなどという同族会社にありがちな欠陥が露呈した点では不二家のケースと似通っている。

　適正な品質管理を行うためには、製造過程でのデータや記録を収集・解析し、製造品質を高める、さらに製品が市場に出てからの不具合やクレーム情報などの品質記録を積極的に収集・活用し、製品改良や新製品開発に役立てるといったことが不可欠である。杜撰な記録管理では適正な品質管理ができるわけがないのである。そのため品質管理の国際標準ISO9000シリーズにおいても記録管理が重要なポイントになっている。これらのことは、どの業界のメーカーにとっても常識となっているはずである。しかしながら、品質トラブルで不祥事を起こす企業では、この基本が忘れられ、その間のデータや記録が収集されず、あるいは収集されても活用されず、時にはその記録が削除されたり、都合の良いように改ざんされたりする。企業は改めて「品質管理の基本は適切な記録管理にある」ということを肝に銘ずる必要があろう。

4．組織の隠蔽体質と記録管理

　以上、最近の官民双方における不祥事の事例を見てきたが、その背景には共通して杜撰な情報管理、記録管理の存在が見て取れる。そして不祥事を起こす組織に見られるもう一つの共通点は隠蔽体質である。船場吉兆の例では、偽装がトップの指示により組織ぐるみで行われていたにもかかわらず、従業員や仕入先のせいにし、最後まで事実を隠し通そうとした。その後、客の残した料理の使いまわしが発覚し、廃業の憂き目を見ている。いずれの例も会社側が不具合の状況を知っていたにもかかわらず公表が遅れている。後から新事実が色々と出てきて対策が後手後手となる。悪い情報ほど早く公開しなければ不信の輪が拡がり、命取りになりかねないという認識がないのである。

　この典型的な例が三菱自動車のケースである。2000年の同社のリコール隠し事件では、販売会社から上がってくる「商品情報連絡書」「クレーム申請書」を運輸省（当時）の定期検査の際に見せられるもの（P情報）と見せられないもの（H情報：秘匿のH）に分け、二重管理していた。H情報は男女のロッカールームへ隠していた。またクレーム対策会議の議事録を作成しなかったり、運輸省の定期検査の際に隠したりしていた。その後も前回の教訓が生かされず、2002年には横浜で大型車のハブの破損によるタイヤ脱落で母子の死傷事件を起こしている。これらの一連の品質トラブルにおいても、同社はリコールが必要な事実を削除、改ざんした資料を国土交通省へ提出していた。「ハブの破断は整備不良が原因」として欠陥を認めなかったのも、「不正な改良が原因」として欠陥を認めなかったパロマの手口と酷似している。2007年12月、横浜地裁は三菱自動車の組織的な隠蔽体質を批判し、同社元部長らを業務上過失致死傷罪で有罪とした[注9]。

　また同時に、この事件ではタイヤ脱落の欠陥を巡り、同社及び元役員3名が道路運送車両法違反（虚偽報告）の罪に問われていたが、2008年7月、東京高裁はその控訴審判決で、一審・横浜簡裁の無罪判決を破棄し、罰金20万円の逆転有罪判決を言い渡している。[注10]

実は、このような組織の隠蔽体質が記録の活用を妨げたり、正しい記録管理の方向を歪めたりしているのである。

５．今、なぜ記録管理なのか

　これまで見てきた事例からも分かるように、不祥事を起こす組織は記録をないがしろにし、適切な記録管理を行なっていない例が多い。つまりそのような組織は平気で都合の悪い記録を改ざんしたり、隠蔽したり、恣意的に廃棄したりするのである。元来、記録を正しく取り扱えないような体質の組織に不祥事が起こりがちなのである。日本では体系的な記録管理をハイレベルで行っている組織はあまり多いとは言えないが、少なくとも良識ある組織では、このようないい加減な記録の取り扱いは許されないはずだ。言い換えると、官民を問わず正しい組織運営を行うためには、正しい記録の管理が不可欠であることを意味している。と同時に適正な記録管理が不正な組織運営にブレーキを掛ける役割を担っているとも言えるのである。

　情報を組織の神経細胞に例えるとすれば、記録は組織の血液にも例えられよう。血液が健康で正常でなければ、組織活動は正常に機能し得ない。また最近、組織の不祥事が多いことなどから「コンプライアンス」に関する論議が盛んだが、コンプライアンスも日常的な記録管理がベースとなっていることに留意する必要がある。コンプライアンスに則っているかどうかを自ら検証するには記録が必要だし、外部にコンプライアンスに違反していないことを立証するにも、やはり記録が必要となるからである。

　また一方、最近の大きな流れとして、法律そのものの規定で適正な記録管理の実施を求める動きが顕著で、そのような新しい法律の制定や改正が次々と行われている。その代表的なものが官の世界では情報公開法や個人情報保護法（これは民もあるが）であり、民の世界では新会社法や金融商品取引法である。

　最近の新しい動きとして、国の文書管理法制定もプログラムに上がってきた。これまでの日本の記録管理は、諸外国に比べ様々な点で遅れが目立つが、

グローバリゼーションの流れの中で、それでは済まされなくなって来ているのである。今やどの組織においても記録管理の重要性が従来になく高まってきたといえる。そこで本書では、今までの日本の記録管理にはどのような問題があり、それをどう改善すれば良いのか、また現代の社会で求められる記録管理とはどのようなものなのかを考えてみたい。

ところで読者の皆様にとって、「記録管理」という言い方自体、いささか耳慣れない言葉かもしれない。日本では「文書管理」あるいは「ファイリングシステム」というような言葉のほうが一般的だったからである。これらがグローバル・スタンダードの「記録管理」とどう違うのかについても明らかにしていきたいと思っている。この小著が組織で記録の管理に係わっておられる方を初め、記録の管理に関心をお持ちの方に少しでも参考になれば、これ以上の幸せはない。

注：
1. 止血剤「フィブリノゲン」（旧ミドリ十字製造）を投与され、肝炎に感染した疑いがある418名の資料とは、旧三菱ウェルファーマ（ミドリ十字との合併による後継会社で、現田辺三菱製薬）が2002年、厚生労働省から報告命令を受けて提出したもので、一部の名前やイニシャルが含まれていた。
2. 2007年12月1日付・朝日新聞及び12月4日付・日経新聞。
3. 1996年、薬害エイズ訴訟で国と製薬会社の責任を問う原告・弁護団が「エイズ研究班の関連資料」を強く求めていたが、厚生省（当時）は一貫して「資料は確認できない」としていた。時の厚生大臣菅直人氏が「調査プロジェクトチーム」を発足させ真相究明に乗り出したことから、「郡司ファイル」といわれた問題の資料が厚生省のキャビネットから発見されるに至った。「郡司ファイル」は厚生省が非加熱製剤の危険性に早くから気付いていたばかりでなく、安全な国産血液製剤への転換を検討していた証拠となる決定的な文書である。
その後、郡司氏から厚生省生物製剤課長を引き継いだ松村明仁氏を被告とする薬害エイズ事件の刑事裁判（エイズウイルスに汚染された非加熱血液製剤の回収指示などを怠ったとして業務上過失致死罪に問われていた）が行われていたが、2008年3月3日、最高裁はこの元厚生省課長の上告を棄却する決定をした。そのため一、二審の禁固1年執行猶予2年の有罪判決が確定、初めて「官僚の

不作為」が断罪されることになったのである。
 4．2007年10月23日付・朝日新聞。
 5．2007年10月29日付・朝日新聞夕刊。
 6．2007年12月13日付・朝日新聞及び日本経済新聞他。
 7．2007年10月19日付・日経新聞夕刊、10月23日付・朝日新聞及び日経新聞。
 8．HACCP：Hazard Analysis and Critical Control Pointの略で、もともとは1960年代にアメリカNASAが宇宙食の安全性を確保するために開発した食品の衛生管理方式。
  その後、国連のFAOとWHOの合同機関である食品規格（Codex）委員会から発表され国際的に認められた。わが国では1996年、厚労省がHACCPの考え方を取り入れた承認制度を創設している。
 9．2007年12月14日付・朝日新聞及び日本経済新聞。横浜地裁は三菱自動車の品質管理部長ら3人に対し、「リコールなどの改善措置を取らず、欠陥を放置し、事故を引き起こした結果は重大」とし、禁固1年6月執行猶予3年の有罪判決を言い渡した。被告は判決を不服とし控訴中。
10．2008年7月15日付読売新聞（夕刊）。この欠陥を巡る虚偽報告事件で、有罪判決を受けた三菱自動車は上告を断念したが、元役員3名は即日上告している。

第 1 章　日本の文書管理の問題点

1．グローバル・スタンダードとの関連で

　先に述べたように、日本で一般的に「文書管理」ないしは「ファイリングシステム」といわれている記録の管理は、海外では通常「レコードマネジメント」つまり「記録管理」といわれている。ところでファイリングシステムとして発展してきた日本の文書管理は、ここへ来て、色々な意味で時代環境の変化とのズレが目立ち始めている。一言でいうと国際標準、つまりグローバル・スタンダードとの乖離である。これは以前からも指摘できたのだが、2001年に記録管理の国際標準、ISO15489（JIS X 0902）[注1]が制定されたことによって、より鮮明に比較対照ができるようになった。まず、このISO15489の記録管理の考え方と日本の文書管理とを比較対照しながら、日本の文書管理の問題点を明らかにし、どのようにこれらを改善すれば良いのかについて考えてみたい。

2．日本での文書・記録に対する考え方

　「文書管理」の問題へ入る前に、日本では「文書・記録」そのものに関してどのような問題があるのかの整理をしておく必要があろう。まず日本社会において、特に戦後の日本のビジネス社会においては、欧米に比べて文書・記録の重要性が相対的に低く扱われてきたという点が指摘できる。例えば文書・記録

による情報交換よりもフェイス・ツー・フェイス（口頭）の情報交換の方が重視されてきたということがある。堺屋太一氏はその著書『「大変」な時代』(注2)の中で、日本の組織においてはフェイス・ツー・フェイスの情報交換が重視され、それによる集団的意思決定方式が定着してきたことを指摘しているが、その証拠として、企業がフェイス・ツー・フェイスの情報交換の機会を作るために膨大な交際費を支出していたことを挙げている。GNP当たりで、日本はアメリカ、イギリスの実に6倍の交際費を使っていたというのである。

また、『「超」整理法』(注3)で有名な経済学者の野口悠紀雄早稲田大学教授は、本音と建前を使い分けるのが日本型組織の特質であるとし、日本の組織では文書は形式的な建前が中心であり、組織活動の実態を表す本音の部分は口頭で語られると述べている。ここでも大事なことは文書よりも口頭が優先する傾向の強いことが指摘されている。事実、例えば21世紀に入り相次いで起こった金融機関の大型合併など、企業の高度な機密に属する意思決定の部分は公式の記録には残らないものだという(注4)。

このように文書よりも口頭での伝達を尊重する習性は一般社会の中でも見られることである。例えば挨拶状に「直接ご拝眉の上、ご挨拶申し上げるべきところ書面にて失礼致します」などと書くのがその好例である。特に目上の人、偉い人に対しては文書で伝えるより、相手の所へ参上し、直接口頭で申し上げるのが礼儀にかなっているとされたのである。なぜ日本では文書・記録をあまり重要視しないできたのかという点については、この他にも様々な要因が複雑に絡み合っているように思われる。

例えば、今までの日本では争い事が起こった場合も、基本的に話し合いによる解決を好むことから、契約書等、証拠として残す書面も簡単なもので済ますことが多い。よくある国内の契約書のパターンでは「本契約に規定のない事項又は本契約の規定に疑義が生じた場合は、双方で協議の上解決するものとする」という1項を最後に設けることで、すべてを片付けてしまうものが多いのである。筆者が実際に経験した販売契約書の例でも、国内ではほんの数ページで済むものが、米国企業が相手となった途端に膨大なページ数に膨れ上がるの

に驚いたことがある。米国の契約書では、まず最初に用語の定義があり、その後、微に入り細に入りあらゆるシチュエーションを想定して条項を作るから、膨大なボリュームとなるわけだ。このことは日本と違い、米国が訴訟社会であることが大きく影響していることは間違いない。しかしながら基本的に、日本の契約書が性善説に基づいて作成されるのに対し、欧米の契約書は性悪説に基づいて作成されるという面があると思われる。やはり、今までの日本はヨーロッパ諸国などと違い、他国から侵略され、他国の領土となるという歴史のなかった島国であり、長らく単一民族の国家として形成されてきた同質社会である。従って、そこでは以心伝心、阿吽の呼吸といった感覚で物事を処理する傾向が生まれ、何か約束事をしても契約の観念が薄いため、証拠としてその内容を書面にして残すという意識が低かったことが窺える。その点、記録管理の先進国であるアメリカ、カナダ、オーストラリアなどは、国民一人ひとりが違ったルーツを持つ多民族国家であったことから、何事においても契約的思考がベースにあり、権利義務の関係を明確にすることが重視される社会として発展してきた。つまり欧米が成熟した契約社会だとするなら、日本は未成熟な契約社会であるとの見方もできよう。東京大学名誉教授の中根千枝氏も日本人には「契約」精神が欠如しており、西欧的な意味での契約関係が設定されにくいことを指摘している(注5)。このような背景から生じた文書・記録に対する日本人の習性や考え方が日本の文書管理・記録管理の発展を妨げる要因の一つとなったのではないか。筆者はそのように考えている。

　但し、日本でも歴史的な記録を残すというアーカイブズの分野では必ずしも記録が残っていないわけではなく、むしろ明治期以前ではかなり記録が残されていたという。学習院大学の高埜利彦教授（歴史学）によれば、例えば江戸時代、八代将軍吉宗は従来図書のみであった江戸城内の紅葉山文庫に幕府文書を加え記録を積極的に残したし、朝廷の東山御文庫や各藩にも記録が残されていたという。明治維新後の太政官政府も明治8年文書保存を命じていたが、同18年これを中止、それ以後文書保存がおろそかになったという(注6)。

3．文書と記録の違い

　ここまで筆者も「文書」と「記録」を区別しないで使ってきたのだが、実は、日本の文書管理におけるもう一つの問題は、このように「文書」と「記録」の区別を意識しないできたということにある。年金記録の問題が生じて以来、一躍「記録」という言葉がクローズアップされたが、今まで日本の組織ではあまり「記録」という言葉は使われず、むしろ「文書」という表現の方が一般的であった。法的にも「文書」の定義はあるが、「記録」の定義はない。「文書」の定義として有名なものに、昭和53年の大阪高裁判決がある。これによると「文書とは文字その他の記号を使用して人間の思想、判断、認識、感情等の思想的意味を可視的状態に表示した有形物」であるとなっている。また比較的最近では国の情報公開法(注7)に行政文書の定義がある。ここでは行政文書を「行政機関の職員が職務上作成し、又は取得した、文書、図画及び電磁的記録（電子的方式、磁気的方式その他人の知覚によっては認識することができない方式で作られた記録をいう）であって、当該行政機関の職員が組織的に用いるものとして保有しているもの」（情報公開法第2条2項）としている。この中で「電磁的記録」という表現が出てくるので、日本でも「記録」が使われているではないかと思われるかも知れないが、これは「文書」と「記録」が情報内容の種類で使い分けられているのではなく、単に媒体の種類の区分となっている。つまり紙媒体のものを「文書」と言い、媒体が電子的・磁気的なものを「記録」と称しているのである。従って「記録」という言葉が単独で使われることは少なく、あくまで「電磁的記録」とセットで使われる例が多い(注8)。

　その点、欧米では「記録」と「文書」を明確に区別して使っていることが、日本との大きな違いとなっている。記録管理の国際標準ISO15489では、これをそれぞれ次のように定義している。

　「文書」（document）は「一つの単位として取り扱われる記録された情報、またはオブジェクト」であり、「記録」（records）は「法的な義務の履行または業務処理における証拠及び情報として、組織または個人により作成、取

得及び維持される情報」と定義されている。つまり記録には法的な要素あるいは証拠としての特性が加味されており、一般的な文書と明らかに違いがあるわけだ。そして運用面では、一般的な文書の中から記録管理システム（recordkeeping system）へ取り込まれたもののみが記録となる。従って、先の行政文書の定義のような媒体による区分けとは違い、情報の特性、つまりその中身の重要度と管理方法により区別されているといえる。

　このことから欧米の文書と記録は、具体的には次のように使い分けられている。すなわち原則として「文書」の段階では修正が可能だが、「記録」になった段階では書き換えができないということなのである。それだけ記録には文書とは違う重みがあるということになる。この違いがどのような意味を持つのであろうか。この点に関しては、後を絶たない企業や官公庁の不祥事に照らし合わせて考えると興味深い。というのも、これら企業や官公庁の不祥事の中には前にも述べたように文書の改ざん・隠蔽・虚偽記載など文書管理に絡んだものがかなり多かったからである。どうも、これは日本の組織が通常の一般文書とは違う記録の特性や位置づけを理解していないせいではないか。つまり記録というものは簡単に修正変更してはならないのだという認識がないためではないか、と考えられるのだ。不祥事とまではいわないにせよ、官公庁の場合は別の問題がある。例えば情報公開請求時に、文書不存在による不開示決定が多いこと、あるいは公文書館への移管がスムースに行われず公文書館制度の整備が進まないという事態が生じている点である。これらの問題は、欧米流の「記録」についての考え方、つまり「記録」の重要性が認識されておれば、事態はもう

図1-1　文書と記録

少し違ったものになったのではないかということである。いずれにせよ日本では基本的に「文書」と「記録」を区別する考え方がないために、文書よりも記録の重要度が高く、証拠としての記録の価値を重視する、という概念が希薄な点に問題がありそうである。その意味で先進諸外国との間でギャップが生じているといえる。

4．文書管理と記録管理はどう違うのか
1）定義の違い

　先に見たように「文書」と「記録」の定義が違うとすれば、自ずと「文書」を管理する「文書管理」と、「記録」を管理する「記録管理」も使い分けられる筈である。しかしながら日本では、そのような区分けが明確でなく、ほぼすべてを「文書」で括っている結果、「記録管理」ではなく「文書管理」という言い方が一般的になっている。また日本の「文書管理」はその多くが「ファイリングシステム」といわれる手法を中心に行われてきたことから、「文書管理」は「ファイリングシステム」とほぼ同義語として使われてきた側面がある。くろがねファイリング研究所の『ファイリング＆情報共有なるほどガイド』ではその点を次のように説明している。すなわち「ファイリングシステムとは文書管理と呼ばれ、作成された記録情報を必要があれば、その所在場所が素早くわかり、時間をかけることなく取り出せる仕組みを作るのがファイリングシステムである。」というわけだ[注9]。

　ただファイリングシステムが文書管理と異なるのは、前者が作成後の文書を管理対象としているのに対して、後者はあくまで文書の作成段階（取得含む）から管理の対象としているという点にあった。つまり文書管理においては文書の作成から、活用、保管、保存を経て廃棄に至るトータルのプロセスを管理することを意味するのである。そのため最近のファイリングシステムでは「トータルファイリングシステム」というような名称で作成段階のプロセスを含めるものもある。

一時期、ファイリングシステムの基本的な教科書として、広く読まれた三沢仁氏の『五訂ファイリングシステム』では「ファイリングシステムとは組織体の維持発展に必要な文書を、必要に応じて即座に利用できるように組織的に整理保管し、ついには廃棄に至る一連の制度である。」と定義されている[注10]。また三沢氏は「ファイリングシステムは文書整理である」と言い切っているが、これはファイリングシステムが手順を中心とした手法であることを物語っている。ということは日本では「文書管理」といいながら、殆どの組織で実態が単なる文書整理に過ぎないファイリングシステムが実施されてきたということになる。つまり「管理」といっても「マネジメント」のレベルにはなっておらず、大部分がクラーク的な作業のレベルに留まっていたといえるのである。
　それに対して記録管理の国際標準ISO15489の「記録管理」（records management）の定義はこうである。「記録の作成、取得、維持、利用、処分の効率的で体系的な統制に責任を有する管理の分野。記録の形式で業務活動、業務処理についての証拠及び情報を取り込み、維持するためのプロセスを含む」[注11]。ここでは記録管理が「マネジメント」であることを明確に位置づけると同時に、記録の証拠性（エビデンス）を重要な特性として取り上げている。また「作成」から「処分」までのライフサイクル管理の最終段階が「処分」となっている点にも留意しなければならない。ファイリングシステムでは最終段階が通常「廃棄」となっているのに対し、こちらでは「処分」になっているのは、すべての記録が廃棄されるのではなく、歴史的に重要な記録がアーカイブズへ移管され、永久保存されるものがあることを意味しているからである。歴史的資料としてのアーカイブズ記録は、知的資産として重要なだけでなく、将来の世代に対する説明責任を果たす意味でも極めて重要性が高い。
　さらにISO15489では「記録管理の要求事項」として記録管理の要件が説明されているが、これを読むと「記録管理」の意味がより明確に理解できる。ここでは記録管理の特性が、簡潔明解な表現で実に的確に述べられている。すなわち「業務の継続的な遂行を支援し、規制環境へ適応、必要な説明責任を果たすためには組織は真正で信頼でき、利用し易い記録を作成保存し、これら記録

の完全性を必要な期間維持しなければならない」というのである。ここでは記録管理の要件として求められる項目が、キーワード（業務の継続性、コンプライアンス、アカウンタビリティ、記録の真正性・信頼性・利用性・完全性、保存期間）として過不足なく盛り込まれており、実に核心を突いた表現となっている。

2）目的の違い

　何事においてもそうなのだが、記録管理においても何のためにそれを行うのかという目的が重要である。従来、一般的にファイリングシステム（文書管理）の目的に掲げられてきたのは次のような項目である。
　　①スペースセーブ：文書の保管・保存場所およびコストの節減
　　②検索時間の短縮：無駄な書類探しの時間を省く
　　③情報の共有化：個人管理から組織管理へ
　　④オフィス環境の整備：オフィスワーカーの職場の快適性向上
　これに対し筆者の考える新しい記録管理の目的とは次の三つである。
　　①説明責任（アカウンタビリティ）を果たす
　　②知識管理（ナレッジマネジメント）を行う
　　③危機管理（リスクマネジメント）を行う
　ファイリングシステム（文書管理）で目的とされるスペースセーブ、検索時間の短縮、情報の共有化等の項目は、記録管理の場合に必要性がないということではない。記録管理においても当然、必要なステップである。ただ社会的な環境変化により、今や組織活動にとって、これらの目的とは次元の違う新しい目的が必要になっているのである。現在では記録管理に説明責任（アカウンタビリティ）、知識管理（ナレッジマネジメント）、危機管理（リスクマネジメント）という三つの新しい目的を取入れなければならない。言い替えると従来のファイリングシステムで掲げられていた目的と三つの新しい目的との違いは、一次的な目的と最終的な目的との違いと言っても良い。あるいは一次的な目的は、最終的な目的に対する手段に過ぎないともいえる。要するに情報を何のた

めに、どのように活用するかという究極的な目的が問題なのである。またファイリングシステムでの目的がクラーク的な作業レベルの域を出なかったのに対して、新しい記録管理の目的は組織のトップマネジメントが関わるべき経営レベルの内容になっているという違いがある。

　何のために記録管理を行うのかという目的として、この三つの項目を加えることは、これからの組織運営にとって極めて重要である。しかも、その中心に説明責任（アカウンタビリティ）のコンセプトが据えられているということに意味がある。つまり記録管理の目的は説明責任を果たすためだということが記録管理の原点だからである。この原則を世界で初めて宣言したのはオーストラリアの記録管理標準AS4390であったが、記録管理の国際標準ISO15489においてもこのことが反映されている。今や、このコンセプトはグローバル・スタンダードとなっているといってよい。

　従来のファイリングシステム（文書管理）は、あくまで組織内部における利用ツールとしか考えられていなかった。つまり組織内部における事務処理の効率化・能率化のみが考慮されたのである。そこには外部のステークホルダーに対して説明責任を果たすという概念はなかったのである。今や官民を問わず組織活動の環境が急激に変化してきている。最も大きな変化は官民いずれの組織に対しても、常にそのステークホルダーに情報を開示し、説明責任を果たすべきだという社会的な要請が高まってきたことである。つまり「外部への説明責任を果たすための記録管理」というコンセプトが重要になってきたのである。この変化を筆者は「記録管理のパラダイムシフト」と呼んでいる。この「記録管理のパラダイムシフト」については第2章で、記録管理の目的については第4章で詳しく述べることにする。

5．法制度・体制から見た問題点

1）わが国の官公庁の現状

　記録管理の先進国である米国と日本を比較した場合に、浮かび上がってく

る最も大きな相違点の一つは法制度の違いである。まず米国には、連邦政府機関の記録管理を統括する「連邦記録法」(Federal Records Act、1950年制定)がある。例えばアメリカの情報公開法である「情報自由法」(Freedom of Information Act)の施行は1966年であるが、情報公開制度のベースとなる記録管理を統括する法律が情報自由法施行より遥か以前に制定されており、不法な記録の取扱いに関しては罰則も設けられていた。日本では、文書管理と情報公開法は車の両輪といわれながら、文書管理の法整備を行うことなく、情報公開法を制定、施行している。そのために請求しても該当する文書がない、いわゆる「文書不存在」のケースが多くなるという結果を招いている(注12)。

文書不存在を理由とする不開示決定に対し不服申し立てが行われ、国の情報公開・個人情報審査会に諮問された総件数(行政機関・独立行政法人の合計)は、最近の3年間で2,098件であった。その内、文書不存在事案は366件であり、総諮問件数に占める文書不存在事案の割合は平均で17.4%となっている。その前の3年間(平成13〜15年)における不存在案件も合計が357件、割合は17.5%で、ほぼ同様の状況となっている。このように情報公開法施行以来、毎年少なからぬ割合で文書不存在が発生している。

表1-1 情報公開審査会への総諮問件数に占める文書不存在事案の割合

	平成16年度	平成17年度	平成18年度	合　計
総諮問件数	774	707	617	2,098
文書不存在	122	134	110	366
％	15.8	19.0	17.8	17.4

わが国には国の機関の文書管理を統括する法律がないため、現状、各省庁はそれぞれの文書管理規程により現用文書の管理を行っている。情報公開法の施行を機に、同法に関する政令及び「行政文書の管理方策に関するガイドライン」(平成12年2月25日各省庁事務連絡会議申合せ)が設定されたため、従来のように各省庁の文書管理規程に統一性がないという欠陥は幾分是正されたが、

これら規程が省庁ごとの内規（省令または訓令）に過ぎない点は従来と変わらず、その強制力には限界がある。日本では「連邦記録法」のような文書管理の法律がないため、仮に文書作成義務が完全に遂行されなかったり、保存期間満了前に故意または過失で文書が廃棄されることがあったとしても、罰則が適用されることはない。しかも手順中心の内容でしかないため、何のために文書管理を行うのかという基本理念が必ずしも明確になっていないことがここでの大きな問題なのである。

　情報公開法制定以来、情報公開は国民に対する政府の説明責任を果たすためのものであるという考え方は、広く理解されるようになってきた。しかしながら、文書管理と説明責任の関係、すなわち文書管理は説明責任を果たすためのものであるということはどこにも謳われていない。「情報公開」「説明責任」「文書管理」、この三つの関係を、筆者は次の図のような未完の「黄金のトライアングル」の概念で説明してきた。

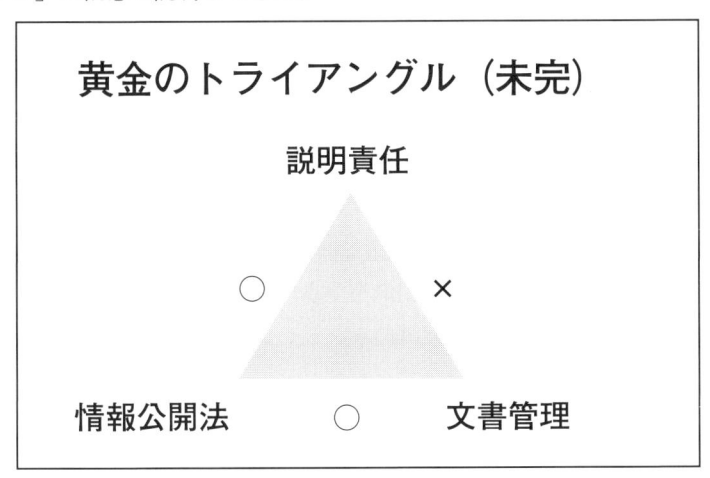

図1-2　黄金のトライアングル

　つまり図のように、三角形の3辺の内、「説明責任−情報公開法」及び「情報公開法−文書管理」の2辺は明確になっており○なのだが、「文書管理−説明責任」の1辺が明確になっておらず×のため、「黄金のトライアングル」が

未完の状態になっているというわけだ。

　ここで文書管理は説明責任を果たすためのものというコンセプトが明確になって、初めて「黄金のトライアングル」が完成する。そして、この点を明らかにするには、文書管理法（仮称）を制定し、その中でこの理念を謳うのが一番良い方法ではないかと筆者は考えている。効果的な情報公開法の運用のためにも、文書の作成、保存及び管理が適切に行なわれることが不可欠であり、そのためにもまず何のために文書管理を行なうのかという理念が重要となるからである。

2）米国の連邦記録法
　米国の連邦記録法とはどのような法律なのか。ここでその内容を見てみよう。まず連邦記録法は、その目的を次のように規定している。
　①連邦記録法の目的（44 U.S.C. § 2902）
　　＊連邦政府の方針及び業務の正確かつ完全な文書化
　　＊連邦政府により作成される記録の質及び量のコントロール
　　＊不必要な記録の作成を防ぎ、効果的で経済的な行政運営をコントロールする仕組みの確立と維持
　　＊記録の作成、保存と利用の実行及びそのシステム、プロセスの簡素化
　　＊記録の賢明な保存と処分
　　＊不必要なペーパーワークの削減を重点に、最初の作成から最終的な処分に至る記録のプロセスに継続的な注意を払う
　②連邦政府機関の記録の作成・保存義務（44 U.S.C. § 3101）
　　　また連邦政府機関の記録の作成・保存義務に関しては、次のように規定している。
　　　「連邦政府機関の長は機関の組織、機能、政策、決定、手続及び基本的な業務の正確且つ適切な文書化を含む記録、さらには政府及び政府の行動により直接的に影響を受ける人々の法的、財産的な権利を守るのに必要な情報を提供するための記録を作成、保存しなければならない」。

③国立公文書館記録管理局（NARA）(注13)の責任（44 U.S.C.§2904）
　また連邦記録法は、国立公文書館記録管理局（NARA）に対し、連邦政府機関がその政策及び業務の正確且つ適切な文書化と適切な記録の処分を確実に行えるようにするための指導と助言を義務づけている。これらの責任を果すための項目には次のようなものが含まれている。
＊記録管理に関する標準、手順書、ガイドラインの発行
＊記録管理の実行とプログラムの改善に関する調査研究
＊記録管理関連の研修プログラム、技術開発その他の活動についての情報の収集と提供
＊連邦政府機関内部及び相互の記録及び記録管理プログラムの実行についての監査・調査
＊議会の監査委員会と行政管理予算庁（OMB）への報告（毎年1回）
④その他の規定
　その他、記録の定義（§3301）、不法な記録の移動及び廃棄の禁止（§2071、§2905、§3106）、機関記録の監査（§2906）、廃棄の手続き（§3302）などが規定されている。
　このように連邦記録法は、連邦政府各機関に対して、記録の作成、活用及び処分を合目的的に統制管理するための永続的なプログラムの確立と維持を義務づけると同時に、これら各省庁の記録管理の指導監督を行う国立公文書館記録管理局（NARA）の役割権限を規定しているのである。

3）文書管理法（仮称）制定の必要性

　文書管理法の制定に関しては、これまでその必要性につき、いくつかの理由を述べてきたが、そのポイントを改めて整理すると次のようになろう。
①情報公開法と文書管理は車の両輪といわれながら、現実には「文書不存在」がなくならないなど、情報公開制度を支えるインフラとしての文書管理の仕組み、体制が弱体である。
②公文書館制度拡充の観点から見た場合にも、元となる現用文書の作成・管

理・保存が適正になされなければ、非現用段階のアーカイブズが充実したものになり得るはずがない。

　従って、その意味からも適切な現用文書の管理が重要となる。
③公文書館制度を拡充するためには現用段階から非現用段階までを一元管理し、各省庁から国立公文書館へスムースな移管が行われるような仕組み、体制が必要である。例えば国立公文書館の機能・権限・体制を拡充し、各省庁における現用文書の段階から管理・監督ができるようにする方法などが考えられる。
④情報公開制度及び公文書館制度は、国が国民に対し説明責任を果たすための重要な仕組みであるが、両制度のベースとなる文書管理の目的もまた説明責任を果たすことにある点を明確にする必要がある。このことは情報公開制度と公文書館制度がいずれも民主主義の基盤であることに関連している。
⑤もう一つのポイントは文書管理専門職の体制である。特に現用分野では海外のレコードマネジャーに相当する、本来の意味での専門職体制は皆無に等しい。非現用分野のアーキビストを含めて、レコードマネジャーの設置・育成を関係機関に義務付ける必要がある。

最近、文書管理関連団体においても文書管理法制定についての議論が活発となっている。

関連団体の一つである記録管理学会では2006年5月、「文書管理法（仮称）制定のための記録管理学会ガイドライン」作成するとともに、これをベースに同年8月、「文書管理法（仮称）制定のための記録管理学会提言」を取りまとめている[注14]。

記録管理学会の提言は10項目からなり、その内容は以下の通りである。
　⑴国の保有する文書は国民の共有財産であり、管理体制の確立が急務である。
　⑵組織活動の透明性は、適正な文書管理により担保される。
　⑶文書管理の目的は説明責任を果たすことにある。

(4)文書管理の国際標準ISO 15489（JIS X 0902 - 1）の理念、考え方を取り入れる。
(5)国の電子政府構想〔IT新改革戦略（2006～2010）〕と電子文書管理との連動をはかる。
(6)文書管理制度を管轄する専門機関を明確にする。
(7)文書管理を推進する専門職体制を確立する。
(8)文書管理に関する教育研修を充実する。
(9)文書管理の適正な運用を妨げる行為に対しては、罰則を設ける。
(10)地方公共団体の文書管理について、国の法律を準用する旨を明記する。

　また2005～06年には総合研究開発機構（NIRA）の委託に基づき設置された「公文書管理法研究会」（座長：高橋滋一橋大学大学院法学研究科教授）においても公文書管理のための法整備のあり方につき議論が行われ、その成果が2007年2月、『公文書管理の法整備に向けて』として刊行されている。そこでは要綱案として、現状をより大きく変更する抜本的改革案である「甲案」と各府省の分担管理制を基本に現状の枠組みの中での改善を目指す「乙案」及び「要綱案策定のための論点整理」という形で取りまとめられている。「甲案」は現状を大きく変える必要があるとする案であり、公文書等を永久保存する立場にある国立公文書館等の視点からその権限を現用文書にまで視野を拡大していく考え方を打ち出している。一方、「乙案」は行政機関の長の行政文書の作成・管理等の権限を出発点とする現行制度の基本線は維持した上でその発展を志向する考え方となっている(注15)。

　一方、国立公文書館の菊池光興館長は行政関係の雑誌の巻頭言に、「実効性ある文書管理法の制定を」と題する一文を寄せ、「保存されるべき行政文書や公文書の不法・不当な廃棄は、国民共有の貴重な財産に対する侵害であり、歴史への冒涜である」とし、「早急に従来の府省の枠を超える全政府的な、実効性を伴う文書管理法の制定を強く望む」と述べている(注16)。

　この他、公文書館制度に深い関心を寄せる日本経済新聞の松岡資明編集委員も同紙紙上で度々、この問題に触れている。例えば「芸文余話」という名のコ

ラムでは「拝啓福田康夫様」と題し、公文書館制度の充実のためには文書管理法が必要なことを福田首相宛に訴えている。さらには同紙夕刊連載のシリーズ『「現代」を歴史に刻む　アーカイブズ新しい芽』では、国会での質疑にもこの問題が取り上げられたことで、文書管理法制定への期待が高まってきたと報じている(注17)。

4）文書管理法制定に向けての新しい動き

　前述のような文書管理法の制定を望む声を反映したかのように、福田康夫氏が首相に就任するや否や、国の公文書管理制度改革への動きが一気に加速してきた。福田首相は小泉内閣の官房長官時代から、「公文書等の適切な管理、保存及び利用に関する懇談会」を主宰するなど、この問題には並々ならぬ関心を寄せていたのである。2007年12月には公文書館推進議員懇談会が「この国の歩みを将来への資産とするために」と題する緊急提言を福田首相に提出、2008年1月には、首相自ら国会(第169回)における施政方針演説の中で「公文書の保存に向けた体制整備」について語っている。首相の施政方針演説の中で公文書管理の問題が取り上げられるのは、正に画期的なことだと言わねばならない(注18)。

　その後、2008年2月には公文書担当相に上川陽子少子化担当相が就任（兼務）、3月には一連の取組みの中で最も重要な「公文書管理の在り方等に関する有識者会議」（座長：尾崎護元大蔵事務次官）がスタートしている。7月1日、この有識者会議の中間報告「時を貫く記録としての公文書管理の在り方～今、国家事業として取り組む～」が福田首相に提出された。10月には最終報告書が出るが、2009年の通常国会には「公文書管理法」（仮称）の法案が提出されるという。この中間報告では基本的な認識として、公文書管理を国が説明責任を果たすために必要不可欠なものと位置づけると共に、公文書管理のあるべき姿（ゴールド・モデル）、公文書管理担当機関の在り方など極めて積極的な改革案が示されている。

　ただこの報告書の内容が、どのように法案の中に反映され、実行に移されるかが問題であり、今後の展開が注目される。

6．日米国立公文書館比較

1）米国国立公文書館記録管理局（NARA）という組織

　米国連邦政府の記録管理を特長付けているものの一つがNARAの存在である。NARAは「国の記録保管者」（National Records Keeper）として1934年に設立された独立の機関である。ただNARAは歴史的な記録をアーカイブズとして保存するだけでなく、各省庁の現用記録の管理についての指導監督を併せて行っているところに大きな特長がある。つまり現用記録の管理から非現用の歴史的な記録までを一元的に管理しているわけだ。ワシントンD.C.の官庁街にある国立公文書館本館（アーカイブズⅠ）[注19]には米国民主主義の象徴ともいうべき3点セット「独立宣言」「合衆国憲法」「権利の章典」のオリジナルが展示されている。また本館入り口の台座には"The heritage of the past is the seed that brings forth the harvest of the future"（「過去の遺産は将来の実りをもたらす種子である」）と刻まれている。

　1995年から2005年までのほぼ10年間、第8代のNARA長官（The Archivist of the United States、合衆国アーキビストと言われる）を務めたジョン・カーリン[注20]は就任当時のメッセージで次のように述べている。「NARAはこのような有名ドキュメントを保存するだけでなく、米国民主主義の基盤となるところの国民の信託財産である記録を預かっている。すなわち、政府がどのようなことを行ってきたのかという記録を国民がいつでも調べられるようにするのがわれわれの使命なのだ。同時に、政府機関及びその職員が自らの行動をチェックし、国民が彼らの行動に対して説明を求められるよう支援することがわれわれの役割なのである」と。つまりNARAは単なる歴史的記録の博物館ではなく、民主主義の本質に深く関わる施設として、政府の現用記録を含め、国民の「知る権利」に対応した説明責任のための基本的なインフラとしての機能を果たしているのである。

　その後2005年2月、ジョン・カーリンに代わり歴史学者として著名なアレン・ワインシュタインが新長官（第9代合衆国アーキビスト）に就任した。当

然ながら彼もNARAの基本的な政策を引き継いでいるが、就任1年後に策定された新しい戦略計画「未来を守るために過去を保存する」(2006～2016)から、そのビジョン、ミッション、戦略目標を見てみよう。

◆ビジョン

　すべてのアメリカ人が民主主義とかれら自身の個人的な利害関係において記録が果たす重要な役割を理解することが、国立公文書館における「国の記録保管者」としてのわれわれのビジョンである。われわれの保有物と様々なプログラムは、新しい技術と強固なパートナーシップによって、かつてないほど多くの人々に利用可能となるだろう。わが国と国民の歴史は全国のNARA施設で大切に保管されている記録と制作物によって語られる。そして、われわれはすべてのアメリカ人がこの国の記録を探査することで刺激を受け、元気付けられることを願っている。

◆ミッション

　NARAは、わが政府の記録を保護・保存し、人々が確実にこれらのドキュメント遺産を見出し、利用し、そこから学ぶことができるようにすることで、アメリカの民主主義に奉仕している。われわれはアメリカ国民の権利及びその政府の行動に関する重要文書への継続的なアクセスを保証する。またわれわれは民主主義を支え、市民教育を推進し、国家の体験の歴史的な理解を促進する。

◆戦略目標

１：国の記録管理者として、政府記録の管理におけるリーダーシップとサービスを拡大することで連邦政府記録管理プログラムの継続と効果的な運用を確実にする。

２：われわれは法的に可能な限り速やかに、公衆からのアクセスに確実に対応するために記録を管理し、処理する。

３：デジタル時代におけるNARAのミッションを成功裡に果たすために、政府電子記録の課題へ取組む。

４：われわれの保有物に対し、いつでもどこでも、迅速・確実・容易な

アクセスを提供する。
　　５：われわれの博物館的機能、公共的な課外活動や教育プログラムを通
　　　じ、アメリカ国民の情報能力を高めるような方法で、われわれが保
　　　有する記録へのアクセスを拡大する。
　　６：われわれは変化する顧客のニーズに合致させるためNARAを整備
　　　する。
　ここからもNARAが、連邦政府記録を確実に保存し、アメリカ国民からの
政府記録へのアクセスを保証することこそが民主主義の基本であると考えていることが読み取れるだろう。

2）日本の国立公文書館

　日米の国立公文書館を比べた場合の最も大きな違いの一つは、米国のNARAが現用記録から非現用のアーカイブズまで、記録の全ライフサイクルを一元管理しているのに対して、日本の国立公文書館は非現用文書として各省庁から移管された後の歴史的な公文書に関する管轄権があるに過ぎない点である。現用文書の段階では各省庁に管理権があり、国立公文書館には各省庁における保存期間が満了した時点で、両者間の「協議」により、「合意」に達したもののみが移管されるのであって、歴史的な公文書としての評価選別権が公文書館側にあるわけではない(注21)。先に見た米国をはじめとして諸外国の国立公文書館は、国の機関が業務上使用している現用文書の管理に広く係り、公文書の保存期間の設定や廃棄についても公文書館の承認を必要とするなど現用から非現用までのライフサイクル（作成、保存、廃棄、移管）を一貫して統括、管理しているのである。

　この点に関し、日本では現用文書は総務省、歴史的な公文書（アーカイブズ）は内閣府（実際は国立公文書館）と統括官庁も別々で、一貫した管理体制になっていない。そのため保存期間が満了した文書の国立公文書館への移管が円滑に進まないという問題を生じている(注22)。この点は、グローバル・スタンダードからも外れており、日本の文書管理と公文書館制度の大きな問題点だ

といわねばならない。

　しかしながらもっと大きな問題は、現用の段階で将来歴史文書として永久保存すべき種類の文書が作成されなかったり、作成されたとしても管理が悪いために、そのような文書がいつの間にか紛失してしまうことであろう。

　東南アジア史研究の権威で国立公文書館アジア歴史資料センター長の石井米雄氏は、「日本の官僚機構の中では現用文書は重視されるが、歴史文書は重要視されない。従って、自分が書いている起案書が将来、歴史文書になるのだという感覚はない」と述べている。

　また「政策決定のプロセスが公文書に残っていることが重要であり、アーカイブズにより、それらのプロセスが国民にオープンにされることに意義がある。これこそがアーカイブズが民主主義の基礎だといわれる所以である。」と語っている[注23]。その意味で国の機関の職員は常に、自分が書いている文書が説明責任を果たし、将来、歴史文書になるのだという自覚と心構えを持って文書の作成、保存に取り組む姿勢が望まれるのである。

　アーカイブズを充実しようとするなら、まず現用文書の管理を強化、充実しなければならない。なぜなら歴史的に重要な公文書は、元はといえば各省庁で現に作成・使用されている現用文書であり、これらが適切に作成、保存、管理されなければ、それらをリソースとするアーカイブズは成り立たないからである。そのために文書の上流から下流までの一元的な管理の体制がどうしても必要なのである。

7．民間企業における文書管理の問題

　わが国の民間企業における文書管理の実態については、従来これといった調査資料がなく、記録管理学会が2006年に取りまとめた調査報告[注24]が唯一参考にできるものとなっている。日本ではアメリカのレコードマネジャーに相当する、全社的な文書管理を統括する専門職が存在しないことから、この調査は各社の総務もしくは法務部門等文書管理業務の一部を担当している人達に複数

集まってもらい、詳細な聞き取り調査を行なった結果を取りまとめたものである。

　この調査における最も重要な質問項目は「どのような文書管理ルールに基づき、どのような文書を作成・保存しているか。またその考え方、全社的な分類や評価選別基準を聞くこと」であった。だが実態は、「文書取扱規程」等の全社的な文書管理ルールはすべての対象企業に存在したが、内容は形骸化しているというものだった。また運用面では、事業全体を俯瞰的にみる立場の担当者がいないため、組織変更や引越しといった際に記録の継承・保存が部門任せ、秘密指定や解除のルールが現場任せ、あるいは他部門の記録を活用するための仕組みが不十分で、リスク管理・監査等の組織横断的な業務に支障が出る等の問題が見られた。特に監督官庁や各種委員会による外部監査の場合には、証拠文書の提出が不可欠であるが、部門任せのルールでは全社的な整合性に問題が生じるおそれがあった。しかしながら知的財産権訴訟、独占禁止法調査への対応、医療過誤訴訟における情報提供などでは、文書を残しておいた方が有利に働くとの回答が多く寄せられていた。また注目されるのは、社員教育の場でアーカイブズが有効なこと、企業の顔に当たる本社のフロントに歴史を感じさせるものが企業理念と共にあることが企業イメージの形成に役立つとの意見があったことである。

　この報告書では、インタビュー調査の結果分析から、今後企業に求められる文書管理とは何かを探っているが、そこから導かれた一つの結論として、次のような項目が必要だとしている。

　①用語の定義を十分に理解しあう。

　②業務分析から文書を機能分類し、それらの管理方法の整合性をとる。

　③できるところから文書の一括管理・一括保存を促進する（データベース化を含めて）。

　④保存すべき文書のリストを共有化し業務の説明責任と情報資産としての活用を図る。

　⑤保存すべき文書の管理方法の改善に向けて文書管理監査を実施する。

そして「文書管理は経営トップがその重要性を認識し、指導力を発揮しなければならない事項である」と結んでいる。

8．文書管理専門職の育成

1）わが国の文書管理専門職の現状

　もう一つのわが国の文書管理の大きな問題として、文書管理の専門職としての職能が確立していないことが挙げられる。つまり日本では国の組織、自治体、民間企業、いずれの領域においても海外のレコードマネジャーに相当する専任の文書管理スペシャリストは殆ど存在しない。大抵は大まかな文書管理規程の下に、兼務で文書管理業務の一部を担当する職員がいるに過ぎず、基本的には各課任せ・個人任せで、組織全体の文書管理に責任を持つ専門職がいないのが現状である。このことは日本の文書管理が徹底しない大きな要因の一つになっていると考えられる。米国等におけるレコードマネジャーは、組織の記録管理方針の立案から、記録のライフサイクル管理手順などのルールと仕組み作り、職員の教育、実施状況の監査まで組織全体の記録管理のすべてに責任を持つ専門職である。ではもう少し詳しく米国の記録管理専門職の例を見てみよう。

2）米国のレコードマネジャー

　米国では官民を問わず、ある程度の組織になると、組織全体の記録管理を統括する責任者であるレコードマネジャー（Records Manager）が存在する。レコードマネジャーとは組織の記録管理の方針、規則、手順等を策定し、従業員に対する教育を行いながら、組織全体の記録管理を推進、実施する責任を有する情報管理のプロフェッショナルであり、スペシャリストであるということができる。

　各課にはその部門の記録管理を推進、実施する役割のキーマン（リエゾン）がおり、レコードマネジャーはこのキーマンと連携を取り、随時支援・指導

を行いながら、組織全体の記録管理を成功に導く役割を担っている。レコードマネジャーの所属は、組織により様々で、法務部門、IT部門、総務部門などに分かれるが、最近ではCIO（最高情報責任者）に直属しているケースも増えつつある。米国の大手製造業42社のレコードマネジャーを調査したARMAの資料[注25]があるが、これを見ると彼らの専門性がいかに高度なものかが分かる。この調査では42名のレコードマネジャー中、19名（45％）がCRM（公認レコードマネジャー）[注26]の資格認定者であり、会社がCRM資格者を高く評価していることが見て取れる。また42名中15名（36％）は会社がCRM資格よりも、それぞれの業界ごとの業務の専門性を重視しており、2名は（5％）はCRM以上の専門性、例えばMBA、PhDのような大学院レベルの学位を要求している所もある。

　米国の記録管理が進んでいるのは、社会的に記録管理の重要性についての認識が高いこともあるが、かれらレコードマネジャーの存在と活動による部分がかなり大きいと思われる。文書管理専門職については第10章参照のこと。

3）組織における文書管理体制のあり方

　それでは組織における文書管理の体制はどうあるべきか。国の機関を例に考えてみよう。現在、各省庁の文書管理体制は先の「行政文書の管理方策に関するガイドライン」中に示された「行政文書の管理体制」に基づいている。これによると各行政機関には、それぞれ「総括文書管理者」、「文書管理者」及び「文書管理担当者」を置くことになっており、その業務は次の通りである。

　【1】「総括文書管理者」（行政機関ごとに一人、官房長等を指名）
　　　ⅰ）行政文書の管理に関する定め等規程類の整備
　　　ⅱ）行政文書分類基準表、行政文書ファイル管理簿の整備
　　　ⅲ）行政文書の管理に関する事務の指導監督、研修等の実施
　【2】「文書管理者」（原則として各課等ごとに置き、各課等の課長等を指名）
　　　ⅰ）行政文書分類基準表、行政文書ファイル管理簿の作成
　　　ⅱ）保存期間の延長、国立公文書館等への移管又は廃棄の実施

ⅲ）課等の保有する行政文書の管理の徹底
【3】「文書管理担当者」（原則として各課等ごとに置き、各課等の補佐又は係長を指名）文書管理担当者は、文書管理者を補佐する

　この体制には実は大きな問題がある。では何が問題かというと、この中に文書管理専任の専門職はどこにも出てこないという点である。【1】「総括文書管理者」から【2】「文書管理者」、【3】「文書管理担当者」まで、すべてが兼務の体制であり、これでは規模が巨大な国の各府省の文書管理業務を確実に推進、実施できるとはとても考えられない。各府省の文書管理業務を適切・円滑に行おうと思えば、全体的な文書管理責任者である「総括文書管理者」の下に、実質的な文書管理業務推進の責任者として、兼務ではなく専任の文書管理のスペシャリストがどうしても必要となる（図の②）。

　アメリカの連邦政府の場合は、各省庁に必ずレコードマネジャーと呼ばれる専任の文書管理専門職が存在し、各課の文書管理キーマンを支援する体制が確立している。つまりレコードマネジャーは全庁的な運用ルールを定め、これに基づき各課のキーマンを教育し、何か問題があれば相談に乗り、具体的な支援を行うのである。わが国の場合も、レコードマネジャーのような専門職がいて、各課のキーマンである「文書管理担当者」（図1-3の③）を指導・支援することで初めて実効ある体制が出来上がるのである。単なる名目的な管理者に過ぎない「総括文書管理者」や「文書管理者」がいくらいても、それだけでは「文書管理担当者」が機能し得ない。また日本の組織では伝統的にゼネラリスト型が尊重され、しかも定期的な人事ローテーションですぐ異動してしまうなど、スペシャリストが育ち難い環境がある。現用の文書管理及びアーカイブズ分野では、そろそろこのような人事慣行は修正が必要ではなかろうか。そうしないといつまで経っても専門職が育たず、それぞれの分野で専門職の体制が確立している欧米諸国とのギャップが埋まらないと思われる。

　専門職の体制が不在という状況は、実は自治体や民間企業においても全く同様であり、専門職体制の確立が共通の課題となってこよう。

　もう一つの重要な問題はすべての行政機関を通ずる全体的な文書管理を束ね

る体制である。現在、各行政機関の文書管理を統括する機能は総務省行政管理局が担当しているが、アメリカ連邦政府全体の文書管理を統括している国立公文書館記録管理局（NARA）の権限・体制と比べると、あまりの違いの大きさに愕然とせざるを得ない。連邦記録法により権限が付与されているNARAと比較すること自体無理があるとしても、行政機関全体の文書管理統括部門として、現在の総務省の体制・権限はあまりにも弱体といわざるを得ないだろう。

具体的には、各府省の専門職体制を束ね、推進、指導、支援する国全体の文書管理を統括する上位の専門職体制が必要となるわけだ（図の①）。また前にも触れたように、本来は現用文書から非現用の歴史的文書までを一元管理する、包括的な機能が必要であることから、わが国においても総務省ではなく国立公文書館の機能・権限を拡充し、ここに現用の専門職を置く方向が望ましい。そうすることによって、現用から非現用まで文書のライフサイクル全体を通じて、各府省の文書管理専門職（専任）を指導・支援する体制が整うのである。それらの体制を図で示すと次のようになる。

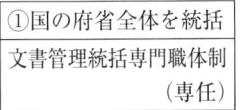

①国の府省全体を統括 文書管理統括専門職体制 （専任）	②府省ごと 文書管理専門職体制 （専任）	③各課ごと 文書管理担当者体制 （キーマン：兼任）
（国立公文書館の機能拡充）		

図1-3　文書管理専門職の体制

注：
1. 世界初の記録管理の国際標準、ISO15489は2001年9月に制定された。そのパート1が2005年7月、日本語に翻訳され、JISとして日本規格協会から『JIS X 0902：記録管理』として発行されている。筆者もJIS化ワーキンググループの一員として翻訳に係わった。
ISO15489に関して詳しくは下記参照。
小谷允志「記録管理の国際規格ISO15489の概要」（1）〜（4）『月刊IM』、2003年7-10月

同「記録管理の国際規格ISO15489パート２　テクニカルレポートの概要」、（１）〜（６）『月刊IM』2004年５-10月
　　同「記録管理の新潮流：記録管理の国際標準ISO15489」『情報管理』　2005年８月号
２．堺屋太一『「大変」な時代』講談社、1995年、p.93〜95参照。
３．野口悠紀雄『続「超」整理法：時間編』、中公新書、1995年、p.142〜146参照。
４．旧第一銀行は旧三菱銀行との合併話が毀れたが、その後日本勧業銀行との合併に成功し、第一勧業銀行が誕生した。しかしながらその時の関係者に直接聞いた話だが、合併の苦労話や意思決定の本音の部分は記録に残せなかったという。
５．中根千枝『タテ社会の人間関係』講談社現代新書、1967年、p.159参照。
６．2008年６月９日、「国際アーカイブズの日」記念講演会における学習院大学高埜利彦教授の基調講演「世界のアーカイブズに学ぶ」より。
７．正式には「行政機関の保有する情報の公開に関する法律」、1999年５月制定、2001年４月に施行された。行政文書の定義として「組織共用文書」の概念を明確にした。
８．「電磁的記録」とは、1987年（昭和62年）の改正で刑法に取り入れられた電子文書の概念で、「この法律において電磁的記録とは、電子的方式、磁気的方式その他人の知覚によっては認識することができない方式で作られる記録であって、電子計算機による情報処理の用に供されるものをいう。」（第７条の２）と規定されている。
９．くろがねファイリング研究所『ファイリング＆情報共有なるほどガイド』日刊工業新聞社、2004年、p.4 参照。
10．三沢仁『五訂ファイリングシステム』社団法人日本経営協会、1987年、p.19参照。
11．ISO15489パート１の第３章「用語と定義」から。全部で21の用語を定義している。
12．情報公開法要綱案の考え方：二の（3）行政文書の管理「そもそもあるべき行政文書がなかったり、その所在が明確でない状態では、情報公開法は機能しない。このため、行政文書の管理が適正に行われることが不可欠であり、その意味で情報公開法と行政文書の管理は車の両輪であると言ってよい」
13．NARA：National Archives & Records Administration
14．記録管理学会は1989年設立。理論と実践の両面で日本の記録管理の発展を推進するための事業を行なっている。提言の詳細は、記録管理学会の学会誌『レコード・マネジメント』第52号（2006年12月）及び第55号（2008年５月）に掲載。
15．詳しくは『政策提言－公文書管理の法整備に向けて』商事法務、2007年、参照。
16．『季報情報公開・個人情報保護』（財）行政管理研究センターVol.25（2007年６月）

17．「芸文余話」2007年9月29日付、日本経済新聞夕刊。「アーカイブズ」2007年11月26日付、同紙夕刊。
18．福田総理は施政方針演説で、次のように述べた。
「年金記録などのずさんな文書管理は言語道断です。行政文書の管理のあり方を基本から見直し、法制化を検討するとともに、国立公文書館制度の拡充を含め、公文書の保存に向けた体制を整備します。」
国会の施政方針演説の中で公文書管理の問題が取り上げられるのは、正確にはこれが2度目で、1度目は小泉首相の施政方針演説（2004年1月）で取り上げられている。
19．ダウンタウンの本館（アーカイブズⅠ）はオールドビルディングと呼ばれているが、そのロタンダ（展示ホール）にこの3点セットが飾られている。1993年、メリーランド州に新館（アーカイブズⅡ）が建設され、現在、NARAの基本的な機能はほとんどがアーカイブズⅡにある。
20．ジョン・カーリン前長官のNARA戦略計画については、宇都宮深志編『情報公開制度の新たな展望』第3章の小谷允志「連邦政府における記録管理」（財）行政管理研究センター、2000年、およびジョン・カーリン「NARAとともに」（小谷・古賀訳）、『レコード・マネジメント』No.50（2005年）を参照。
21．国立公文書館法 第15条1項及び2項には次のように規定されている。
　　第15条　国の機関は、内閣総理大臣と当該国の機関とが協議して定めるところにより、当該国の機関の保管に係る歴史資料として重要な公文書等の適切な保存のために必要な措置を講ずるものとする。
　　　　2　内閣総理大臣は、前項の協議による定めに基づき、歴史資料として重要な公文書等について、国立公文書館において保存する必要があると認めるときは、当該公文書等を保存する国の機関との合意により、その移管を受けることができる。
22．国立公文書館の資料によれば、平成9～12年度の平均移管冊数が17,094冊だったものが平成13～14年度では4,217冊と激減している。
23．2008年4月19日、学習院大学において開催され日本アーカイブズ学会大会における講演「歴史研究とアーカイブズ」より。
24．記録管理学会がプロジェクト活動として大手製造企業を対象に、2004年～2005年に行ったインタビュー調査。その分析結果を「わが国企業の文書管理の現状と課題に関する考察」として取りまとめている。プロジェクトリーダーは山﨑久道中央大学教授で、筆者もメンバーの一人だった。詳しくは学会誌『レコード・マネジメント』（No.52）2006.12参照。
25．ARMA：Association of Records Managers and Administrators

資料名　William Saffady「Records and Information Management：
　　　　A Benchmarking Study of Large U.S. Industrial Companies」2002年
26．CRM：Certified Records Manager。ARMAの関連団体ICRMが行う記録管理専門職レコードマネジャーの資格認定制度。試験が難しく、CRM認定者は高い評価を受けている。

第2章　記録管理のパラダイムシフト

1．記録管理のパラダイムシフトとは

　ここ数年の間に記録管理の中身が大きく変わってきた。すなわち、今まで組織の内部管理のためだけに行われてきた文書管理から、外部への説明責任のための記録管理へと大きく変化してきたのである。この変化を筆者は「記録管理のパラダイムシフト」と呼んでいる。

　「記録管理のパラダイムシフト」とは、従来の効率第一主義、文書整理的な手順中心のファイリングシステムから、コンプライアンスに対応し、「説明責任」（アカウンタビリティ）を果たすための記録管理へ、という変化を意味している。ここでは、今までの単なるクラークレベルの作業中心的なファイリングシステムではなく、新しい記録管理の目的や理念に基づいたマネジメントレベルの記録管理へと変化している点が重要である。そこで、このパラダイムシフトを引き起こしているいくつかの背景や要因を取り上げ、これらがどのようにこの変化に関わっているかを分析することで、これからの記録管理のあるべき姿を考えることとしたい。

　記録情報は、統一の取れた組織活動を遂行するための神経細胞や血液に相当するものといえるが、行政分野・民間部門を問わず、記録管理は組織活動そのものを動かしている社会環境の変化にも対応しなければならない。従って「記録管理のパラダイムシフト」は、現代社会のキーワードとして重要な意義を持

ち始めた「説明責任」(アカウンタビリティ)のコンセプトが、組織活動を変容させつつある流れに呼応したものといえる。

2．これまでの文書管理とその背景

　では従来の内部管理のための文書管理とはどのようなものだったのか。それはファイリングシステムに代表されるような、組織内部の業務効率化のための文書管理であったということができる。かつてのファイリングシステムの実体は、文書管理というよりも文書整理に近かった。事実、前述のようにファイリングシステムの大家であった三沢仁氏はファイリングシステムを文書整理と定義付けている[注1]。従って、このような文書管理の基本的な考え方においては、事務処理の能率化・効率化が中心であり、具体的には書類探しの時間短縮、スペースセーブ、保存コストの削減、組織内の情報共有化や蓄積、オフィス環境の整備などが狙いとなっていた。つまり組織の外部に対する説明責任というようなコンセプトはまだ存在しなかったのである。そこでは起案・稟議制度における決裁文書といった組織の意思決定の結果文書が中心の文書管理であり、意思決定の経過、プロセスを示す文書や資料は重視されなかった。

　この例の典型は国に先行した自治体の情報公開条例における対象文書の殆どが、いわゆる決裁・供覧文書に限定されていたことに見られる。つまりここでは公開請求の対象が決裁・供覧といった事案手続きが終了した文書に限定されていたために、実質的に公開される文書の範囲は著しく狭かったのである。例えば、ある案件についての調査資料や部門間での意見交換の文書など起案に至るまでの過程や、決裁段階での検討プロセスを示す関連資料は抜け落ちることとなる。公開対象が拡げられ、この問題が改善されるのは国の情報公開法の制定を待たなければならなかったのである[注2]。しかも組織内の現用文書中心の文書管理であったため、非現用段階のアーカイブズへの関心は薄かった。

　基本的に公開を前提とした機能(施設)であるアーカイブズの意義が理解されなかったのは、文書を組織外の利用に供するという考え方自体が弱かったせ

いもあるが、先の三沢氏の定義からも分かるようにファイリングシステムの最終段階が「廃棄」であり、アーカイブズにはつながらなかったのである。この点は官公庁以上に文書の管理・保存に関する統制力が弱い民間企業においても同等あるいはそれ以下の状況といってよいだろう。いうならば従来はいずれの組織においても、自己の組織内部における利用のみを考慮すれば足りる自己中心型・自己完結型の文書管理であったということができる。

　このような文書管理のスタイルを生み出したのは、あくまで右肩上がりの高度経済成長時代というバックグラウンドであり、遮二無二前へ進むことのみを考えていれば良かった時代の産物であると考えられる。そしてそのマネジメントの基本は、稟議制度に象徴されるような集団的意思決定であり、ボトムアップが中心であった。また企業では、このような効率と売上利益至上主義の経営土壌から、会社のためなら多少悪いことをしても許されるというようなコンプライアンスに反する考え方が醸成され、談合や偽装など様々な不祥事を引き起こす結果につながったといえよう。これまでの日本企業は、日本的経営の特徴とされた終身雇用・年功序列・企業内組合などがもたらす、いわば企業一家的組織風土の要素が色濃く残っており、社会的存在としての組織という意識が希薄なため、今日的な意味での社会とのつながりは弱かった。社会との「調和」とか「共生」などという新しい理念や環境への配慮に基づくアプローチはまだ存在していなかったのである。

3．これからの記録管理

　これに対して、これからの新しい記録管理は外部、すなわちそれぞれのステークホルダーへ説明責任を果たすための記録管理が基本となる。それには、まずコンプライアンスに適合するための記録管理であることが必須の要件となる。そこでは法的な義務の遂行あるいは業務の証拠としての記録の管理に重点が置かれる。そのため組織活動もしくは業務遂行の証拠として必要な記録は漏れなく作成、保存し確実に管理しなければならない。従って組織の重要な意思

決定及びそれに伴う実施状況が、事実として正確に記録化される必要がある。しかも意思決定に関しては、単に結論のみを記した文書ではなく、なぜそのような結論に至ったのかというプロセスが判り、責任の所在が明確となる記録でなければならない。つまり起案についても決裁文書のみではなく、そのための関連資料や決裁に至るまでの議論や検討の過程が判る記録がすべて揃っていることが要求されるのだ。

　実施段階においても、結果の良し悪しのみでなく、何か問題が発生した場合に、その原因が遡って追及でき、後日の改善に必要なデータが揃うように記録を整備すべきなのである。メーカーであれば、製造過程の検査記録、製品の品質チェック記録、市場へ出てからの不具合・クレーム記録などがそれに当たる。

　一部の行政分野でいわれたような、情報公開請求を避けるために文書化しない、あるいは簡略化して肝心なことは書かないといったやり方は許されないのである。改ざん・隠蔽・不法な廃棄など、記録の不正な取扱が許されないことはいうまでもない。(p.49、記録の不正な取扱いの類型参照)

　現在は、成功事例よりも、むしろ失敗事例あるいはリスク情報・マイナス情報が重視され、組織は悪い情報ほど早く世の中に公開することが求められる。これらは官民を問わず組織の透明性を高めるための方策としても欠かすことができなくなっている。また、記録の修正・移動・廃棄などの変更履歴のドキュメントを残し、問題があった場合に追跡可能な条件を整えて置くこと、すなわち、ここでもトレーサビリティの確保が求められるのである。このような条件下では記録の品質がこれまで以上に要求されることとなる。

　記録の品質の良し悪しは、「真正性」、「信頼性」、「完全性」、「利用性」という4つの要求事項を満たしているかどうかが決め手となるが、これについては第5章2 (p.100) で詳述する。

　一方、将来の世代に対する説明責任を果たすという観点から、現用文書のみでなく非現用段階のアーカイブズに対する関心が高まりを見せ始めたことが注目される。質の良いアーカイブスを構築するためには現用文書の段階からアー

カイブズのことを視野に入れた管理が必要であり、現用・非現用で別々に管理するのではなく、川上から川下まで一貫したライフサイクルの考え方に基づく管理体制が求められる。

　従って、このような外部のステークホルダーへの説明責任を果たすための記録管理を行うには、トップの強力なリーダーシップが必要であり、マネジメントの基本はトップダウン型となる。集団的意思決定や護送船団方式といった従来型の日本的経営の方法論とは全く違ったアプローチが必要となる。なぜボトムアップ型ではなく、トップダウン型でなければならないかというと、実はこの「パラダイムシフト」の背景にあるものが、単なる従来のやり方の延長線上の改善・改良ではなく、理念の変更を伴う構造的な改革であるためである。このような改革はトップの強力な決断・リーダーシップなくしては実行できるものではない。

　また現在では、企業も社会的な存在であるということへの認識が高まり、CSR（Corporate Social Responsibility：企業の社会的責任）のように従来の社会貢献とは違った次元で社会的責任を果たすことが求められるようになった。記録管理にこのようなパラダイムシフトをもたらしたものは何か。次にその背景、要因を探ってみよう。

記録の不正な取扱いの類型
1　記録の不作成
　本来作成すべき記録を作成しないという行為（取得すべき記録を取得しない、記載事項を恣意的に簡略化する等含む）は、特に組織の説明責任（アカウンタビリティ）の観点から問題となる。また業務の証拠として必要な記録を作成するということは、このような対外的な責任を果たすためだけではなく、訴訟対策など自らの組織防衛上、あるいは自己の行動をチェックし、過去のデータあるいは知識を活用するためにも必要な要件なのである。従って組織は記録管理規程により記録の作成義務を明確にすると同時に、記録を作成しなければなら

ない事項についての範囲を明確にしておく必要がある。

2 記録の改ざん

これは記録の完全性あるいは真正性の問題である。元来、記録の完全性とは記録が完成しており、変更・修正がなされていないことを意味するが、改ざんとは記録の修正・変更が不正になされた場合のことをいう。法的には、行使の目的で内容が真実でない文書を作成すること（虚偽文書の作成）は文書偽造罪に該当する可能性があり、処罰の対象になる。また真正性にからみ、正当な作成権限なしに文書を作成する場合も同様である。

特に電子的な文書・記録の場合、紙文書と違い変更・修正が簡単に行なえるのみならず、全く痕跡を残さずにこれらが行なえる点、注意を要する。

3 記録の不法な廃棄

不法な記録の廃棄とは保存義務のある記録を廃棄することで、法定保存年限のある記録を初め組織ごとの記録管理規程で定められた保存期間が満了していないのにもかかわらず、記録を故意又は過失で廃棄することをいう。アカウンタビリティの観点からの問題はいうまでもないが、歴史的資料として後世に残すべき記録が失われるようなことがあっては取り返しがつかない[注3]。

4 記録の保存期間短縮

不正な記録の保存期間短縮とは記録管理規程により決められた本来の保存期間を恣意的に短縮し、不正な記録の廃棄をあたかも合法的に見せようとする行為と考えられる。ある時期かなりの自治体で食料費の請求書や旅費計算書などの公文書の保存期間が短縮されたことがある。例えば「一律10年保存を、原則として10年・5年・3年・1年の4区分に」（東京都）、「10年を5年に」（和歌山県、山口県）等の変更が行われている。これらはもちろん、元の保存期間が妥当でなかったための変更ということもあり得るが、情報公開請求の文脈で考えれば意図的な短縮ではなかったかという疑念が残ろう[注4]。

5 記録の紛失

記録の紛失という言葉は通常、記録を過って失くすという意味だが、記録の紛失が不法な記録の廃棄や隠蔽をごまかす便利な言い訳として使われるきらいもある。過去、北海道庁では26万件に上る公文書を紛失した例がある（1996年）。

いくら管理が杜撰でもこれほど大量の文書を果たして過って紛失するものであろうか。文書量や文書の内容等を考えると「故意に捨てたのではない」という道庁の説明は説得力がない。最近特に目立つのが個人情報の入った記録の紛失や盗難のケースである。機密文書には安全確実な保存方法が必要。

6　記録の隠ぺい

監督官庁や公的機関の監査・調査の際に、故意に記録を隠し、目に触れないようにすること。あるいは倉庫等に記録が存在するにもかかわらず、存在しないと偽る。旧厚生省の薬害エイズファイル隠し（1996年）、三菱自動車のリコール隠し（2000年）など。

4．パラダイムシフトを促進する要因

1）オーストラリアの記録管理国家標準AS4390

この「記録管理のパラダイムシフト」において最も重要なキーワードは「説明責任」（アカウンタビリティ）である。記録管理と説明責任の関係を最初に明かにしたのは、1996年に制定されたオーストラリアの記録管理国家標準（AS4390）である[注5]。というのも、この標準こそが世界で初めて「記録管理の目的は説明責任（アカウンタビリティ）を果たすため」ということを宣言したものだったからである。このことは記録管理の歴史の中で、いくら賞賛しても、賞賛し過ぎることはない。

そこでこのパラダイムシフトの最初のきっかけを作ったという意味で、このAS4390を高く評価したいと思う。AS4390はその用語の定義で、説明責任をこのように定義している。「組織とその従業員は、その監督組織、株主及び公共に対し法に基づく義務、監査要求事項、適用基準、行動指針かつ社会の期待に合致していることを説明できなければならない」と。つまり、組織はコンプライアンスに適合していることを証明できる記録を残すことにより、ステークホルダーに対する説明責任を果たすべきだというのである。言い換えると、組織

はコンプライアンスに適合しているかどうかについての説明責任を果たすために記録管理を実施しなければならないのである。

AS4390は世界で初めて国家レベルの記録管理標準であったというばかりでなく、数々の先進的な内容により、世界的に評価され、後に記録管理の国際標準ISO15489（2001年）の原型となるのである。

2）情報公開法の制定

オーストラリアでAS4390が制定された1996年、日本では政府の行政改革委員会行政情報公開部会において「情報公開法制の確立に関する意見」が決定され、「情報公開法要綱案」並びに「情報公開法要綱案の考え方」が公表された。この要綱案において初めて正式な形で国民の開示請求権、行政運営の公開性の向上、及び政府の説明責任の概念が明確化され、国の情報公開法制定への道筋がつけられたのであった。これまで一般にあまりなじみのなかった説明責任の概念を広く社会に認識させるという点で、この要綱案は重要な役割を果たしたのである。その意味で情報公開法の制定は記録管理のパラダイムシフトの大きな促進要因の一つであったといえる。

わが国の情報公開制度の特徴の一つとして、国よりも地方自治体が先行したことが挙げられる（国の法律施行前にすべての県及び政令市が情報公開条例を施行済み）。しかしながら、これら自治体条例の目的規定に説明責任を掲げていたものは殆どなかったのである。それだけに、この要綱案の考え方において、開示請求の対象としての「行政文書」の概念及び、情報公開制度と文書管理は車の両輪であるというコンセプトが明確に示されたのは画期的な出来事であったといえる。すなわち従来の自治体条例における開示請求対象文書の殆どが「決裁・供覧文書」に限定され、しかも電子文書及び過去文書の大部分が対象から外されていたのを、要綱案では「組織共用文書」というコンセプトを導入することで、対象文書の範囲を大きく拡げたからである。説明責任の観点から見て、このことは高く評価しなければならない[注6]（第3章4「情報公開法制と文書管理」参照）。

そして1999年には、基本的にこの要綱案の内容に沿った「行政機関の保有する情報の公開に関する法律」が正式に成立、2001年4月より施行となった。その中の「行政文書」の定義には、要綱案の「組織共用文書」の概念がほぼそのまま取り入れられ、行政機関において業務上必要なものとして組織的に利用又は保存されているものは電子文書及び過去文書を含み、全てが請求の対象となったのである。

3）ISO15489の制定（JIS X 0902）

　2001年9月、ISOのTC46/SC11において、オーストラリア記録管理標準AS4390をベースとした画期的な記録管理の国際標準、ISO15489が制定された[注7]。ISO15489は、当然ながらAS4390から説明責任の原則を引き継いでいる。ISO15489では説明責任をこう定義する。「個人、組織及び集団はその行動に対する責任をもち、その行動を他の人々へ説明することを要求され得るという原則」であると（第3章「用語と定義」）。

　従ってこの標準では、次のように様々な場面で「説明責任」が重要なキーワードとして登場してくる。

- ＊「組織は記録によって、業務を規則正しく、効率的に、また説明責任を果たせる方法で行うことができる。」（第4章「記録管理の利点」）
- ＊「組織は、その活動に関する証拠、説明責任及び情報に対する業務ニーズを充分に満たせるように記録管理の方針・手順・実践方法を確立し、文書化し、維持し、普及すべきである。」（第6章「方針と責任」）
- ＊「すべての従業員は、活動の正確で完全な記録を保有することに対する実施責任と説明責任を有する。」（同上）
- ＊「記録は業務活動の中で作成、取得され利用される。業務の継続的な遂行を支援、規制環境へ適応し、必要な説明責任を果たすためには、組織は真正で信頼でき、利用し易い記録を作成、保有し、これら記録の完全性を必要な期間維持しなければならない。」（第7章「記録管理の要求事項」）などなど。

このようにISO15489は、説明責任（アカウンタビリティ）のための記録管理が基調となっているところに大きな特長があるが、その他、①国際的な記録管理のベストプラクティスであること、②官民を問わず、すべての組織の記録管理についての指針・ガイドラインであること、③管理職を初め組織におけるすべての階層の人々を対象としていること、④良い記録の要件（記録の品質）を明確にしていること、⑤紙から電子記録まですべてのメディア・フォーマットをカバーしていることなど、様々な特長がある。
　これらの特長から、ISO15489は記録管理のグローバル・スタンダードとして、また世界的な記録管理のガイドラインとして大きな役割を果たしているのである。

4）コンプライアンスと企業倫理の高まり

　ここ数年、民間企業の不祥事が相次いだ結果、コンプライアンス・企業倫理の問題が大きくクローズアップされてきた。コンプライアンスは通常「法令遵守」と訳されるが、これはコンプライアンスの正確な意味を表わしているとはいえない。法令を守り、法令に違反しないというだけなら、これは当然のことであり、ことさらにいうこともないのである。コンプライアンスが単なる法令遵守ではなく、企業倫理・職業倫理などを含めたもっと幅の広い概念であることは、もはや常識となっているといって良い。前述のISO15489（JIS X 0902）では、守るべき対象として次の三つを挙げている（第5章「規制環境」Regulatory environment）。

　①制定法、判例、規則（一般法及び特定分野の特別法）
　②遵守義務のある標準類（ISO 9000、14000あるいは食品業界のHACCPなど）
　③任意の行動指針、倫理規定（個別企業又は業界ごとの行動指針、倫理規定など）

　このことからも分るように①の法令のみでなく、業界ごとの標準、あるいはそれぞれの組織において任意に制定される行動指針や倫理規定のような自主的

な規範が含まれる。むしろコンプライアンスにおいては、強制力のある法的な規範よりも、組織ごとの自主的な取り組みにこそ意義があるとされている。②の遵守義務のある標準の例としては、雪印乳業の食中毒事件[注8]で一躍有名になった食品業界のHACCP（ハサップ）がある。同社は原材料の正確な記録を義務付けたHACCPにも違反していたことが判っている。

　③の個別企業の行動指針として古くから有名なものにIBMの「ビジネス・コンダクト・ガイドライン」がある。これはお客様や社会の信頼と期待に応えるため、または会社資産の保護のため、社員が日常の業務活動で遵守すべき行動基準をまとめたもので、IBMグループ共通の行動基準となっており、毎年全社員がこれを読んで署名する。社員は、法律はもちろん、このビジネス・コンダクト・ガイドラインに従う義務があるわけだ。また他人の違法行為に気づいた場合には報告義務があり、通常は所属長への報告となるが、スピークアップ・プログラムやオープン・ドア・ポリシーなどの制度を利用し、役員クラスへ直接知らせることもできる[注9]。

　この他、任意の行動指針の類には「経営理念」と「倫理規定」が一体化されたものとして評価が高いジョンソン＆ジョンソン社の「我が信条」（Our Credo）[注10]やヒューレット・パッカードの「The HP Way」「Standards of Business Conduct」などが有名である。

ジョンソン＆ジョンソン社「我が信条」

　我々の第一の責任は、我々の製品およびサービスを使用してくれる医師、看護師、患者、そして母親、父親をはじめとする、すべての消費者に対するものであると確信する。

　消費者一人一人のニーズに応えるにあたり、我々の行なうすべての活動は質的に高い水準のものでなければならない。適正な価格を維持するため、我々は常に製品原価を引き下げる努力をしなければならない。顧客からの注文には、迅速、かつ正確に応えなければならない。我々の取引先には、適正な利益をあげる機会を提供しなければならない。

> 　我々の第二の責任は全社員 ——世界中で共に働く男性も女性も—— に対するものである。社員一人一人は個人として尊重され、その尊厳と価値が認められなければならない。社員は安心して仕事に従事できなければならない。待遇は公正かつ適切でなければならず、働く環境は清潔で、整理整頓され、かつ安全でなければならない。社員が家族に対する責任を十分果たすことができるよう、配慮しなければならない。社員の提案、苦情が自由にできる環境でなければならない。能力ある人々には、雇用、能力開発および昇進の機会が平等に与えられなければならない。我々は有能な管理者を任命しなければならない。そして、その行動は公正、かつ道義にかなったものでなければならない。
>
> 　我々の第三の責任は、我々が生活し、働いている地域社会、更には全世界の共同社会に対するものである。我々は良き市民として、有益な社会事業および福祉に貢献し、適切な租税を負担しなければならない。我々は社会の発展、健康の増進、教育の改善に寄与する活動に参画しなければならない。我々が使用する施設を常に良好な状態に保ち、環境と資源の保護に努めなければならない。
>
> 　我々の第四の、そして最後の責任は、会社の株主に対するものである。事業は健全な利益を生まなければならない。我々は新しい考えを試みなければならない。研究開発は継続され、革新的な企画は開発され、失敗は償わなければならない。新しい設備を購入し、新しい施設を整備し、新しい製品を市場に導入しなければならない。　逆境の時に備えて蓄積をおこなわなければならない。これらすべての原則が実行されてはじめて、株主は正当な報酬を享受することができるものと確信する。

　このような企業倫理・コンプライアンス論議の高まりから、民間企業においてもステークホルダーへ説明責任を果たすことの重要性が広く認識されるようになってきた。つまり企業は社会的存在として、どのようにコンプライアンスに対応しているかということを社会、すなわちステークホルダーに対し説明する義務があるからである。そのために、組織はコンプライアンスに適合していることを証明できる記録を作成し、その記録を基にいつでも説明できるよう、

記録を管理しなければならないのである。

5）情報開示（ディスクロージャー）

　説明責任を果たす具体的方法として最も重要なものが、「情報の開示」すなわちディスクロージャー（Disclosure）である。説明責任を果たすための情報開示は、今やあらゆる組織に要求される義務となっており、特に国の行政機関（独立行政法人含む）や地方自治体においては、自発的な情報提供のみでなく、国民・住民からの請求に基づく情報の公開が情報公開法（又は条例）により義務付けられている。情報公開法の存在しない民間においては、自主的な情報の開示（ディスクロージャー）が重要となる。企業情報の開示の中でも、特に重要度の高いものが次の三つのカテゴリーである。

①財務決算情報：エンロンやカネボウなどの粉飾決算、西武鉄道などの有価証券報告書の虚偽記載などにより関心が高まった。金融庁は2004年3月期から有価証券報告書にリスク情報を明記するよう義務付けた。また東京証券取引所では、国際会計標準に従って決算の4半期開示を義務付けた。その後、これらは日本版SOX法、金融商品取引法の制定による内部統制の規制へと継承されている。

②商品の品質情報：三菱自動車のリコール隠し、エイズやC型肝炎の薬害訴訟、雪印乳業の食中毒事件、パロマのガス瞬間湯沸し器中毒死事件などの例からも判るように欠陥商品の情報はいち早く公開しないと被害が拡大し、社会的な影響が大きい。

③環境に関する情報：三菱マテリアル・三菱地所のマンション土壌汚染情報の隠蔽[注11]、JFEの有害物質を含む排水データの改ざん[注12]などがある。また情報開示がなかったため対策が打たれず被害が拡大した例として、最近になって顕在化したアスベスト健康被害のケースがある。

　情報開示は、組織の透明性（Transparency）を確保し、説明責任を果たすための重要な手段であり、かつコンプライアンスとは密接、不可分な関連性を有している。その意味で、現在は悪い情報（マイナス情報）ほど早く開示しな

ければならない時代となったのである。後でそのような情報の隠ぺいが露見した場合、社会的な信用を取り戻すのは容易なことではなく、経営の危機を招く事態となりかねない。

　先に見たように、記録の不法な取扱いに絡む不祥事が目に付くということは、適正な記録管理が組織内で機能してないことを意味するが、タイミングよく適切な情報開示を行うためにも、記録の裏づけが重要であり、リスク管理の面からも記録管理を見直す必要が出てくる。

6) サーベンス・オクスレー法（SOX法）

　2000年から2001年にかけて、米国ではエネルギー大手のエンロン社の破綻を初めとしてワールドコム、タイコなど大型の企業不祥事が続発したことから、2002年7月にはサーベンス・オクスレー法（SOX法）が成立し、上場企業のトップに対する適正な決算情報の開示に関する規制が強化された[注13]。

　アメリカの経済界に対するこの法律のインパクトは非常に大きなものがあったが、日本への影響も少なくなく、コーポレートガバナンス（企業統治）や内部統制の強化を主眼に置いた、いわゆる日本版SOX法の金融商品取引法が制定されている。これらの法律の制定は日米ともに、コンプライアンスに関連した情報開示及び記録管理のあり方にも大きな影響を及ぼし、記録管理のパラダイムシフトを推し進めた大きな要因の一つとなっている。アメリカの高名な記録管理のコンサルタントであるデイビッド・スティーブンス氏は「記録管理の観点からいうと連邦法では、SOX法がこの数十年間の、もしかすると今までで一番重要な法律かもしれない。アメリカの法律の中で、記録管理についてこれほど大きなインパクトを経営幹部に与え、認識あるいは実践の仕方に影響を与えたものは知らないくらいだ。」と語っている[注14]。

　コーポレートガバナンスは「企業統治」と訳されるが、「会社は誰のものか」という視点から一時期、株主至上主義的な議論が多かった。最近では企業の不祥事が多発したことから、むしろ経営者による企業内の統治を意味する「内部統制」に重点が置かれるようになっている。特に従来の監査役制度が充分に

機能しなかったことから、経営における監督と執行との役割分担を明確にし、チェック機能を充実させることで健全な経営を目指すのが最近の世界的な傾向となっている。具体的には執行役員制の実施や社外取締役の強化などがその例である。この場合も株主を初めとしたステークホルダーに対する説明責任と経営の透明性向上が鍵となっている。

このように日米共にSOX法（日本では金融商品取引法）の制定により内部統制に関する事項が強化され、財務情報を中心とした企業情報の開示が一段と促進されることとなった。それに伴い日々の業務遂行や内部管理の状況、取締役会の意思決定過程などの記録の管理が重要な役割を占めることとなったのである。これとても外部に対する説明責任のための記録管理の好例といえよう。（SOX法について詳しくは第7章2 p.152参照）

7） 内部告発者保護の法制化

企業の不祥事が明るみに出たケースには、実はその組織に所属する従業員（または内部関係者）からの内部告発によるものが圧倒的に多かった。三菱自動車の最初のリコール隠し（2000年）、雪印食品の牛肉偽装事件（2001年）、米国エンロンの不正会計処理（2001年）、原子力発電所の原子炉点検記録改ざん（2002年）など幾多の例がある。

ところが従来、自社の不正を正すという社会のためになる行為をしながら、組織の裏切り者として、組織から報復を受けるということが少なくなかった[注15]。そこで2004年6月、内部告発を理由に企業が社員を解雇したり、降格や減俸などの不利益な取扱いを禁止する公益通報者保護法が制定され、2006年4月に施行されている。

内部告発者は、海外ではホイッスルブロワー（警笛を吹く人）と呼ばれ、すでに英国では1998年に公益開示法が制定されているし、米国ではサーベンス・オクスレー法にも内部告発者の保護規定が盛り込まれている[注16]。このような動きも組織の隠蔽体質に風穴を開け、コンプライアンスに関連した情報開示を促進する一つの要因となっている。

8） CSR（Corporate Social Responsibility：企業の社会的責任）

　ここ数年、コンプライアンスや環境問題が引き金となって本格的にCSRに取り組む企業が増えている。CSRには「コーポレート・ガバナンス改革」や「経営の透明性確保」、「株主・従業員・消費者・取引先などのステークホルダーとの対話重視」「コンプライアンス対応」「環境対策」「社会貢献」などが含まれる。しかしながらCSRは単に利益を社会へ還元するという考え方ではなく、基本的な経営の姿勢を問うもっと幅広く、奥の深い概念である。

　またISOもCSRの国際標準化（ISO26000）を進めており、具体的な原案の改訂作業が継続的に行なわれている。ISO社会的責任部会の第4回総会（2007年1月開催）における暫定的な定義によると「組織が、その意思決定と活動（製品、サービス及びそのプロセスを含む）が社会や環境に及ぼす影響に対して、透明且つ倫理的な行動を通して果たす責任のことである。そうした行動は、ステークホルダーの期待に配慮しつつ、社会の持続的な発展と健全な繁栄に貢献するものであり、また適用され得る法令に従い、国際的な行動規範に合致し、組織のあらゆる所で統合され、その関連性（組織活動の影響が及ぶ範囲での関連）の中で実践されるものである。」と位置づけている[注17]。

　このようなCSRへの取り組みの中で特に重要なのが情報開示であり、それによってステークホルダーに対する説明責任を果たすことになるわけである。最近では積極的に情報開示を進めながら、企業の透明性を高めるために『CSR報告書』を発行する企業も増えてきた。「CSRを経営として成功させる最大の鍵は『情報の透明性の確保—CSR報告書の発行』にあるといっても過言ではない」ともいわれている[注18]。

　ソニーは1994年から隔年で『環境報告書』を発行していたが、2002年には企業の社会的責任に対するアカウンタビリティ（説明責任）の重要性を認識し、人々との係わりについて新たに記述した『社会・環境報告書』を発行。さらに2003年からは企業の社会的責任に係る情報を充実させるためタイトルを『CSRレポート』と改め毎年発行するようになった。花王も1998年から発行していた『環境・安全報告書』を、2005年から『CSRレポート』に名称を改め、幅広い

ステークホルダーへ情報開示・情報提供を行っている。

　リコーは1999年から『環境報告書』を発行しているが、2004年から新しく『社会的責任経営報告書』をセットで発行するようになった。リコーの場合、ソニーや花王のように環境報告書をCSR報告書と一本化せず、環境問題とCSRを別々の報告書で発行している。同社は従来より環境問題へ熱心に取り組んできたことから、環境問題へのこだわりが感じられる。

　このような動きに関連して、注目されるのがアメリカの経済誌『フォーチュン』（Fortune）の「世界で最も賞賛される企業」（World's Most Admired Companies）というランキングである。周知のごとく同誌は「Fortune500」「Global500」など全米あるいは世界における売上及び利益のランキングを売り物にしてきた雑誌である。その『フォーチュン』が1997年から実施しているのがこの新しいランキングなのだ。このランキングは、売上100億ドル以上の大会社358社の中からの、1,467名の財務アナリスト・役員・管理職のアンケート調査により、それぞれの所属する業界ごとに「イノベーション」「人材管理」「会社資産の活用度」「地域社会・環境」「経営の質」「財務の健全性」「長期的投資」「製品・サービスの質」「グローバル性」の9の評価項目に対する各企業の得点（10点満点）を集計し、それらをもとに総合評価したものである。つまりこれまで正に"大きいことはいいことだ"とばかりに売上げ・利益で順位を競ってきた企業が全く別な基準で評価されることになったわけだ。企業も単に売上げ・利益が大きいだけでは評価されず、賞賛される企業かどうかという尺度で価値判断される時代になったのである。

　ちなみに2008年度ベスト20位までの企業は次の通り；

　　1．アップル　　　　　　　　2．ゼネラル・エレクトリック
　　3．トヨタ自動車　　　　　　4．バークシャー・ハサウエー
　　5．プロクター＆ギャンブル　6．フェデックス
　　7．ジョンソン＆ジョンソン　8．ターゲット
　　9．BMW　　　　　　　　　10．マイクロソフト
　11．コストコ　　　　　　　　12．UPS

第2章　記録管理のパラダイムシフト　*61*

13.	IBM	13.	ペプシコ
15.	シスコ・システムズ	16.	ボーイング
17.	ウォルマート	18.	本田技研工業
19.	コカ・コーラ	20.	キャタピラー

　2003年には11位だったトヨタ自動車の躍進が注目される。その他の日本企業では18位に本田技研がランクされている（『フォーチュン』、2008年3月17日号より）。

9） 民事訴訟法の改正

　1996年6月、70年振りに民事訴訟法が改正され、1998年1月より施行された。この中で文書管理に関連した事項として大変重要な変更があった。従来の旧法では企業が所持する文書については一部例外を除き、原則として提出義務がなかったものが、新法では企業が所持する文書については一部例外を除き、原則としてすべての文書に裁判上、提出義務があることとなった（新法220条4号）。すなわち従来の原則と例外が逆転したことになるわけだ。新法で例外として提出しなくて良いものは、いわゆる『職業秘密文書』（医師、弁護士が職務上知りえた秘密等）、あるいは『自己使用文書』（担当者のメモ、日記帳、備忘録等）に限られる。

　さらに2004年4月1日に、更なる改正法が施行され、証拠収集手段の拡充が行われている（新132条）。つまり原告側が、提訴前に証拠となる文書の提出を相手方に求めることができるようになったのである[注19]。これにより米国訴訟制度の特徴の一つであるディスカバリーに幾分似たような制度が日本でも登場したことになる。今まで、証拠偏在型訴訟といわれるケース、すなわちPL訴訟や医療過誤訴訟の場合、個人の被害者が訴訟を起こしても殆ど勝つ術がなかったといってよい。なぜならこれらのケースでは、メーカー側あるいは病院側が証拠書類の大部分を握っているからである。これら一連の民訴法改正により、そのような弱い立場の被害者も従来より有利に訴訟で戦える可能性がでてきたわけで、訴訟が起こし易くなったというメリットがある。同時に文書提出

命令の強化及び証拠収集手段の拡充は、組織の隠蔽体質を正し、広く情報を開示させるという世の中の流れにも沿っているといえよう。

10） アーカイブズの重要性の認識高まる

　2003年から2004年に掛けて、日本の記録管理・アーカイブズにとって画期的な出来事となる内閣府の「公文書等の適切な管理、保存及び利用に関する懇談会」（座長：高山正也慶応大教授：当時）が開催された。2004年6月にはその報告書が公表されている[注20]。これに先駆けて内閣官房長主催の研究会「歴史的に重要な公文書の保存、利用に関する研究会」が開催されていたが、これを格上げし、発展させる形で内閣官房長官（福田康夫氏：当時）主宰の下に開催されたのがこの懇談会である。またこの懇談会は、当時の内閣総理大臣小泉純一郎氏が国会における施政方針演説（2004年1月19日）で「政府の活動の記録や歴史の事実を後世に伝えるため、公文書館における適切な保存や利用のための体制整備を図ります」と述べたことにも関連している。

　研究会に比べ、今回の懇談会のタイトルにおいて、「公文書」から「歴史資料として重要な」という冠が取れ、しかも「適切な保存・利用」に「管理」という文字が加わったのは、実は大変重要な意味がある。これは、歴史的に重要な公文書を確実に残すためには、その上流である現用文書の管理から手をつけなければ駄目だということが明かになったためである。その意味で、この懇談会は、アーカイブズのみならず、これからの日本の記録管理そのものの方向性をも示す重要なものとなったのである。

　また懇談会の報告書の中で、記録管理のパラダイムシフトの観点から見て特に重要なことは、「公文書館は単なる歴史保存施設ではなく、人権擁護や説明責任のための、民主主義の本質に深く関わる施設である」ことを確認したことである。実はこれは米国国立公文書館の前長官ジョン・カーリン氏（第8代合衆国アーキビスト）が残した言葉だが[注21]、これほど端的に米国国立公文書館の役割・使命を表している言葉はない。このことを踏まえてこの報告書では、公文書館制度が「将来の国民に対する説明責任」を果たすものという位置

づけを明確にしている。これはアーカイブズの重要性に新しい角度から光を当てたものとして大いなる価値があるといえよう。

　福田康夫氏が官房長官時代に始めた公文書管理制度改革への取組みは、その後福田氏が首相に就任するや否や急ピッチで前へ進みだした。2007年暮には、国会の質疑でもこの問題が取り上げられ、公文書館推進議員懇談会（河村建夫、浜四津敏子、森山真弓議員諸氏が名を連ねている）が緊急提言「この国の歩みを将来への資産とするために」を福田首相に提出した。この提言は①国の機関における文書管理体制の整備、②国民の知と記憶を集約する公文書管理体制の高度化、③開かれた公文書館への進展と普及・啓発活動の充実、④国立公文書館の拡充の4項目からなる。その後、2008年2月には上川陽子氏が公文書管理担当大臣に就任、3月には「公文書管理の在り方等に関する有識者会議」（座長：尾崎護氏）が設置されたことは前に述べた。これら国の文書管理制度改革の動きは、わが国の文書・記録管理及びアーカイブズの歴史において正に画期的な出来事であり、記録管理のパラダイムシフトをさらに推し進める要素となるに違いない。

　以上、オーストラリア記録管理国家標準AS4390から始めて、ISO15489、情報公開法、コンプライアンスと企業倫理、情報開示、サーベンス・オクスレー法、内部告発者の保護、CSR、民訴法の改正、アーカイブズの重要性、10項目にわたり「記録管理のパラダイムシフト」を促進する要因につき概観してきたが、これらの殆どの要因は相互に影響し合いながら「記録管理のパラダイムシフト」を推し進めているといえる。

　このパラダイムシフトのきっかけとなったのはオーストラリア記録管理国家標準AS4390であり、この標準が制定されたのは1996年であった。同じ年、日本では画期的な情報公開法要綱案ができている。従って、このパラダイムシフトは1996年を起点として、始まったと見ることができる。しかしながら、これがいつまで続くのか、いつ終了するのかという問に答えるのは難しい。このようなパラダイムシフトは10年あるいは15年をかけて徐々に進行していくものと考えられるからである。むしろ多くの人々がまだ、このパラダイムシフトに気

が付かないか、意識していないということが問題である。しかしながら、このパラダイムシフトは静かに、しかも確実に進んでいる。従って筆者は、できるだけ早く多くの人々が、このパラダイムシフトに気付き、それぞれの組織で記録管理の方法をこの流れに沿って変えて行く必要があるのではないかと考えているのである。

注：インターネットのURLは、2008年7月24日現在参照。以下本書すべて同じ
1. 三沢仁『五訂ファイリングシステム』社団法人日本経営協会、1987年、p.19参照。
2. 2001年に施行された行政機関情報公開法では、公開対象となる「行政文書」に「組織共用文書」の概念を取り入れ、「行政機関の職員が組織的に用いるものとして、行政機関が保有しているもの」と定義し、大幅に公開対象を拡げた。詳しくは第3章5参照。
3. 村山治「秘かに進む公文書抹殺、政府情報の全面的システム改革を」p.84～85、「グラウンドルール不在の『村社会』でおきていること」p.96～101、以上『論座』No.96、2003年。
4. 1997.7.20付・朝日新聞記事。
5. オーストラリア記録管理標準AS4390については、小谷允志「オーストラリア記録管理国家規格」行政＆ADP、Vol.34、No.5、1998年及び作山宗久「アカウンタビリティの里程標」『標準と品質管理』Vol.50、No.7とNo.8、1997年参照。
6. 従来の自治体情報公開条例の殆どが、電子文書を対象から外していたものを、要綱案は開示請求の対象を「情報が一定の媒体に記録されたもの（文書）」とし、電子媒体など媒体の種類を問わず、幅広く対象とすることとしたのである。さらに過去文書についても、多くの自治体が様々な制限（例えば条例施行後の文書に限るなど）を設けていたのを、すべての過去文書を対象とすることとしたのである。
7. ISO15489パート1は日本語に翻訳され、JIS化（X0902-1）された。第1章注1参照。
8. 雪印乳業の食中毒事件についてはp.11参照。
9. IBM『ビジネス・コンダクト・ガイドライン』の全文は日本IBMのウェブサイトに掲載されており、自由に閲覧可能である。http://www-6.ibm.com/jp/ibm/bcg/
10. ジョンソン＆ジョンソン「我が信条」
http://www.jnj.co.jp/group/community/credo/index.html　参照。

11. 三菱マテリアルと三菱地所は、2004年11月、OAP（大阪アメニティパーク）のマンションの土壌から国の環境基準を超えるセレンやひ素を検出していたにもかかわらず、その事実を知らせずにマンションを販売していた。両社のトップはこの事を知りながら黙認。
12. 2005年3月、JFEはシアン化合物などを含む排水を東京湾へ流していたが、そのデータを基準値以内に改ざんして千葉県や千葉市へ報告していたことが発覚。その改ざんは10年間も続いていた。
13. Sarbanes-Oxley Act、ポール・サーベンス上院議員とマイケル・オクスレー下院議員が提案し、2002年7月に成立。サーベンス・オクスレー法の条文に関しては、John C. Montaña,J.D 他 The Sarbanes－Oxley Act：Implications for Records Management, p.105 ARMA International 2003を参照。
14. 日本レコードマネジメント（株）創立30周年記念セミナー（2006.11.29）における講演「今、明らかになる！米国SOX法の光と影－文書管理を中心に」より。記録管理学会『レコード・マネジメント』No.53（2007.4）に全文を収載。
15. 運輸業界のヤミカルテルを公正取引委員会へ告発したため、トナミ運輸社員串岡弘昭氏は30年間にわたり昇格を停止され、閑職に追いやられたという例がある。この件に係る訴訟で富山地裁は、2005年2月23日、内部告発は正当として1,356万円の賠償を同社に命じている。
16. "ホイッスル・ブロワー・プロテクション" The Sarbanes－Oxley Act（Sec.806）。
17. Guidance on Social Responsibility（DRAFT ISO 26000 WD4.1: 2008-03-11）による。
18. 中央青山監査法人編『CSR実践ガイド』中央経済社、2004年。
19. 証拠収集手段の拡充については小谷允志"文書と記録のはざまで"「民訴法の改正で変わる証拠文書の取扱い」行政＆ADP、Vol.40、No.1、2004年参照。
20. 内閣府「公文書等の適切な管理、保存及び利用に関する懇談会」の最終報告書は「公文書等の適切な管理、保存及び利用のための体制整備について―未来に残す歴史的文書・アーカイブズの充実に向けて―」（2004.6.28）として公表された。筆者も第3回懇談会（2004年2月26日）にゲストスピーカーとして招かれ「記録管理の実態と国際標準」につき説明した。
    当懇談会の最終報告書及び各回の資料・議事録はすべて内閣府のウェブサイト http://www8.cao.go.jp/chosei/koubun/ で見ることができる。
    その他、国立印刷局から研究会及び懇談会の内容を抜粋した「公文書ルネッサンス―新たな公文書館像を求めて―」（2005.2）も発行されている。
21. 米国では国立公文書館記録管理局（National Archives and Records Administration）長官のことをThe Archivist of the United States と称する。

2005年2月に約10年間この職にあった第8代長官のジョン・カーリン氏が退任し、アレン・ワインシュタイン氏が第9代長官に就任している。なおカーリン長官のNARA戦略計画については宇都宮深志編『情報公開制度の新たな展望』第3章の小谷允志「連邦政府における記録管理」(財)行政管理研究センター、2000年、及び仲本和彦「米国国立公文書館と組織改革」『レコード・マネジメント』(記録管理学会)No.38を参照。

第3章　説明責任と文書管理
―情報公開法制を中心に―

１．説明責任（アカウンタビリティ）の意味

　説明責任が情報公開法の根幹をなす概念であることはすでによく知られている。また適切な文書管理が行なわれなければ、情報公開が成り立たないことから、情報公開法と文書管理は車の両輪であるといわれている。それほど文書管理と説明責任は密接な関係にあるわけだ。従って情報公開法と文書管理という二つの車輪によって支えられているシャーシーが説明責任であり、その結果出来上がる車が民主主義という名の名車だということができよう。ちなみに記録管理の国際標準ISO15489においても説明責任がその基調になっている。そこで説明責任と文書管理はどのように係りあっているのか、説明責任を果たすための文書管理の要件とは何かについて、情報公開法関連の文書管理のテーマを中心に考えてみたい。

　「説明責任」（アカウンタビリティ）という言葉は、1996年に公にされた行政改革委員会による情報公開法要綱案の目的規定に登場して以来、一躍時代のキーワードとなった感がある。要綱案の「考え方」によると、説明責任とは「国政を信託した主権者である国民に対し、政府がその諸活動の状況を具体的に明らかにし、説明する責務」と説明されている。そして、行政運営の公開性を向上させ、政府の説明責任を全うさせるために、国民に対しては情報の開示を請求する権利、すなわち行政文書の開示請求権が付与されているのである。

これに関して実際の法律の文言では「知る権利」という表現こそ取られなかったが、あくまで憲法に謳われている国民主権の理念に基づくものであることが明確にされている。

要綱案での「説明責任」は、当然ながら1999年5月に制定された国の情報公開法[注1]にもそのまま引き継がれ、このことが世の中に説明責任のコンセプトを普及定着させた功績は大きいと言わねばならない。この言葉は、要綱案以前にも使われていたのだが、主としてこれは会計学上の概念として使われていたのであり、民主主義の重要な構成要素としての概念ではなかった。もともとアカウンタビリティという言葉は「結果責任」を意味し、「行動責任」を意味するレスポンシビリティと区別されるという。

ちなみにOxford Advanced Learner's Dictionaryで調べてみると、Responsibilityは「もし何かが上手く行かないと責められるかも知れないため、何かを処理したり、(誰かの) 面倒をみる義務」と説明されているのに対し、Accountabilityは「意思決定又は行動に対し責任があり、訊ねられた時それらの説明が期待されること」となっている。その意味で、Accountabilityの訳語として「説明責任」という言葉を使うのは、まことに当を得たものといえるだろう。

2．アカウンタビリティの起源

アカウンタビリティの概念はもともと、1776年の米国ヴァージニア権利章典の「行政官は人民の受託者でありかつ公僕であって、常に人民に対し責任を負う」(第2条) との規定に由来する。また1789年のフランス人権宣言にも同様の規定が見られ、その第15条には「社会は、すべての公の職員に、その行政に関する報告を求める権利を有する」と謳われている。

このように当初、アカウンタビリティの概念は国民の基本的人権の一つとして取り上げられたのであるが、その後、国民主権原理に基づく民主的な行政運営の基本的な理念として位置付けられるようになって行くのである。すなわち政府情報へのアクセス権が民主主義において不可欠なものという認識の高まり

である。

　このことを最も良く表したものとしてしばしば引用されるのが、アメリカ第4代大統領で合衆国憲法の父ともいわれるジェームズ・マディソンの次の言葉である。

　「人民が情報を持たず、情報を入手する手段も持たないような人民の政府というのは、喜劇への序章か悲劇への序章か、あるいはおそらく双方への序章にすぎない。知識を持つ者が無知な者を永久に支配する。そして自ら支配者たらんとする人民は、知識が与える力で自らを武装しなければならない。」

　ここでは市民が情報を持つことの重要性、すなわち「情報なくして行政への参画なし」という民主主義の基本原則が見事に表現されている。

3．アカウンタビリティと情報公開法

　このアカウンタビリティの理念を、初めて公文書公開制度として法制化したのがスウェーデンの「著述と出版の自由に関する1766年12月2日の憲法法律」である。世界最初の情報公開法として有名なこの法律は、事前の検閲の廃止及び事件その他の案件に関する公文書を自由に印刷し配布することができること、このため国民は自由に公文書を閲覧できることなどを規定している。その後この法律はさまざまな修正が加えられてきたが、現在の法律は1974年の「出版の自由に関する法律」（Freedom of the Press Act）である[注2]。1766年というと日本では江戸時代、徳川10代将軍家治の治世だから、さすがは民主主義の先進国スウェーデンである。スウェーデンがオンブズマン発祥の地であることも頷けようというものだ[注3]。

　その後、北欧を初めとしたヨーロッパ諸国、カナダ、オーストラリア、ニュージーランドの英連邦諸国、アジアでは韓国、タイなど情報公開への流れが世界に拡がっていった。

　現在、世界の情報公開法のモデルになっているのが1966年に制定されたアメリカの情報自由法（Freedom of Information Act, 略称FOIA）である[注4]。

FOIAは名前の通り情報の自由という考え方が基本となっているが、さらにFOIAを特長付けているのがアカウンタビリティとオープンネスの理念である。

そしてこのFOIAの理念を端的に表しているのが、1993年、就任間もないクリントン大統領が各連邦政府機関の長に対して書き送ったFOIAに関する覚書(注5)である。

その中で彼は「この法律は情報を与えられた市民（an informed citizenry）が民主的なプロセスにとって不可欠なものであり、アメリカの人民がその政府につきよく知れば知るほど、より良く統治されるという基本的な原則に基づいて制定された。開かれた政府（openness in government）は説明責任（accountability）を果たすために不可欠なものであり、本法律はそのプロセスのなくてはならない一部となっている。」と述べ、改めてFOIAへの対応の見直しを求めたのである。

司法省発行のFOIAのガイドでも「FOIAの基礎となっている開かれた政府と説明責任の原則は民主主義の理想が本来的に持っているもの」と述べてこのクリントン大統領の覚書を引用していた。また「FOIAの基本的な目的は民主主義の機能を果たすのに非常に重要な、情報を知らされた市民を確保することである。このことは腐敗をチェックすることからも必要だし、何よりも統治される者に対する統治者の説明責任を果たさせるのに必要である。」という裁判所の判例を紹介している(注6)。このようにFOIAにおいてはアカウンタビリティの理念、コンセプトこそが大きな柱となっていることが分かるが、事実それぞれの規定の中身を見てもこのことが確認できるのである。

４．情報公開法制と文書管理

先に述べたように、情報公開法と文書管理の関係はしばしば車の両輪に喩えられる。

わが国の情報公開法で公開の対象となるのは、情報それ自体ではなく、あく

まで文書であり、行政機関が現時点で保有する文書を公開すればそれで足りるのである。請求があってから新たに文書を作成して公開するとか、あるいは口頭で説明するなどの必要は全くない。従って文書が存在しなければ情報公開制度は成り立たない。オランダやニュージーランドのように文書に限定せず情報自体を公開する国もあるが、わが国の情報公開法を初め米国FOIAなど多くの国がこの文書による公開方式を取っている[注7]。

　では情報公開法はなぜ情報ではなく文書を対象としているのであろうか。仮に文書でなく情報で公開する場合を考えてみよう。例えば口頭で説明するとなれば、どうしても行政側に都合の良いことだけを喋り、都合の悪いことは喋らないということになりかねない。また過去の事柄を記録に基づかずに喋るとなればどうしても不正確にならざるを得ない。この点では後から文書を作成して公開するとしても同様の問題が生ずる。つまり恣意的な説明に陥らず、しかも正確な情報を提供するという意味では、リアルタイムで作成された内部文書以上のものはないということなのである。文書には記録として業務遂行の証拠を残すという文書本来の機能があり、このことから従来より行政機関においては文書主義を業務遂行の基本に置いてきたのである。ちなみに東京都の「文書事務の手引」では基本的な文書の特性として伝達性、客観性、保存性、確実性の4つを挙げている[注8]。このような文書の持つ特性が公開対象を行政機関の保有する文書に絞った理由と考えられるのである。

　したがって情報公開の請求時点であるべきはずの文書がなかったり、あったとしてもすぐに取り出せないということであれば、情報公開制度の適正円滑な運用は期待できない。適正な文書管理が不可欠なのはそのためである。このことから国の情報公開法は適正な文書管理を義務づけ、そのための定めを設けるよう規定している（第22条1項）。さらにその定めを一般に公開させることによりその実効性を担保しようとしているのである（第22条2項）。このように法律の規定で適正な文書管理義務が明確にされたのはわが国では初めてのことであり、わが国の文書管理史上画期的な出来事であったと評価できる。

　次に国の情報公開法で特に文書管理に関連する規定を見て行こう。

5．行政機関情報公開法における文書管理

まず公開請求の対象文書であるが、情報公開法第2条2項に「行政文書」の定義があり、「行政機関の職員が職務上作成し、又は取得した文書、図画及び電磁的記録（電子的方式、磁気的方式その他人の知覚によっては認識することができない方式で作られた記録をいう。以下同じ。）であって、当該行政機関の職員が組織的に用いるものとして、当該行政機関が保有しているものをいう。」と規定されている。まず、従来の自治体条例では、ほとんどが決裁供覧文書に対象を限定していたため、最終的な意思決定に至るまでの経過を表す文書や参考資料等は公開の対象から外されていた。それに対し、国の情報公開法では、新たに「組織共用文書」という概念を取り入れ、決裁供覧といった事案手続きの有無に関係なく、大幅に対象文書の範囲を広げたことに大きな意義がある。

◆「組織共用文書」の概念

その文書が「組織共用文書」に該当するかどうかは、公開の対象文書となるかどうかに直接関わってくるだけに、その線引きが重要となる。総務省行政管理局編『詳解情報公開法』では、次のように説明されている（p.23〜24）。

組織共用文書とは「作成又は取得に関与した職員個人の段階のものではなく、組織としての共用文書の実質を備えた状態、すなわち、当該行政機関の組織において、業務上必要なものとして、利用又は保存されている状態のものを意味する。」

「組織共用文書」の判断基準（以下につき総合的に考慮して実質的に判断する）

①文書の作成・取得の状況

職員個人の便宜のためにのみ作成又は取得するものであるかどうか、直接的又は間接的に当該行政機関の長等の管理監督者の指示等の関与があったものであるかどうか。

②当該文書の利用状況

　業務上必要として他の職員又は部外に配布されたものであるかどうか、他の職員がその職務上利用しているものであるかどうか。

③保存又は廃棄の状況

　専ら当該職員の判断で処理できる性質の文書であるかどうか、組織として管理している職員共用の保存場所で保存されているものであるかどうか。

　また、どの時点で共用文書たる実質を備えた状態となるかについては、組織における文書の利用又は保存の実態により判断するとし、その目安として次の例が挙げられている。

①決裁を要するものについては起案文書が作成され、稟議に付された時点
②会議に提出した時点
③申請書等が行政機関の事務所に到達した時点
④組織として管理している職員共用の保存場所に保存した時点

「組織共用文書」に該当しないもの

①職員が単独で作成し、又は取得した文書であって、専ら自己の職務の遂行の便宜のためにのみ利用し、組織としての利用を予定していないもの（自己研鑽のための研究資料、備忘録等）
②職員が自己の職務の遂行の便宜のために利用する正式文書と重複する当該文書の写し
③職員の個人的な検討段階に留まるもの（決裁文書の起案前の職員の検討段階の文書等。なお、担当職員が原案の検討過程で作成する文書であっても、組織において業務上必要なものとして保存されているものは除く。）

◆アメリカ：情報自由法（FOIA）の対象記録

　FOIAの対象記録となるかどうかについては、①連邦政府機関により作成又は取得されていること、②FOIAによる開示請求時に機関の管理下にあること、が要件とされているが、具体的な例として次の判例が有名である。

　司法次官補のウィリアム・バクスター氏の①電話の伝言用紙、②毎日のス

ケジュール表、③机上の面会予定表に対しFOIAに基づく開示請求がなされたケースにおいて、①については、実質的情報は含まれておらず、専ら当該職員の利用のみに供されており、私的な電話と職務上の電話を区別する方法がなかったことから、「行政機関の記録」に当たらないとした。③に関しても、上級職員が当該上司の都合を知るために見ることがときにあったものの、当該職員個人の便宜のために作成保存されており、他の職員には配布されていなかったことから、「行政機関の記録」ではないとされた。他方、②は秘書が作成したものであるが、当該記録を保存する義務はなく、私的な面会も記載されていたものの、職務の円滑な遂行のために局内の上級職員に配付されていたことから、「行政機関の記録」に該当するとされた。[注9]

　従来の自治体情報公開制度においては、ほとんどの自治体が電磁的記録すなわちコンピュータ情報等の電子文書を公開対象から外していた。また過去文書、すなわち情報公開条例施行前に作成された文書の公開についても非常に消極的で、大部分の自治体が対象から外すか、対象に入れたとしても何らかの条件を付け、極めて限定的であった。これに対し国の情報公開法では、これら電子文書、過去文書を全面的に対象とした点にも大きな特色がある[注10]。

　自治体の情報公開制度は国よりも先行したのだが[注11]、対象文書に制限が多かったため、現実に文書があっても"解釈上の不存在"ばかりが増えるという傾向があったのである。その点、国の法律が対象を大きく広げたことは説明責任の観点から見て高く評価できよう。ただし、新聞・雑誌・書籍等の一般に販売されているもの、もともと行政機関が公表資料として情報提供しているものは情報公開法での公開対象から外されている。またアーカイブズ文書、すなわち公文書館等で歴史的もしくは文化的、学術的な資料として特別な管理がされているものは、政令によりその範囲を明確にして、開示請求から除くとしている。非現用文書であるアーカイブズ文書は、基本的に公文書館等で公開し、一般の利用に供することを前提として保存されているものだからである。

　情報公開法は行政文書の分類、作成、保存及び廃棄に関する基準その他の行政文書の管理に関する必要な事項を政令で定めるものとしており（第22条3

項)、同法施行令でそれぞれの項目の満たすべき要件を規定している（施行令第16条）。これを受けて、2000年2月25日各省庁事務連絡会議の申し合わせにより、より詳細な「行政文書の管理方策に関するガイドライン」が策定されている。このガイドラインにより、従来各省庁がバラバラに作成していた文書管理規程に一応の統一性が与えられることとなり、一歩前進したといえる。

6．「行政文書の管理方策に関するガイドライン」

以下、主として情報公開のための文書管理という観点からガイドラインのポイントを述べる。

1）行政文書の分類

施行令で行政機関の事務及び事業の性質、内容に応じた系統的な分類基準を定めるとされている。それを受けてガイドラインでは「行政文書の分類の基準は、大分類・中分類・小分類の3段階のツリー構造による。また、年1回見直しを行い、必要と認める場合には改定を行う。なお、小分類の下に行政文書ファイルを類型化した『標準行政文書ファイル』名を記載する等により、行政文書ファイルの適切な保存にも活用できるよう『行政文書分類基準表』を定める」としている。

ここで「行政文書ファイル」という考え方が打ち出されており、「能率的な事務又は事業の処理及び行政文書の適切な保存の目的を達成するためにまとめられた、相互に密接な関連を有する行政文書（保存期間が1年以上のものであって、当該保存期間を同じくすることが適当であるものに限る。）の集合物」であり、小分類の下で保存及び廃棄について同じ取扱いをすることが適当であるものと説明されている。これはアメリカのレコードマネジメント（記録管理）における"レコードシリーズ"[注12]と同じ考え方で、同じリテンション期間を有する同一または関係のある文書のグループを指し、これをもってライフサイクル管理の基本的な単位とするというものである。ファイル中の一つ一つの文書ごとに細かく管理するのは実務上現実的でないという考えに基づいている。

2）行政文書の作成

「行政機関としての意思決定及び事務・事業の実績については、文書を作成することを原則とする。」とし、留意事項に作成が必要な具体例として次のような事項を掲げている。
　①法令の制定又は改廃及びその経緯
　②政策の決定及びその経緯
　③行政処分及びその根拠、基準
　④個人、法人等の権利義務の得喪及びその経緯
　⑤歳入、歳出及び国有財産の取得、処分

但し、「当該意思決定と同時に文書を作成することが困難である場合及び処理に係る事案が軽微なものである場合は例外として文書の作成は要しないが、前者の場合には、事後に文書を作成することを要する。」とし、例外として文書作成義務が免除される場合があることを認めている。事案が軽微なものとは、所掌事項に関する単なる照会・問い合わせに対する応答、行政機関内部における日常的業務の連絡・打ち合せなどが例として挙げられている。

このように文書の作成義務が明確にされた点は、従来の各省庁の文書管理規程では作成義務を謳っていなかった所が多かっただけに大いに評価できる部分である[注13]。

いかに政府情報の公開原則が確立しようとも、そもそも文書が作成されていなければ、公開請求時に"文書不存在"が発生するだけとなってしまう。従ってアカウンタビリティの原点ともいうべき文書作成義務が明確にされたことは重要な意味をもっている。

その点、行政機関の職員は、現在及び将来の国民に対する説明責任を常に意識し、文書主義に徹することが求められているのである。

3）行政文書の保存

施行令（別表第2）では、行政文書の類型に応じた保存期間の例を掲げており、これを参考にして「行政文書保存期間基準」を定めるとしている。これ

によると保存期間は1年未満、1年、3年、5年、10年、30年の6段階となっており、従来の"永年保存"がなくなり30年保存が最長となっている点が注目される。留意事項では「最低保存期間の最も長いものを30年としたのは、30年を一区切りとして保存継続の必要性の見直しを的確に実施する趣旨」と説明されている。つまり保存期間が満了した時点で、当該文書の保存期間を延長するのか、あるいは国立公文書館等へ移管するのか、はたまた廃棄するのかを的確に判断するという意味である。従って、最長30年を拠り所に歴史的な文書として永久保存されるべきものが国立公文書館へ移管されずに廃棄されたり、もしくは安易に保存を延長するなどということがないように、保存期間満了時点で十分な審査が行われなければならない。つまり現用文書としてのアカウンタビリティの観点と同時に、歴史的文書の保存というアーカイブスの見地からの配慮が求められる。なぜなら「公文書館制度は将来の国民に対する説明責任」に応えるものだからである[注14]。また、保存方法については「組織としての管理が適切に行い得る専用の場所で保存する」として、事務室及び書庫があげられているが、行政機関のスペースが慢性的に不足している現状に鑑み、信用ある外部レコードセンターの利用を検討すべきである。間違っても保存スペースの不足から、保存すべき文書が廃棄されるということが起こらないように、保存場所の確保が必要となるからである。その意味からも現在検討中の中間書庫制度を早急に軌道に乗せる必要がある。

　なお保存に関する例外事項として、保存期間が満了し、公文書館へ移管するもの以外でも記録を廃棄できない場合がある。例えば（イ）監査・検査等の対象になっているものは当該監査・検査が終了するまで廃棄できないし、（ロ）係属中の訴訟に必要なものは訴訟が終結するまで、（ハ）係属中の不服申立てに必要なものは不服申立ての裁決又は決定の日から1年間、（ニ）開示請求があったものは開示・不開示の決定を行ってから1年間廃棄できない（行政機関情報公開法 施行令第16条第1項第6号）。これらについては廃棄を留保し、保存期間を所定の期間延長する必要がある点、注意が要る。

　東京都の情報公開条例に基づく裁判例で、開示請求があった記録の保存期間

が途中で満了したため一部不開示の決定をした直後に廃棄してしまったというケースがある。このケースで東京地裁は「文書が廃棄されているため、訴えの利益がない」として原告の訴えを却下しつつも、「一部不開示の決定に対し、将来訴訟が起こることが予想されたのに、それを考えずに、保存期間を経過したという理由だけで廃棄処分にした措置は疑問」とし、都に訴訟費用の全額負担を命じている（東京地裁、1997年12月26日）。(注15)

4）行政文書の移管又は廃棄

　ここでは保存期間が満了した文書について、保存期間の延長、歴史的資料として保存すべき文書の国立公文書館への移管、又は廃棄のいずれかの措置を講ずる場合の手続きが記されている。この例外として、特別な理由がある場合には、保存期間満了前の廃棄ができることとなっている（施行令第16条1項9号）。但し、これについては行政機関の長の承認事項とされており、留意事項にも「極めて例外的な措置」であり「極めて限定的、厳格に運用される必要がある」と説明されている。しかしながら、各行政機関の長の判断で保存期間満了前の文書の廃棄ができるというのは、アカウンタビリティの観点から見て問題である。保存期間満了前の廃棄の例として個人のプライバシーに関する情報等で、その保有目的が当初の想定より早期に達成され又は消滅したような場合があげられているが、もともと個人情報は不開示情報として保護されているのであるから、文書それ自体を早期に廃棄せねばならぬ必要性が本当にあるのだろうかという疑問である。例えば薬害に関する情報のように極めて高度なプライバシーに係るものなど、逆に問題の究明のためには、より保存の必要性が高くなる場合もあり得るからである。ちなみに、アメリカの場合は、国立公文書館（NARA）長官の承認がなければ、各省庁の判断のみで勝手に廃棄ができないような仕組みができている。

　くれぐれも、安易な保存期間満了前の廃棄が行われないように、慎重な運用が強く望まれるところである。

5）行政文書の管理台帳

　行政文書のライフサイクル管理の基本台帳となる行政文書ファイル管理簿について記されており、記載すべき項目及びモデル様式が説明されている。

　記載項目としては①文書分類②行政文書ファイル名③作成者④作成（取得）時期、保存期間、保存期間満了時期⑤媒体の種別⑥保存場所⑦管理担当課・係⑧保存期間満了時の措置結果⑨備考が挙げられており、年1回以上定期的に更新を行うとしている。なお施行令では磁気ディスクまたはこれに準ずる方法で調整することを義務付けている。

　行政ファイル管理簿は内部的なライフサイクル管理の基本台帳として利用されるだけでなく、情報公開窓口に備え付けられ、請求者の便宜を図るための文書目録となるものであるから、できるだけ分かりやすいファイル名を工夫し、知りたい情報が記載されている文書が特定し易いような配慮が望まれる。しかしながら実際の情報公開法の運営において、ファイル名が大まか過ぎ、どのような文書がそのファイルに含まれているのかが分かり難いという問題が数多く指摘されている。

6）行政文書の管理体制

　ガイドラインでは行政文書の管理体制として、行政機関ごとの「総括文書管理者」（官房長等）、各課等ごとの「文書管理者」（課長等）、「文書管理担当者」（課長補佐、又は係長）を置くこととしている。この文書管理の体制は、アメリカなど諸外国との比較においても、このガイドライン中、最も問題のある部分であるが、すでに第1章「日本の文書管理の問題点」8.3）で取り上げたので、重複を避けるために、結論的な部分のみを述べるに留めたい。

　問題は、ここで挙げられている「総括文書管理者」、「文書管理者」、「文書管理担当者」のすべてが兼務の体制であり、文書管理のスペシャリストとしての専任担当者は一人もいないという点である。これでは全庁的な文書管理が正しく機能する筈がないのである[注16]。

7．記録管理の国際標準ISO15489とアカウンタビリティ

　2001年9月、ISO/TC46/SC11[注17]により制定された記録管理の国際標準ISO15489がアカウンタビリティを基調としていることは前にも述べた。これは、この標準が、世界で初めて記録管理の目的にアカウンタビリティを掲げたオーストラリアの記録管理標準（AS4390、1996）をベースにして策定されたものだからである。アカウンタビリティを基調としていることが、この標準に新しい価値を付与しているといえる。2001年9月30日から4日間、カナダのモントリオールで開催されたARMA（国際記録管理者協会）[注18]の年次大会において、このISO15489制定披露のセレモニーが挙行され、筆者も参加した。来賓の米国国立公文書館の副館長、英国国立公文書館長がそのスピーチで、こぞってこの標準がアカウンタビリティにとって重要な役割を果たすということを強調していたのが大変印象的だったのを思い出す。

8．アーカイブズと説明責任

　情報公開法制定以来、情報公開制度が国民に対する説明責任を果たすためのものであるという考え方はかなり広まってきた。一方、アーカイブズに関しても近年、新しく「公文書館制度は将来の国民に対する説明責任を果たすためのものである」という考え方が打ち出されている。情報公開法は現在、行政機関が保有している現用文書を対象として公開するのに対して、行政機関から移管された非現用文書を対象として公開するのが公文書館である。

　公文書館はそもそも公開を基本的な役割とした施設であるために、情報公開法の対象から外されたわけだが、非現用の歴史的な文書の公開も現用文書と同じく、説明責任のコンセプトに基づくものであることが確認されたわけである。言い換えると現用・非現用の両プロセスを通じて説明責任のための文書管理が重要になってきたということである。その背景には基本的に文書・記録を国民共有の情報資産と捉え、それに対する継続的なアクセスを保証することに

よって民主主義を支えるという思想が存在するのである。

9．民間企業における説明責任

　これまで行政分野の組織における説明責任と文書管理について述べてきたが、実は説明責任の責務は行政分野のみに負わされているものではない。

　先にみた記録管理の国際標準ISO15489が、いみじくも官民を問わずすべての組織を対象としているように、説明責任もまたすべての組織に適用されるコンセプトなのである。特に最近は企業の不祥事が多発することから、民間企業の説明責任、つまり企業情報の開示（ディスクロージャー）を求める声が強くなっている。特にコーポレート・ガバナンス論の高まりや、日本版SOX法といわれる金融商品取引法の制定により、株主に対する財務情報を中心とした企業情報の開示が強化されたが、企業のステークホルダーはもとより株主だけではない。企業は株主を初め、消費者、従業員、地域社会、監督官庁などすべての利害関係者に対して説明責任を有しているのである。

　従来日本の組織には自分に都合の悪いこと、不利なことは隠すのが当たり前という傾向があった。少し前の三菱自動車のリコール隠しや、雪印乳業の食中毒事件、最近ではパロマ等ガス器具メーカーの一酸化炭素中毒事件、北陸電力の原発臨界事故隠しなどにその隠蔽体質の極端な例がみられるが、このような行為は今や経済面、信用面双方でかえって大きな損失を企業に与えることが明白になってきている。

　すなわち企業にとって具合の悪い情報ほど、いち早く外部に公表することが必要な時代にすでになっているのだ。このように今や説明責任の理念は社会のあらゆる組織（個人を含む）にとって欠かすことのできない重要なコンセプトとなったのである。

　このような状況をみると、説明責任を果たすために、そのベースとなる文書管理の仕組み作りがますます必要になってきたことが分かる。

注：
1. 正確には「行政機関の保有する情報の公開に関する法律」で、2001年の4月1日より施行された。併せて「独立行政法人等の保有する情報の公開に関する法律」が2002年10月1日より施行されている。
2. スウェーデンの情報公開法については平松毅「スウェーデンの情報公開法」堀部政男編『情報公開・個人情報保護』(『ジュリスト』増刊号) 1994年、p.150参照。
3. 「オンブズマン」Ombudsmanとはスウェーデン語で代理人を意味し、一般的には、中立的立場に立って市民利益の擁護者として行政当局に対する市民の苦情を受理し、その処理に当たり行政から被った被害に対して救済措置を講ずる公職であるという。日本で情報公開の場面にしばしば登場するオンブズマンは、「市民オンブズマン」というべきもので、本来のオンブズマンとは区別される。オンブズマンについては宇都宮深志『公正と公開の行政学』三嶺書房、2001年、参照。
4. アメリカの情報自由法についての参考文献は数あるが、代表的なものとして宇賀克也『情報公開法―アメリカの制度と運用』(日本評論社、2004年) がある。
5. いわゆるMemorandumで、法律ではないが法的な拘束力を持つとされる。
6. 小谷允志「アメリカの情報自由法(1)」行政＆ADP、(社)行政情報システム研究所、1998年7月号、p.17参照。
7. 宇賀克也『情報公開法の理論』(新版) 有斐閣、2000年、p.50参照。
8. 東京都総務部文書課編『東京都文書事務の手引』、2001年、p.17参照。
9. 宇賀克也『情報公開法―アメリカの制度と運用』日本評論社、2004年、p.52参照。
10. 情報公開法に関して使われる「過去文書」の意味は、情報公開法または情報公開条例施行前に作成された現用文書のことをいい、「アーカイブズ」といわれる非現用文書のことではない。
11. 自治体の情報公開条例の第一号は1982年制定の金山町（山形県）であり、市レベルの第1号は1983年制定の春日市（福岡県）、県レベルでは1982年の神奈川県が最初であった。
12. 作山宗久『文書のライフサイクル』法政大学出版局、1995年、p.27参照。
13. 行政改革委員会事務局による文書管理に関する調査報告、1995年10月。
14. 内閣府「公文書等の適切な管理、保存及び利用に関する懇談会」の報告書『公文書等の適切な管理、保存及び利用のための体制整備について―未来に残す歴史的文書・アーカイブズの充実に向けて―』(平成16年6月28日) 参照。
15. 井出嘉憲「情報公開制度と文書管理」、『講座・情報公開：構造と動態』所収、ぎょうせい、1998年、p.243参照。
16. 小谷允志「行政分野における文書管理制度」、宇都宮深志編『情報公開制度の新

たな展望』所収、(財)行政管理研究センター、2000年、p.144参照。
17. ISO/TC46/SC11とは、International Organization for Standardization: 国際標準化機構、TCはTechnical Committee: 専門委員会、SCはSub Committee: 分科委員会のことで、TC46は情報とドキュメンテーション、SC11はRecords Management: 記録管理をそれぞれ扱っている。ISOのウェッブサイトは http://www.iso.org/iso/home/htm
18. ARMAとは、Association of Records Managers & Administratorsのこと。米国に本部がある国際的な記録管理のプロフェッショナルの協会で、世界32カ国に約10,000名の会員がいる。毎年秋に年次大会が開催され、世界中から2,000名の参加者がある。東京支部は1989年に開設された。ARMA本部のウェブサイトはhttp://www.arma.org、東京支部はhttp://www.arma-tokyo.org

第4章　記録管理の目的

　記録管理のプログラム、つまり記録管理のルール・実施基準を作成し、これらを実施する前に、その前提として組織は何のために記録管理を行うのかという記録管理の目的を明確にしておく必要がある。21世紀の組織にとって必要な記録管理の目的は次の三つである。
　①説明責任（アカウンタビリティ）を果たす
　②知識管理（ナレッジマネジメント）を行う
　③危機管理（リスクマネジメント）を行う
　今までの日本の文書管理においては、「何のために文書を管理するのか」「文書管理の目的は何か」ということがもう一つ曖昧だった。目的が曖昧ということはポリシーが不明確ということで、文書管理の品質は向上しない。従来のファイリングシステムで目的として挙げられたものとしては、スペースセーブ、検索時間の短縮、情報の共有化、オフィスの環境整備などであり、どちらかというと作業ベースのものが中心だった。これはファイリングシステムの考え方が、文書管理というよりも文書整理であったためである[注1]。
　新しい記録管理の目的は、あくまでトップマネジメントのレベルで捉える必要があり、組織活動のより高い次元に位置付けられものでなくてはならない。ただこのようなファイリングシステムで挙げられた目的は、不要ということではなく、むしろ新しい三つの最終的な目的を達成するための手段として必要なステップと考えればよい。

1．説明責任（アカウンタビリティ）を果たす

　現在の組織における記録管理の第一の目的は説明責任を果たすことである。では何を説明するのかというと、まず組織がいかにコンプライアンスに適応しているかということになる。コンプライアンスは通常、日本語で「法令遵守」と訳されるが、いうまでもなくこれは単に法令さえ守ればそれで良いということではない。法令はもちろんのこと、監査要求事項、遵守すべき標準・基準、組織ごとの倫理規定・行動指針、あるいは社会の期待などを含め、これらに幅広く対応することである。つまり組織はコンプライアンスに的確に対応していることを証拠として記録に残し、必要に応じ、これに基づいて説明しなければならないのである。

　官公庁は国及び地方自治体ともに情報公開法あるいは情報公開条例によって組織の説明責任を果たすことが義務付けられている。一般企業においてはそのような法律はないが、少なくとも大会社や上場企業は、会社法、金融商品取引法等の制定により、財務情報やコンプライアンス体制についての情報開示が義務付けられるようになった。しかしながら最近では企業の社会的責任論（CSR）の高まりなど、企業の情報開示、透明性の確保に対する社会的要請はますます強くなっている。公開すべき情報を小出しにしたり、隠蔽したりすると却ってその企業に対する不信が増幅し、社会的な信頼を大きく失墜することは多くの事例が物語っている。むしろ悪い情報ほど早く公開しなければならない時代になったのである。

　言い換えると官民を問わず、組織というものはそのステークホルダー（利害関係者）に対し説明責任を果たすことが基本的な責務となったということだ。そしてこのように組織の透明性を高め、説明責任を果たすための基本的なインフラが記録及び記録管理に他ならない。つまり組織活動や業務処理の証拠を記録という形で残し、これによって説明責任を果たすのである。そのために国の情報公開法では情報公開の手段を、現に行政機関が組織的に使用している文書に限定している。口頭での説明、あるいは情報請求に対し新しく文書を作成し

て開示する必要はない。そのようなことを許せば、どうしても説明が曖昧になったり、内容が恣意的になったりするおそれがあるからである。従って、行政機関においては日頃から、重要な意思決定や業務処理の記録を確実に作成し、適切に保存管理しなければならない。

２．知識管理（ナレッジマネジメント）を行う

　記録管理の２番目の目的は知識管理（ナレッジマネジメント）である。言い換えると情報資産、知識資産の有効活用である。説明責任が専ら外部のステークホルダーに対する組織の社会的責任を果たすためのものであるのに対し、知識資産の活用は組織の意思決定や業務処理といった組織活動そのものを効率的、効果的に行うためのものである。

　言うまでもないことだが、情報資産や知識資産の活用なくして、組織が適正且つ良質な意思決定や業務処理を行うことはできない。組織内の情報の殆どはドキュメント化され記録化された情報である。それゆえに組織内で情報を蓄積し、共有化することが可能になるわけだ。この場合の情報は単なる情報ではなく、資産価値を持つより高度な情報、あるいは野中郁次郎一橋大学名誉教授の「ナレッジマネジメント」理論でいうところの知識（ナレッジ）のレベルに昇華した情報を取り込むことに意味がある。野中理論では個人的な経験やノウハウといった情報（暗黙知）からドキュメント化されマニュアル化された情報（形式知）に変換されたものを知識（ナレッジ）と位置づけ、この暗黙知から形式知への変換、さらにはその相互作用を経て、より高度な知識を創出することを「ナレッジマネジメント」といっている[注2]。

　経営における知識の価値を、いち早く世に知らしめたのはピーター・F・ドラッカーであった。彼は「今や正規の教育によって得られる知識が、個人の、そして経済活動の中心的な資源となった。今日では、知識だけが意味ある資源である」とし、「知識が単なるいくつかの資源のうちの一つではなく、資源の中核になった事実が、われわれの社会をポスト資本主義社会とする」と述べて

いる。そして「成果を生み出すために既存の知識をいかに有効に適用するかを知るための知識こそがマネジメントである」というのである[注3]。

また「知識労働者」(ナレッジワーカー)という言葉を初めて使ったのもドラッカーだったが、ネクストソサエティは知識社会であり、知識が中核の資源となり、知識労働者(ナレッジワーカー)が中核の働き手となることを予測したのもドラッカーであった[注4]。組織にとっていかに「知識」が重要かということを見てきたが、これら知識の有効活用に欠くことができないインフラが記録であり記録管理であるといわねばならない。組織内のどこに、どのような形で情報・知識が存在するのかが分からなければ、これらの情報・知識を有効活用することはできないからである。すなわち情報・知識がドキュメント化された後、メタデータが付与され、データベース化されて初めて組織内の誰もがアクセス、検索して記録情報として利用できるわけで、これを可能にする仕組みが記録管理に他ならない。

マイクロソフトのビル・ゲイツはその著書『思考スピードの経営』[注5]の中でこんなことを言っている。「心の中では、ビジネスの問題のほとんどは情報の問題であると考えながら、ほとんど誰もが情報をうまく利用していない」、「情報をいかに収集、管理、活用するか―あなたが勝つか負けるかはそれで決まる」と。そして彼はこの問題を解決する鍵として、最適な時期に社内の最適な部門に、うまく統合化された情報の流れを提供するシステム、つまり人間の神経系統に相当する「デジタル・ナーバス・システム」の構築を提唱している。またビル・ゲイツはナレッジマネジメントの目的について、情報、知識を共有することにより組織の知能、すなわち会社のIQを高めることであるとし、ナレッジマネジメントは究極的にはより高い企業IQにつながる知的資本への投資と考えるべきだという。

要するに情報システム(デジタル・ナーバス・システム)の中に、組織の蓄積された知識を保存し、増やしてゆくデジタル貯蔵庫(数値データと非数値データの双方)が必要というわけである[注6]。

ビル・ゲイツはITによるデジタル情報しか取り上げていないが、ナレッジ

にはペーパーやマイクロフィルムなどのアナログ情報もあり、その両方を取込むことが重要である。アナログ情報とデジタル情報にはそれぞれ特徴があり、一長一短だが、基本的に活用についての考え方は同じである。どちらにせよ情報が分類整理され、どのような情報がどこにあるのかという所在場所が明確化され、組織内で利用し易い形になっていなければ、ナレッジマネジメントとして機能し得ない。そこでライフサイクル管理を含めた基本的な情報管理のインフラとしての記録管理のノウハウ、仕組みが必要となってくるのである。

3．危機管理（リスクマネジメント）を行う

　記録管理の第3番目の目的は危機管理（リスクマネジメント）である。
　危機管理にはさまざまな側面があるが、大きく3つに分けられる。すなわち①法的なリスク②情報漏洩のリスク③災害のリスクである。

1）法的なリスク

　法的なリスクの第一は訴訟リスクである。日本でも訴訟件数が増えつつあり、企業、行政ともさまざまな訴訟リスクが増大している。PL法の制定や株主代表訴訟の手数料が安くなるなど以前と比べると訴訟自体が提起し易くなっているのもその一因だ。また2度にわたる民事訴訟法の改正がこれらに拍車を掛けている。1998年の改正では文書提出命令が強化され、旧法では例外的な文書のみしか提出義務がなかったものが、新法では原則として企業のほとんどの文書が裁判上提出義務の対象となった。つまり例外と原則が入れ替わったのである[注7]。さらに2004年の改正では証拠収集手段の拡充がなされ、裁判所の助力により提訴前に原告側が証拠となる必要な文書の提出を求めることができるようになった。
　例えば交通事故の実況見分調書、医療過誤訴訟のカルテのような文書につき、準文書（図面、写真、録音テープ、ビデオテープその他の情報を表わすために作成された物件で文書でないもの）を含む文書の提出を所持者に求めるこ

とができるわけだ。

　これはアメリカのディスカバリーと少し似かよった制度だが、特にPL訴訟や医療過誤訴訟のようにメーカー側もしくは病院側が証拠書類の殆どを握っているような、いわゆる証拠偏在型のケースにおいても、個人の被害者が訴訟を提起し易くなった点に意義がある。このような民事訴訟法の改正に伴い、訴訟対策としての文書管理の重要性がますます高まっているといえよう。(注8)

　ディスカバリーとは－

　アメリカの訴訟制度を特徴づけている証拠収集手続で、当事者が相手方に直接（裁判所を経由することなく）履行を請求できる。従ってアメリカではディスカバリーによって自己に有利な証拠を見つけ出すことが普通になっている。

2）情報漏洩のリスク

　情報漏洩では個人情報と営業秘密に関するものが代表的な漏洩リスクである。個人情報は個人情報保護法、営業秘密は不正競争防止法により、それぞれ規制され保護されている。個人情報については一部過剰防衛的な対応により、適正な個人情報の利用までもが道を閉ざされるという傾向がある一方、個人情報漏洩のアクシデントが後を絶たない。営業秘密というが、これは単に営業的な機密のみではなく、生産方法や技術的なノウハウなどが含まれる点に特徴がある。

　最近、特にこれら技術的な機密が中国など海外に流出する事例が多発したことから、不正競争防止法が改正され（2005年11月施行）、罰則などが強化されている。ITの進展により、ネットワークを通じてこれらの情報が流出するケースが増加しているが、紙媒体と違い一度に大量の情報が流出する危険を蔵している点、注意が必要だ。特に最近、ファイル交換ソフト"ウイニー"を介して機密情報が流出する事件が相次ぎ話題となった。

　紙媒体にせよ、電子媒体にせよ、これらの情報漏洩を防ぐために重要なことは、機密情報を他の一般情報と区別し、文書のライフサイクル全体の中で管理する体制を構築することである。そして文書管理規程の中でリスク回避のためのルールを明確にし、これを繰り返し従業員に教育する必要がある。

◆アメリカのディスカバリー制度

「訴訟」という題名のアメリカ映画（20世紀フォックス、1990）がある。原題は"Class Action"（集団訴訟）である。この映画は「フォード・ピント事件」をモデルにしているが、「フォード・ピント事件」といえば大抵のPL法の教科書に出てくる判例で、PL史上最も有名な事例の一つといってよい。事件の概要はこうである。オイルショック後の1975年当時、アメリカの自動車市場は燃料効率のよいヨーロッパや日本製の小型車に人気が集まっていた。小型車の開発に乗り遅れたフォード社は大型車のガソリンタンクの設計基準をそのまま流用した小型車「ピント」を慌てて発売したが、これが追突されると車両火災を起す危険性の高い欠陥車だった。ところがフォード社の経営陣は、リコールを実施するよりもそのまま放置して火災事故の被害者に賠償金を払った方が安くつくと判断、リコールを実施しなかったのである。

その結果、車両火災事故が多発、各地で訴訟が起こされたが、その訴訟の一つがこれである（正式にはグリムショー対フォード事件、1981年）。追突され炎上したことで大火傷を被ったグリムショー少年の訴えに対し、陪審はフォード社を悪意性ありと認定、1億2,500万ドルの懲罰的損害賠償金が評決された（最終的な判決では法外に過ぎるということで350万ドルに減額されている）。映画ではジーン・ハックマン扮する原告（被害者）側の弁護士が、相手方の自動車会社が欠陥を認識していたことを示す証拠書類を部屋一杯の書類の山から見つけ出すシーンがある。これが多額の賠償金を引き出す決め手になるわけだが、実はこれこそがアメリカの訴訟を特徴付けている「ディスカバリー」という制度なのである。

つまり実際の裁判が始まる前に、相手側から必要な関連書類の提出を求め、これらを精査することで自己に有利な証拠を見つけ出すことができるのである。相手方からの資料請求を下手に拒むと裁判官の心証を悪くし裁判で不利になるといわれている。訴訟対策のための文書管理がアメリカで重要視されるのは、このような制度の存在が一つの要因となっている。

中でも次の三つ、機密情報の保管管理、アクセス管理、廃棄管理が重要となる。
保 管 管 理：機密情報のランク付け、表示、保管場所（施錠管理）
アクセス管理：データベース等のアクセス権限の明確化
　　　　　　　アクセス実績（Who.What.When）を追跡、把握できる仕組み作り
廃 棄 管 理：廃棄方法、手段の選択（廃棄処理は産廃業者でなく、ドキュメントの専門業者に依頼する）

◆OECD個人情報保護のためのガイドライン（8原則）：

　1980年に制定されたこのガイドラインは、いわゆるプライバシーマーク制度のJIS Q 15001や個人情報保護法の元になったもので、個人情報保護制度の基本的事項が簡潔にまとめられており、参考になる。

①収集制限の原則（本人の同意及び適法・公正な手段による収集）
②データ内容の原則（正確・最新の内容を維持）
③目的明確化の原則（収集の目的を明確化し、むやみに目的を変更しない）
④利用制限の原則（決められた目的以外に利用しない）
⑤安全保護の原則（データを安全に管理）
⑥公開の原則（責任主体を明らかにし公開）
⑦個人参加の原則（本人の要請があれば本人情報を公開）
⑧責任の原則（個人情報の管理者はこれらすべての責任あり）

3）災害リスク

　災害のリスクには、地震、洪水などの自然災害の他、テロや戦争などの人的な災害がある。これらのリスクから記録を守るための記録管理が必要となる。この場合にアメリカのレコードマネジメントでいう重要記録（Vital Records）

の考え方が役立つ。重要記録（Vital Records）とは、企業などが事業を継続するのに不可欠な重要記録のことをいい、例えば売掛台帳、人事ファイル、契約書、等を指す。

重要記録（Vital Records）の保護管理のためには、
① 災害による重要記録の滅失・毀損を防ぐ（Disaster Plan）
② バックアップ・複製（マイクロ・光ディスク等）による分散管理。外部レコードセンターの利用含む
③ 災害に遭っても組織活動が継続できるように重要記録を保護する

米国の9.11同時多発テロの時に（2001年）、倒壊したワールド・トレード・センター・ビルに富士銀行（当時）のニューヨーク支店が入っていた。メインのホストコンピュータは対岸のニュージャージーにバックアップを取っていたため、ビルの倒壊後数時間で復旧したという。ところが契約書など紙の重要記録2,000ファイルが失われてしまい、事業の復旧に支障をきたしたという。媒体の如何を問わず、いかにバックアップが重要かを示した事例であった。

注：
1. 三沢仁『五訂ファイリングシステム』日本経営協会、1987年、p.19、参照。
2. 野中郁次郎・竹内弘高『知識創造企業』東洋経済新報社、1996年、参照。
3. ピーター・F・ドラッカー『ポスト資本主義社会』ダイヤモンド社、1993年、p.87、p.91参照。
4. ピーター・F・ドラッカー『ネクスト・ソサエティ』ダイヤモンド社、2002年、p.5参照。
5. ビル・ゲイツ『思考スピードの経営』日本経済新聞社、1999年、p.2、p.6〜7、p.14参照。
6. ナレッジマネジメントについては前掲書[注2] p.276〜303参照。
7. 詳しくは長谷川俊明『新民訴法・文書管理の要点』東京布井出版、1997年、参照。
8. 小谷允志"文書と記録のはざまで"（No.15）、「民訴法の改正で変わる証拠文書の取扱い」『行政＆ADP』2004年1月号参照。
   民事訴訟法の改正とは、
   第1次改正（1998年施行）：文書提出命令の強化（第220条・第224条）

　　　　　新法では原則としてあらゆる文書が裁判上提出義務の対象となった
　　　　　例外：①自己使用文書、②職業秘密文書
第 2 次改正（2004年施行）：証拠収集手段の拡充（新第132条）
　　　　　提訴前に証拠となる文書の提出を求められるようになった

第5章　国際標準に則った記録管理プログラム

1．記録管理の要求事項

　記録管理は基本的に、どのような要求事項（要件）を満たさねばならないのか、これについて記録管理の国際標準ISO15489では一つ章を設け説明している。まず組織において記録管理の目的を果たすための記録管理の要件を、この標準は次のように述べる。

　「記録は業務活動の中で作成、取得され利用される。業務の継続的な遂行を支援、規制環境へ適応し、必要な説明責任を果たすためには、組織は真正で信頼でき、利用し易い記録を作成、保有し、これら記録の完全性を必要な期間維持しなければならない。」

　この記述は記録管理の要件を実に的確に、しかも簡潔に表現しており比類がない。記録管理のポイントを過不足なく、凝縮した形で表しており、この標準の中でも最も優れた部分の一つとなっている。

　そしてこの記録管理の要求事項（要件）を満たすために、組織は次のような項目を含む包括的な記録管理プログラム（仕組み）を設定し、実行すべきであるとしている。ここでは記録のライフサイクル管理の各プロセスにおける要求事項（要件）がまとめられており、この規格の中核をなす部分である。以下、各項目の意味するところを見ていこう。

　①各業務プロセスにおいて、どのような記録を作成するか、またその記録に

どのような情報を盛込むべきかを決定する。

記録の作成に関する要求事項として、どのような場合に、どのような記録を作成すべきかを決めること、さらにその記録に盛り込むべき情報、すなわち記録の内容（コンテンツ）を決定することの重要性に触れている。つまり必要とされる情報が過不足なく、盛り込まれていなければ記録としての価値は半減してしまうからである。

②どのような形式と構造で記録を作成し取り込むべきか、また利用する技術を決定する。

記録を作成する場合に、どのようなフォーマットで、またどのような構造で作成するのか、またその際にどのようなアプリケーション技術を利用するかを決定することの重要性を述べている。特に記録を構成する情報要素間の関係（ストラクチュア）が重要だといっている。

③記録と共にどのようなメタデータ（記録の属性情報）を作成すべきか、また記録のプロセスを通してどのような方法でメタデータを継続的にリンク付けし、管理するかを決定する。

いつどこで誰によって、どのような目的で記録が作成されたのかという記録の属性情報すなわちメタデータを決定することが重要だという。また記録のコンテクスト（文脈・背景・関連性等）を明らかにするために、どの様にメタデータをリンク付けし、管理するかを決定する必要がある。なぜならメタデータとは記録が存在する限り、将来にわたってアクセスが可能であり続けるための手がかりだからである。コンテンツ、ストラクチュア、コンテクストは電子記録の3大要素といわれ、特に電子記録の場合に重要度が高い。

④業務プロセス間、ユーザー間で記録を検索、利用、転送するための要求事項、またこれら要求事項を満たすために記録をどれ位の期間保存すべきかを決定する。

記録を検索し、利用するためには記録の所在場所が分かり、すぐ取り出せる状態になっていないといけない。そのためには業務に密着した分類体系

と的確なメタデータが必要となる。また記録が必要とされる間、確実に保存されなければならないため、適切な保存期間を設定する必要がある。さらに保存期間は、業務プロセス間及び関連部門間における業務活動・業務処理のコンテクストの中での決定が重要であるといっている。

⑤利用上の要求事項を満たすために、どのように記録を整理するかを決定する。

この部分は、いかに利用し易いファイル作りをするかというファイリング技術の問題である。ファイルの構成、分類、配列などファイル体系化の方法が重要となる。どのようなファイル名を設定するかも重要だ。同じようなファイル名が増えれば後で識別できなくなってしまう。電子記録の場合もHD、サーバー内のフォルダーの階層をどのように体系化するかの巧拙が検索性を左右する。紙ファイルの場合は適切なファイリング・サプライの使い方を決める必要がある。

⑥活動の正式な記録を持たないために、起こるかもしれないリスクを評価する。

重要な局面、例えば訴訟に巻き込まれたような場合に、証拠となる記録が存在しないならば、自己の正当性を主張できないというリスクが発生する。また説明責任を果たすべき時に、活動の正式記録がないならば、適切な説明ができずに信用を失うというリスクが生ずる。従って予め、記録が存在しなければ、どのようなリスクが生ずるかを予測し、そのリスクを回避するための方策を盛り込んでおかなければならない。

⑦業務上の要求事項及び社会の期待に応えるために記録を保存し、長期間記録にアクセスできるようにする。

組織内部における業務上の必要性及び外部のステークホルダーに対する説明責任、つまり社会的な要請の観点の双方から、必要な期間、記録を保存し、常にアクセスできるようにしておくべきだというのである。

⑧法規制上の要求事項、遵守すべき標準類、組織の方針などへ適合する。

単に法令を遵守するだけではなく、遵守すべき標準や組織独自の方針・倫

理規定など広い意味でのコンプライアンスへの対応が基本となることを述べている。またこれらにどう対応したかという結果を、証拠として記録に残しておくことが重要となる。

⑨記録が安全確実な環境下で保有されることを確実にする。

記録は安全確実な環境の下に保存されねばならない点を述べている。機密漏洩・盗難対策等、記録はセキュリティ条件を満たすと同時に、温湿度のコントロール、防火・耐震対策など物理的な環境要件を満たした安全な設備で保存されなければならない。

⑩記録が必要とされ、要求される期間のみ保有されることを確実にする。

記録が必要な期間のみ保有されるとは、適正に定められた保存期間が満了した場合は確実に処分すべきだということを意味する。但し、処分には歴史的な記録としてアーカイブズへの移管と一部保存期間の延長があるから、これらに該当しないもののみが廃棄となる。廃棄はルールに則り、所定の手続きに従って行われるべきであり、恣意的な廃棄は許されない点に留意が必要である。

⑪より良い記録の作成または管理の結果から、組織活動のプロセス、意思決定、行動の効果、効率あるいは品質を改善するための機会を明確にし、評価する。

適正な記録の管理を実施した結果に対するモニター・監査から、組織の意思決定・業務処理の効率並びに品質を評価し、次の改善に結びつける機会を確保すべきことを述べている。つまり組織活動や業務処理のプロセスにおいて正しくPDCAを廻すためには、その間の記録がなければチェックのしようがなく、改善の機会を失ってしまう。業務改善には記録が不可欠であることを述べている。

２．記録の品質（良い記録の要件）

記録は、組織内でどのようなことが話し合われ、決定され、その結果どのよ

うな行動が取られたかを正確に反映すべきであり、記録は関連する業務を支援し、説明責任を果たす目的に使われなければならない。また記録は、内容（コンテンツ）及び業務との関連性（コンテクスト）を明らかにするために必要なメタデータを含み、継続的にリンク付けされることが必要である。そして記録管理の方針、手順を正しく実践する上において、まず必要なことは信頼すべき記録が作成、保存されていなければならない。ISO15489では、そのために要求される記録の品質、すなわち良い記録の要件を次のように定義している。

①真正性（ Authenticity ）

真正な記録とは次のことが立証可能なものでなければならない。
ⅰ．その記録が称する通り本物であること。
ⅱ．作成又は送付したと称する人が実際に作成又は送付した記録であること。
ⅲ．作成又は送付されたと称する時点で実際に作成又は送付された記録であること。

つまり記録が権限のある人によって作成され、しかも記録が権限のない人による追加、削除、変更、利用又は隠蔽から守られていることをいう。

②信頼性（ Reliability ）

信頼性のある記録とはその内容が組織の業務や活動を完全正確に表していることから信頼でき、業務や活動の証拠となるような記録をいう。

従って記録はその業務や出来事と同時またはその直後に（リアルタイムで）、直接事実を知っている人により作成されていることが必要である。

③完全性（ Integrity ）

記録の完全性とは記録が完成された後、変更されていないことをいう。また記録は権限に基づかない変更から守られていることが必要である。記録作成後、修正が必要な記録の場合も、事前にどのような場合に、また誰が記録に追加・修正を加えることを許されるのかを、記録管理の方針や手順で特定しておく必要がある。さらに、どのような追加・修正または削除であっても、それが記録に残され、後から追跡可能な状態になっていることが要件となる。

④利用性（Useability）

　利用性のある記録とは記録の所在場所がわかり、検索・提示ができることである。またそれだけではなく、記録を生み出した組織活動や業務処理と直接結びついた形で提示可能なことが要件となる。つまり幅広い業務活動・機能との関連性（コンテクスト）の中で記録を確認できなければならないのである。言い換えると記録のコンテクストによって、記録を生み出した業務処理そのものを理解する情報が得られることが望まれるのだ。

　これらの良い記録の要件となる記録の品質は、特に電子記録に関して重要性が高い。中でも「完全性」の項は旧総務庁時代の「共通課題研究会」(座長：宇賀克也東京大学教授)[注1]でも取り上げられた、いわゆる電子文書の"原本性保証"の問題とも共通している。同研究会の報告では電子文書の原本性確保の要件として、完全性、機密性、見読性の三つの確保が挙げられていた。ここでの完全性は「電子文書が確定的なものとして作成された後、改変履歴を記録することにより改等を未然に防止し、改ざん等の事実の有無が検証できるような形態で保存管理すること」としており、ISO15489の「完全性」とほぼ同様の内容になっている。

　なお最近では「e-文書法」の制定に関連して経済産業省が設置した「文書の電磁的保存等に関する検討委員会」の最終報告書「文書の電子化の促進に向けて」[注2]においても文書の電磁的保存に関する要件が取り上げられている。そこでは見読性、完全性、機密性、検索性の四つが論じられており、やはりここでの「完全性」もISO15489の「完全性」とほぼ共通する内容となっている。

　但し、「共通課題研究会」の"原本性確保"の要件にしても、「文書の電磁的保存等に関する検討委員会」の"文書の電磁的保存の4要件"にしても、対象があくまで電子文書に限定されており、且つ作成（取得）済みのものが中心となっているが、ISO15489でいう「良い記録」の要件は電子のみならず紙その他すべての媒体の記録を対象としている点、且つ作成の段階を含む記録のライフサイクル全体を視野に置いた包括的な指標である点、大きな意義があり、利用価値が高いといえよう。

3．記録管理プログラムの作成

　記録管理のプログラムとは、組織ごとの記録管理の方針からルール（管理規則、実施手順など）、教育計画、監査基準まで、すべてがセットになったものであり、組織における包括的な記録管理の仕組みである。この項では、ISO15489の考え方をベースに国際標準に基づいた記録管理プログラムとはどのようなものか示す。

　記録管理のプログラムを作成する場合、先に述べた基本的な記録管理の要求事項(1)、記録の品質(2)を満たしていることが前提となるのはいうまでもない。

　通常、記録管理プログラム（仕組み）作りは次のようなステップを取る。

Step 1　現状調査
Step 2　業務活動の分析
Step 3　記録に関する要求事項の明確化
Step 4　記録管理の方針と責任の明確化
Step 5　記録のライフサイクル管理のルール作り
Step 6　教育・研修
Step 7　記録のライフサイクル管理ルールの導入
Step 8　監査と維持管理

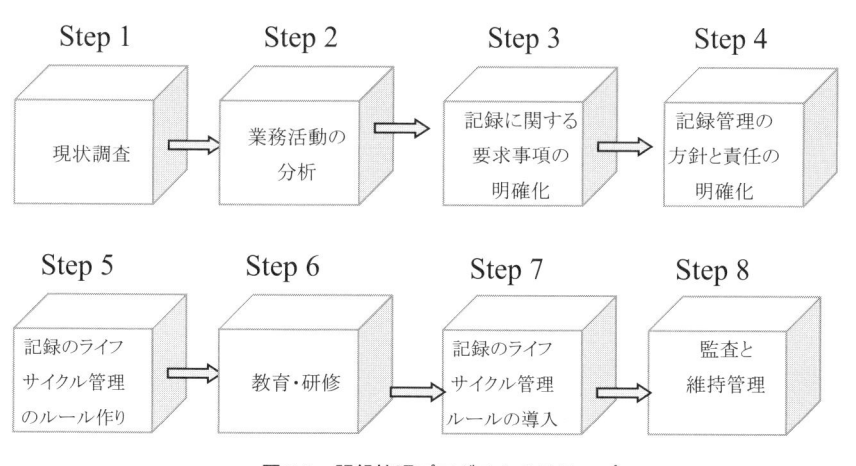

図5-1　記録管理プログラムのステップ

ステップ１：現状調査
ステップ２：業務活動の分析
ステップ３：記録に関する要求事項の明確化

ステップ4：記録管理の方針と責任の明確化
ステップ5：記録のライフサイクル管理のルール作り
ステップ6：教育・研修
ステップ7：記録のライフサイクル管理ルールの導入
ステップ8：監査と維持管理

以下、各ステップの内容、留意点等を少し詳しく見ていこう。

ステップ1：現状調査

組織内の文書発生源である各部門（通常、課レベルが中心となる）に対するアンケート調査、ヒアリング、目視調査などを通じて情報を収集する。これにより各課の業務内容及び情報量（例えば一人当たりの記録保有量*）を調査し、記録に関する部門ごとの問題点・課題を把握し整理する。併せて現行の記録管理システムの評価を行い、現状の不具合及び良い点を把握する。これらの結果から、この後のステップである記録管理方針及びライフサイクル管理のルール作りのための材料を得る。

　　＊通常ファイルメーター（紙文書を縦に積み上げた高さをメーターで表す）という単位を使用

ステップ2：業務活動の分析

このステップの目的は、記録が組織の各業務及び業務プロセスとどのように関わりあっているかを把握することである。そのため各課の業務活動、機能とプロセスを体系的に分析し、業務と記録との間の関係を明らかにすると同時に、組織全体の業務の関連性、法規制及びリスク対応上の要件を明らかにする。

このプロセスで作成する成果物

　　①組織の業務・機能・活動・業務処理を記述した文書
　　②上記の業務処理・業務プロセスの階層的な関係を明らかにした業務分類体系
　　③業務活動の結果の記録が作成・受領される時点を示す業務フロー図
　　④記録のタイトルやインデックス作りに役立つ用語のシソーラス

⑤記録の保存期間や処分行動を決定する際に必要な処分権限

ステップ3：記録に対する要求事項の明確化

このプロセスの目的は、組織の業務活動の証拠となる記録を作成し、取得し、保存するための組織の要求事項を明らかにすることである。言い換えると、組織内部の効率的な業務の推進のみでなく、組織の規制環境の分析から、組織が記録を作成、保存していなければどのようなリスクが発生するかを評価することである。つまり経営上又はコンプライアンスの観点から、組織内外の利害関係者にいつでも説明責任が果たせるようにするための記録の要件を明らかにすることである。

ステップ4：記録管理の方針と責任の明確化

このステップの目的は、組織が必要な業務活動の記録を確実に作成・保存するための方針と責任を明確にすることである。方針を明確化することで、組織の記録管理の目的、どこに記録管理の重点を置くのかといったことが分かる。方針が明確になれば、責任が明確になる。責任には方針を実行するための体制作りを含む。良いルールを作り、またそのルールを組織内で浸透させるためには、やはり何のために記録管理を行うのかという理念・方針が明確になっていないといけない。組織全体で記録管理を徹底し、成果を上げるためには、記録管理の方針と責任体制が欠かせない。方針は文書化され組織の全員に浸透させなければならない。方針の決定に当たっては次の点を考慮する。

　①組織の目的及び歴史を含む組織の特性
　②組織が遂行する業務のタイプの特徴
　③組織が業務活動を行う方法
　④組織としての社会的責任（企業の場合はCSRなど）
　⑤ベースとなっている組織風土・企業文化

ステップ5：記録のライフサイクル管理のルール作り

このステップの目的は、決定された方針を基に、記録のライフサイクル管理のルールを作成することである。組織はこれらルール（規則・手順・基

準・ガイドライン）により、記録の作成・取込み・活用・保管・保存・処分という記録のプロセス管理を計画的・体系的に、適切なアプローチで行うことが可能となる。このステップの成果物には次のものが含まれる。
　①記録管理規則（分類基準、保存期間基準含む）
　②記録管理実施手順書（マニュアル）
　③教育用テキスト・資料

ステップ6：教育・研修
このステップの目的は、決定した記録管理方針、ルールを組織の構成員に教育し、徹底を図ることである。この場合、記録管理の担当者のみならず、管理職を含む組織の構成員全員（派遣社員、契約社員含む）に対し教育を実施することが重要である。

ステップ7：記録のライフサイクル管理ルールの導入
このステップの目的はステップ4、5で作成された方針、ルールを実行するための方法論を、戦略的に正しく位置づけ、体系的に実行に移すことである。その前提としてステップ6の教育・研修が重要となる。導入のためには、それぞれの部門がどのような連携（プロセス、手順、人及び技術など）を取るべきかを含む、導入計画書が必要となる。また新しいルールの導入の前に、必要となるのが基礎整備といわれるプロセスである。つまりこれまでに溜まった重複文書等の不要な文書、保存期間の経過した記録などを処分し、未登録のファイルを整備し記録として取り込むようにするなどの作業が必要となる。いわば組織の贅肉を落とし、すっきりとしたところで新ルールを導入するわけだ。
このプロセスの成果物は、
　①成果報告書
　②経営幹部への報告書

ステップ8：監査と維持管理
このステップの目的は、導入した記録管理プログラムの効果を測定し、もし不具合があれば直ちに修正を行い、さらにこの記録管理プログラムが継

続している間、定期的な監査（モニター）体制を確立することである。
このステップに含まれるもの。
　①記録が業務活動の必要性から作成され、保存されているかどうかの分析
　②経営幹部、従業員その他の関係者からのヒアリング調査
　③運用状況の観察とランダムなチェック
　④監査・調査結果に、改善勧告を加えた報告書を作成し、経営幹部へ提出

4．記録管理方針の明確化

　記録管理を導入、実施しようとする組織は、まず組織の記録管理方針を立案しなければならない。従来の日本のファイリングシステムあるいは文書管理では、この文書管理方針を明確にせずに、いきなり分類体系や保存期間などの手順作りに入るものが少なくない。これでは何のために文書管理を導入するのか、何に重点をおいた文書管理を実施するのかが不明確で、実効が伴わない。国際的な基準では、組織ごとの記録管理方針を策定し、それに基づいて記録管理のルールや手順を決めることになっている。第4章の記録管理の目的で見てきたアカウンタビリティ、ナレッジマネジメント、リスクマネジメントの要求事項はすべての組織に共通するものであるから、基本的にはこれらがベースになっていなければならないが、やはり業種業務によりその組織活動の重点の置き方が違ってくる。また、たとえ業種業務が同じでも組織ごとの組織風土や経営方針が違う筈だ。これらの点を加味した組織ごとの記録管理方針をトップの方針として明確にしておく必要があるわけだ。

　例えば国であれば国民の権利を守り、国民に対する現在及び将来の説明責任を果たすための記録管理でなければならない。電力会社であれば、原子力発電所における安全確保に必要な記録の管理が最重点となるであろう。メーカーであれば市場におけるクレーム情報や品質情報が速やかにトップを初めとした関

連部署に伝えられ、その情報が製品の改良やサービス向上に活かされるような記録の管理が不可欠である。組織のトップの意思としてこれらの点を明確にしておくことが重要なのである。そして方針は文書化して、組織の全員に徹底しなければならない。

5．記録管理の責任の明確化

　記録管理の方針を明確にするとともに、組織の構成員全員の記録管理に関する責任と権限を決定し、組織内で明確にする必要がある。記録管理は、統一した方針に則り組織の全員が組織的に実践し、係わって行くべき仕事だからである。つまりこれらの責任は記録管理担当者のみならず役員、事業部長、システム管理者などを含む組織のすべての従業員に課せられるべきものなのである。

　従来、日本では、殆どの組織でレコードマネジャー（専任の記録管理専門職）の体制が確立していないため、せいぜい部門ごとのキーマン（クラーク的な兼任担当者が多かった）に責任があるという程度で、組織内各階層の人々の役割分担までは明確になっておらず、責任も曖昧になりがちだった。情報は組織のすべての人間が扱うものであり、また組織の全員が説明責任を負っているとするならば、組織の全員に記録管理の責任があるという考え方がベースにならなければならない。そのために記録管理に関する組織内の役割分担が重要になってくるわけだ。

* レコードマネジャー（記録管理専門職）：記録管理プログラムの作成・導入・維持・運用を含む記録管理のあらゆる側面に責任を有すると共に、組織内ユーザーの教育にも責任を持つ。
* CIO（最高情報責任者）：組織全体の記録管理方針の適用推進を支援する責任を有する。
* システム管理者：すべての電子文書が正確で、読み易く、必要な時に入手可能であることを確実にする責任を有する。

＊すべての従業員：業務に関する正確で完全な記録を作成、保存する責任を有する。

6．記録のライフサイクル管理のルール作り

1 ）記録のライフサイクル管理のプロセス

　記録管理のプログラムは、記録のライフサイクル管理を行うための方針、ルール（管理規則・実施手順等）、教育計画、監査基準がセットになったものであることは前にも述べた。

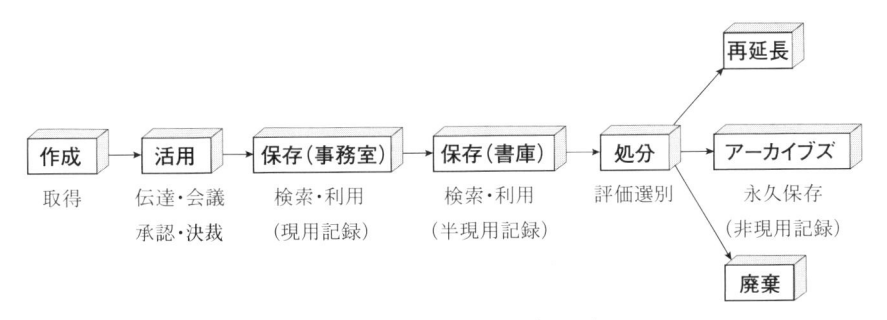

　記録のライフサイクル管理プロセスとは、記録が作成（または取得）され、活用の段階を経て再利用のために保存される。そして保存期間が満了すると、処分の段階を迎える。すなわち歴史的記録としてアーカイブズへ移管され永久保存されるもの、あるいは保存期間を再延長するものを除いて、廃棄される。これが記録のライフサイクル管理プロセスである。以下、記録のライフサイクル管理プロセスに沿って、ポイントとなる点を述べる。

図5-2　記録のライフサイクル管理プロセス

　ここで重要なのは、従来の伝統的なファイリングシステムでは最終段階を「廃棄」としていたのが記録のライフサイクル管理では「処分」となっている点である。日本では短絡的に最終段階を「廃棄」と考える人が多いようだが、国際標準では記録のライフサイクル管理の最終段階はあくまで「処分」

(Disposition)であり、「廃棄」(Destruction)はその内の一選択肢に過ぎない。

つまり、「処分」には三つの選択肢（「保存の延長」「アーカイブズへの移管」「廃棄」）があり、すべての記録が短絡的に「廃棄」となるわけではないということだ。

前に述べたように従来、日本の文書管理とアーカイブズにおける問題の一つは、両者の間に断絶があったことである。つまりアーカイブズへ移管されるべきものが廃棄されたり、いつまでも現用のまま放置されたり、両者が有機的につながっていなかったのである。従って、これからは現用段階のみの管理ではなく、アーカイブズまでを視野に入れた、連続体としての記録のライフサイクル管理が求められるのである。

また従来のファイリングシステムでは、現用段階での「保管」（事務室内）と半現用段階での「保存」（書庫）と用語の使い分けをしてきた。「保管」とは活用度の高い、比較的新しい文書を事務室で管理することをいい、「保存」とは活用度が低くなった、やや古い文書を書庫へ移管し管理することをいう。しかしながら紙文書の場合、この概念は分かり易かったのだが、電子文書になると紙のように場所と管轄の移動が明瞭でないため、「保管」「保存」の区分けがあまり意味を持たなくなってきている。また「保管」「保存」と言葉を使い分けながら、保存期間についての用語はあくまで「保存期間」一本であり、「保管期間」とはいわない。従って「保存」の中に「保管」と「保存」が存在するという矛盾が生ずることになる。この矛盾を避けるために「保管」と「保存」を併せた概念を「保有」と言い換える人もいるが、これまた保存期間については通常、「保有期間」とはいわないので、ややこしいことには変わりはない。

そこで本書では「保管」と「保存」の区分けをせずに、「保存」一本に用語を統一し、「事務室保存」と「書庫保存」と区分けすることとした。

その記録のライフサイクル管理に関するルールの内、最も重要なものが次に述べる記録の分類体系と保存期間のルールである。

２）分類体系の作り方

　記録が登録され保存される際に行われるのが分類というプロセスである。分類がなぜ必要かというと、いうまでもなくそれは記録の所在場所を明確にし、検索し易くするためである。しかし分類の効用はそれだけではない。記録の分類により記録の類型化が行われ、その類型毎に保存期間が決まることで、記録のライフサイクル管理が行い易くなるのである。つまり廃棄を含む処分がし易くなるわけだ。分類体系は通常、大分類・中分類・小分類というように、いくつかの階層をツリー状に細分化して作る。分類体系を作るには、いくつかの方式がある。伝統的なファイリングの手法では、現実に存在する文書をグルーピングし、小分類→中分類→大分類というように、下位の概念から上位の概念へと積み上げていき、文書類型を形成する手法が取られることが多い。この方式は「ツミアゲ方式」と呼ばれるが、それに対して逆に大分類→中分類→小分類という具合に上から下へと、理論的に文書類型の階層を構築する手法を「ワリツケ方式」という。通常、日本の文書管理では、主に「ツミアゲ方式」で体系化し、「ワリツケ方式」で補うのが良いとされている。

　しかしながらISO15489では、このような方式ではなく、いわゆる「業務分類」方式を採用している。つまり現実に存在する文書をベースに体系化を行うのではなく、あくまでも記録の発生源である組織の業務そのものをベースに体系化し分類体系を作るわけだ。業務の機能と活動を結合させた業務そのものの分析に基づく「業務の分類」を基本とするのである。「業務分類」により業務間の関連・つながりが分かることから、単に個々の記録をバラバラに利用するのではなく、それぞれの記録間の関連性、つまり記録のコンテクストを把握した上で記録を活用することができ、より高度な情報活用が可能となる。また、この方法は組織内での情報共有化を促進する上でも効果がある。記録の分類体系はもともと、固定的なものではなく、業務ニーズや環境の変化に応じ、常に最新のものに修正していかねばならない。そのため「業務分類」であれば、それらの変化にも対応し易い。記録が業務を基に発生するものだと考えるならば、「業務分類」の正当性が納得できよう。

①業務活動分類の機能

　業務活動の分類は業務の遂行を支援する強力なツールとしてその役割を果たすと同時に、記録の管理に体系的な枠組みを提供する。業務活動分類は次の機能を含む。

　ⅰ．組織活動の継続的な記録を残すために蓄積された個々の記録を関連付ける
　ⅱ．記録のタイトル付けが長期間、一貫した方法でなされるようにする
　ⅲ．特定の機能や活動に関するすべての記録の検索に役立つ
　ⅳ．記録シリーズのセキュリティ保護とアクセス認可に役立つ
　ⅴ．特定の記録シリーズの管理責任を割り振るのに役立つ
　ⅵ．適切な記録のライフサイクル管理と処分の措置を容易にする

②業務分類体系の作成

　業務分類体系は組織の業務活動の分析に基づく。組織の業務活動の分析には次の項目が含まれる。

　ⅰ．組織の目標と戦略
　ⅱ．組織の目標と戦略の達成を支援する組織の機能
　ⅲ．組織の機能を実行に移す組織活動
　ⅳ．組織活動を構成する業務処理のすべてのステップ
　ⅴ．組織の現行記録

以上の分析調査の結果は業務のプロセス、業務活動の階層として表現される。

分類体系は、通常、次のような階層構造をとる。

第１レベルの階層（大分類）：組織、業務の機能
第２レベルの階層（中分類）：機能を実行に移す活動
第３レベルの階層（小分類）：第２レベルの活動をさらに細分化したもの、またはそれらの活動内で行われる業務処理のグループ；通常、小分類の後にファイルを類型化した「標準ファイルタイトル」が

　　　　　　　　　位置づけられる

③分類体系作成のための留意点
　ⅰ．分類体系は各部門の名称ではなく、業務の機能と活動から引き出した用語を使用する。
　ⅱ．分類体系はそれぞれの組織に特化したものであり、組織内の関連部門で情報の共有が可能なように、各部門に通ずる一貫性のある標準的な用語を使用する。
　ⅲ．分類体系は階層的なものであり、最も一般的な概念から特定のものへと移行する。
　　すなわち高レベルの機能から具体的な業務処理へという具合である。
　　（例：財務→監査→外部監査）
　ⅳ．分類体系はすべての業務の機能と活動が含まれるようグルーピングされ、文書化されなければならない。
　ⅴ．分類体系は記録の作成者との連携により工夫される。
　ⅵ．分類体系は変化する業務のニーズを反映すると同時に、組織の機能や活動の変化に連動して修正が必要となる。
　ⅶ．分類体系と索引（インデックス）は、組織特有の定義や用語の使い方を説明するなど用語のコントロールを行う必要がある。また同意語、同音異義語、略語、略称などの使用ルールを明確化することも重要である。

3）保存期間基準の決め方

　作山宗久氏は文書を保存する必要性の要因として、法務価値、業務価値、歴史価値の三つのカテゴリーを挙げていた(注3)。法務価値には法令要求（法令が文書の保存を要求）、法令留意（出訴期限等で文書の保存が重要となる）、契約要求（契約が文書の保存を要求）、契約留意（契約が保証期間や守秘義務を定めている）の四つが含まれる。業務価値とは、会社の通常の業務を継続させるために必要なものをいう。歴史価値とは、のちの世代の人たちのための価値で

あり、史料のことだとして、「その文書が作成された理由と異なる理由で保存される文書」というベティ・リックスの言葉を引用している[注4]。このリックスの言葉は歴史的史料の評価選別の尺度が、必ずしも現用文書を扱う者の見方と一致しないことを表しており興味深い。言い換えれば歴史的史料の評価選別にはアーキビストという名の専門職が必要なことを物語っている。

　ISO15489では、記録の保存期間、すなわちどれ位の期間、記録が記録管理システム内に保存されるべきかという決定はコンプライアンス、説明責任及び業務の要求事項、さらにはリスクの評価に基づくという。つまりすべてのステークホルダーの権利と利益が考慮されなければならないということである。

　このように保存期間の決定をコンプライアンス、説明責任及びリスク管理といった新しい基準で考えるということは、従来の法務価値、業務価値、歴史価値の3分類ではもはや律しきれなくなっていることを意味している。つまりコンプライアンス対応には、単に法定保存年限や契約条項を遵守するだけではなく、説明責任を果たし、リスク管理を行う視点が同時に必要となってくるし、業務価値も組織内部の利用のみを考えていたのでは不十分で、外部のステークホルダーに対する説明責任の要素が欠かせなくなっている。アーカイブズでさえも単に歴史的な記録を後世に残すという意味ではなく、将来の世代に対し説明責任を果たすためのものというコンセプトが重要になってきている。いずれにしても保存期間の決定には、これらさまざまな要素が複雑に絡み合っていることに留意しなければならない。また保存期間の決定に際しては、組織内の各部門の業務に通暁したその道の専門家を巻き込む必要がある。その決定には、全体的な組織の記録管理方針及び標準のみならず、特定の業務の活動記録については、その業務分野固有の要求事項に従う必要があるからである。

　ISO15489では記録の保存期間管理のポイントとして次の項目を挙げている。
　①現在及び将来の業務ニーズに適合させる。
　　ⅰ．現在及び将来に意思決定と組織活動の状況を伝えるために、組織の記憶の一部として、過去及び現在の意思決定と組織活動に関する情報を保存する。

ⅱ．説明責任の義務に適合させるために過去及び現在の活動の証拠を保存する。
　ⅲ．将来の利用者に記録の真正性と信頼性が判断できるようにするため記録のコンテクストを保持する。
②現在及び将来の部内外のステークホルダーのニーズに合致させる。
　ⅰ．ステークホルダーが、その組織自身が要求する保存期間よりも長期に記録を保存することを求める場合は、そのメリットを明確にして対応する。ステークホルダーにはビジネス・パートナー、顧客、組織の決定または活動に影響を受けるその他の人々及び監査人、監督官庁、調査機関、アーカイブズ機関、調査研究員などが含まれる。
　組織は説明責任を果たすために、これらの人々が必要に応じ、記録を入手できるようにしなければならない。
　ⅱ．学術的な調査研究や全体的な社会の利益に奉仕するために記録を保存することの社会的な利益を明確にし、評価する。
　ⅲ．適用できる適切なアーカイブズ機関の規制に従う。
また保存の必要がある記録の具体例としては、次のようなものがあるという。
＊組織の方針や活動に関する証拠と情報をもたらすもの
＊組織とそのステークホルダーの相互作用に関する証拠と情報をもたらすもの
＊個人及び組織の権利と義務を文書化したもの
＊部内外のステークホルダーの利益に関わる活動の証拠と情報を含むもの
＊科学的、文化的又は歴史的な目的で組織の記憶を維持するのに寄与するもの
【法定保存年限】　各種の法令により文書の法定保存年限が決められている。いくつかの例を下に記したが、保存義務を定めている法令規則は非常に数が多い。特に特定業界向けの規制が色々と定められているので、その業界に属する企業は、漏れがないように注意しなければならない。また、

これら法定保存年限は、それぞれ起算日が違っているので、保存期間のカウント方法にも注意がいる。例えば、下の例の商業帳簿は帳簿閉鎖の時点から、株主総会議事録は株主総会の日から、労働者名簿は労働者が死亡または退職した日から、賃金台帳は最後の記入日から、災害補償に関する書類は災害補償終了日からなどとなっている。

このような法定保存年限が決められている文書以外は、それぞれの企業等で独自に保存期間を決めて良いということになる。そして、この場合の保存期間の起算日は通常、もっと大雑把で一律に作成された年度の翌年度から1年とカウントする。

表5-1　法定保存年限の例

商法 （第19条3）	商人は、帳簿閉鎖の時から十年間、その商業帳簿及びその営業に関する重要な資料を保存しなければならない。	仕訳帳、収支伝票など
会社法 （第318条2）	株式会社は、株主総会の日から十年間、前項の議事録をその本店に備え置かなければならない。	株主総会議事録
法人税法施行規則 （第59条）	青色申告法人は、次の号に掲げる帳簿書類を整理し、7年間、これを納税地（第三号に掲げる書類にあっては、当該納税地又は同号の取引に係る法施行地内の事務所、事業所その他これらに準ずるものの所在地）に保存しなければならない。	棚卸し表、貸借対照表、損益計算書、注文書、契約書、送り状など
労働基準法 （第109条）	使用者は、労働者名簿、賃金台帳、雇入、解雇、災害補償、賃金その他労働関係に関する重要な書類を3年間保存しなければならない。	採用通知、従業員名簿、給与台帳など

4）国の省庁の保存期間基準

　行政機関情報公開法の施行に併せて設定された「行政文書の管理方策に関するガイドラインについて」（平成12年2月25日　各省庁事務連絡会議申合せ）の中にも、保存期間に関する項目があり、各行政機関共通となる基準、考え方が示されている。これによると保存期間は1年未満、1年、3年、5年、10年、30年の6つのカテゴリーに分けられており、最長が30年となっている。最長30年という意味は、30年経過後にすべてを廃棄するのではなく、あくまで30年を一区切りとして保存継続の必要性の見直しを的確に実施する趣旨であり、その結果、「保存の再延長」「歴史的資料として国立公文書館等への移管」「廃棄」の3つの選択肢から1つを選ぶとしており、国際的な記録管理の「処分」の考え方と合致する。一応、ガイドでは従来の「永年保存」区分を設けることは妨げないとしているが、保存期間があいまいになる「永年保存」は、出来るだけ避けた方が良い。

　保存期間に関する管理は「行政文書ファイル」単位で行うとしており、「行政文書ファイル」とは「相互に密接な関連を有する行政文書の集合物」、つまり「まとめられた複数の行政文書」のことで、北米型記録管理でいう「レコード・シリーズ」と同様の概念である。同一の行政文書が複数存在する場合又は正本・原本のコピーが行政文書として存在する場合、正本・原本として管理されていないコピー等は正本・原本より短い保存期間を設定することも可能である。注意を要するのは、個々の行政文書の保存期間が満了したとしても、監査・検査等関係文書、訴訟関係文書、開示請求関係文書、不服申立関係文書については、保存期間をそれぞれ所定の期間延長する必要があることである。（第3章6.3）p.78参照)

　なお別表として以下のような保存期間ごとの文書類型が示されている。
〔参考　行政文書の最低保存期間基準〕
保存期間30年：条約その他の国際約束の署名又は締結のための決裁文書
　　　　　　　法律の制定・改廃の決裁文書
　　　　　　　特殊法人の設立・廃止の決裁文書

　　　　　　　　基本的な計画の策定・変更・廃止の決裁文書
　　　　　　　　予算・組織・定員の基本的事項の決裁文書
　　　　　　　　関係閣僚会議付議のための決済文書
　　　　　　　　判決書（正本）、国有財産台帳、決裁簿、行政文書ファイル
　　　　　　　　管理簿
　　　　　　　　公印の制定、改正又は廃止を行うための決裁文書　　等
　　保存期間10年：審議会等の答申、建議又は意見
　　　　　　　　法令の解釈・運用基準の決裁文書
　　　　　　　　許認可等の審査基準
　　　　　　　　不利益処分の処分基準
　　　　　　　　所管行政に係わる重要な政策の決定に係わる決裁文書
　　　　　　　　叙勲、褒章又は各種表彰の決裁文書　　等
　　保存期間５年：事務又は事業の方針・計画書
　　　　　　　　事務又は事業の実績報告書
　　　　　　　　指導監督の結果報告書
　　　　　　　　許認可等の取消しの決裁文書
　　　　　　　　補助金交付決定書
　　　　　　　　請求書、領収書、契約書
　　　　　　　　決議書（支出決議書等）　　等
　　保存期間３年：有効期間が３年以上５年未満の許認可等をするための決裁文
　　　　　　　　書
　　　　　　　　研修実施計画
　　　　　　　　政策の決定又は遂行に反映させるための調査又は研究の結果
　　　　　　　　報告書
　　　　　　　　予算要求説明資料
　　　　　　　　業務上の参考としたデータ
　　　　　　　　行政運営上の懇談会の検討結果　　等
　　保存期間１年：有効期間が１年以上３年未満の許認可等をするための決裁文

　　　　　書
　　　　事案照会、会議開催通知書、講師依頼書、資料送付書、式
　　　　辞・祝辞
　　　　請願書、届出書
　保存期間1年未満：週間、月間予定表
　　　　随時発生し、短期に廃棄するもの

5）記録のライフサイクル管理プロセスと統制
　記録のライフサイクル管理プロセスとは、記録が作成（または取得）され、活用の段階を経て再利用のために保存される。そして保存期間が満了すると、処分の段階を迎え、アーカイブズへ移管され永久保存されるもの、もしくは再延長されるもの以外は廃棄となる。
　こういった記録のライフサイクル管理において、そのプロセスごとに統制が必要となる。以下、その統制に関して留意すべきポイントを述べよう。
　①文書・記録の作成
　　組織はその組織活動及び業務処理について文書・記録を作成することを原則としなければならない。特に意思決定に関わるもの及び組織活動及び業務処理の証拠として残す必要のあるものは確実に文書化し、記録として取り込まなければならない。このプロセスでは、先に本章1の「記録管理の要求事項」で述べた要件、すなわち記録として必要な情報が盛り込まれているかどうか、必要なメタデータが付与されているかどうか、記録が真正性、信頼性などの良い記録の要件を満たしているかどうかが考慮されなければならない。
　　現在では殆どの文書が電子的に作成される。従って内容、利用方法などその文書の特性にふさわしい利用技術（アプリケーションやフォーマット）の選択が必要となる。またアーカイブズに関連していうと、組織の重要な意思決定や組織活動に係る記録については、作成段階から歴史的な記録として残す必要があるかも知れないことを考慮に入れ、作成に当たることが

望まれるのである。
②記録の取込み

　前にも述べたように国際標準では基本的に「文書」と「記録」を区別し、使い分けている。すなわち「文書」の中から記録管理システムに取込んだもののみが「記録」になるのであって、すべての「文書」が「記録」となるのではない。従ってプロセスの最初で、どの「文書」を「記録」として取込むかという決定を行なうことになる。従来の日本の文書管理では、このような重点思考の概念がなく、何にもかにもすべてを管理しようとして、結果的に大事なものが管理しきれないという矛盾を抱えていた。その点、「文書」と「記録」を区別する国際標準の考え方には合理性がある。

　どの文書を記録管理システムに取込むかを決定するにはコンプライアンス、説明責任及び業務の要求事項に基づく。また記録として取込まなかった時のリスク分析を行い、予想されるリスクを評価しなければならない。また組織のタイプまた組織が運営されている法的、社会的コンテクスト（背景・関連性）によっても記録への取り込み方が違ってくる。

　例えば情報公開法又は条例により文書の公開が義務付けられている国の機関や自治体では、説明責任の観点から、当然ながら民間の組織よりも記録として取込む範囲が大幅に広くなろう。また民間の組織の中でも原子力発電所を抱える電力会社のような公共性の高い企業は、記録に取込む範囲が他の一般企業とは違ってくるはずだ。文書は常に進化しつつある情報技術を用いて、様々な媒体により作成され、受領される。基本的な文書の特性はその動的な性質にある。文書は多数の作成者により作成され、多数のバージョンが存在し、作成の途中段階で存在するものもあり、文書が完結する時期も様々だ。

　いずれの場合でも組織が説明責任を果たすためには、業務活動や意思決定（そのプロセス含む）に関する文書が確実に作成され、それが組織の記録として取込まれ、業務のコンテクストを明確にするメタデータがリンク付けされた上で、適切に保存されなければならない。その場合に重要なポイ

ントとなるのが、やはり文書の証拠性である。組織活動、業務処理の証拠となるものは確実に記録として取込む必要があるのである。

【ファイルの作成】　紙記録の管理システムでは、取込む文書を、タイトルを付けたファイル（フォルダーまたはバインダー）を作成し、物理的に時系列で配列することになる。従って公式の管理システムではどのようなファイルを作成し、どのようなタイトルをつけるかというルールが必要となる。例えば定期的に同じ内容のファイルを作成する場合や複数の人が同じ種類の記録をファイルする場合などで、年度や作成者によりファイルタイトルの付け方が異なるとファイルを探すのが困難となる。そのためにファイルを類型化した標準タイトル（ファイル名）を作成しておくと便利である。そうすることによって誰が作成しても同じタイトル付けができ、キャビネットに配架されても探しやすく、検索の精度が上がる。

書類をファイルに追加するということ（取込み）は、その文書に最もふさわしい分類を決定するプロセスであり、前もって定められた順序（連続した日付や番号）で配列することになる。

電子記録の管理システムでは、もっと色々な点を考慮し、計画的なプロセスで文書を取込む必要がある。つまり記録としての取込みを登録や分類というプロセスと同時並行的に行うことが必要となってくる。紙記録なら一目、内容を現物で確認できるが、電子記録の場合は、一々画面に呼出すか、プリントアウトしないと内容が確認できないので、登録・分類のプロセスがきちんとしたルールに基づき、正確にできていないと後々の検索に支障をきたすことになる。

【メタデータの割り振り】　このプロセスで重要なことは、常に記録の状態を明らかにできるメタデータを割り振ることである。記録をシステムに取込むには次のような方法で、記録に関連したメタデータを取込む必要がある。電子記録の場合、特に以下の点が重要である。

　ⅰ．記録の内容と行われた業務との関連性（コンテクスト）の両方を記

述する。
　　ⅱ．記録が確定した活動の説明になるようにする。
　　ⅲ．記録が検索でき、利用できるようにする。
　そして記録の取込みを確実にする技術として次のものがある。
　　ⅰ．適切なリンク付け、グルーピング、ネーミング、セキュリティ保護、ユーザーの許可、検索、処分及び重要記録を明確化できるようにする分類及び目録の作成。
　　ⅱ．物理的なファイルであれ電子的なディレクトリーであれ、後の利用または参照を容易にする、論理的なファイル構成と配列。
　　ⅲ．記録管理システムにおいて記録が存在する証拠を提供する登録。
　　ⅳ．業務遂行における行動の輪郭・枠組みを決めるシステムで、以下の内容を含む。
　　　＊業務のコンテクストを表すメタデータを提供する。
　　　＊どこに記録が存在するかの証拠を提供する。
　　　＊誰が記録にアクセスしたかを明らかにする。
　　　＊いつそのようなアクセスが行われたかを明らかにする。
　　　＊記録について行われた処理の証拠を提供する。

③登録
　記録が記録管理システムに取込まれ、メタデータが確実に付与されて登録が完了する。
　登録の基本的な目的は記録が作成され、記録管理システムに取込まれたことの証拠を提供することと検索を容易にするということの二つである。登録は記録についての簡単な属性情報すなわちメタデータを記録すること、システム内で記録に固有の識別子を付与することを含む。いずれにしても登録によって記録の記録管理システムへの取込みが正式なものとなるわけだ。記録管理システム内で、いくつかの記録の集合体として登録されるものもある。電子的な環境においては、自動的なプロセスで記録が記録管理システムに登録されるように設計することも可能である。

登録簿は、日本の文書管理では「ファイル基準表」「ファイル管理簿」などと呼ばれているが、通常はコンピュータ化され、記録のライフサイクル管理を行うためのデータベースの役割を果たす。

表5-2 記録のデータベースを構成するメタデータの例

No	メタデータ	内容
1	ファイル管理No	ファイル単位のユニークNo
2	大分類	大分類項目名
3	中分類	中分類項目名
4	小分類	小分類項目名
5	標準ファイル名	標準ファイルタイトル名
6	サブタイトル	相手先、件名、テーマ等のサブタイトル
7	媒体種別	記録媒体の種類（紙、電子、マイクロフィルム等）
8	記録の管理No	ファイル内の記録No
9	記録のタイトル	ファイル内の記録タイトル（文書名）
10	記録の作成者	記録作成者名
11	ファイル管理担当課	ファイルの所管部署名
12	ファイル作成者	ファイルの作成者名
13	ファイル作成日	ファイルの作成年月日
14	登録・更新日	記録管理システムへの登録・更新日
15	保存場所	ファイルの保存場所（事務室・書庫等）
16	保存期間	保存期間（リテンションスケジュール）
17	処分予定日	処分（移管・廃棄等）予定年月日
18	処分実施日	処分（移管・廃棄等）を実施した年月日
19	書庫移管予定日	書庫への移管予定日
20	書庫棚No	ファイルを収納する書庫の什器No
21	保存箱No	ファイルを格納する文書保存箱のNo
22	保存期間満了時の措置	移管、廃棄、再延長等
23	備考	その他の事項

（日本レコードマネジメント㈱の社内テキストより）

【登録簿の機能】
　ｉ．事務室及び書庫のどこに、どのようなファイルがあるかが分かり、そのファイルのライフサイクルを管理するのに役立つ。
　ii．登録してあるメタデータ（属性情報）によりファイルが検索できる。
　iii．書庫で保存しているファイルの貸出や返却等の管理に役立つ。
　iv．ファイルリスト、検索結果一覧、廃棄ファイルリストなどの帳票が出力できる。
　ｖ．紙ファイルの場合はファイルの背表紙用のタイトルラベルを出力することができる。

登録のプロセスには、分類や処分、アクセス条件の決定などが含まれる。登録に必要な基本的なメタデータとしては、登録の日時、ファイル（記録）のタイトル、作成者（個人名・組織名）などが記録に固有の識別名を付与する情報となる。標準的なメタデータとして前ページ表5-2のようなものがある。また原則として登録簿は変更できない。

④分類
分類とは業務活動及びそれから発生する記録のカテゴリーを明確にするプロセスである。
また分類の基本的な機能は、記録の所在場所が分かるようにし、記録の検索をし易くするための仕組みである。組織にとって分類システムの利点は次のように整理できる。
　ｉ．組織の記録を整理し、記述し、関連付ける
　ii．組織の内外を問わず、異なった分野の記録を関連付け、共有化できる
　iii．組織の記録へのより良いアクセス、検索、利用、配布を可能にする
　iv．記録のライフサイクル管理をやり易くする
記録のライフサイクルのプロセスにおいて、いつの時点で分類行為が行わ

れるか、つまりどの時点で記録が体系化された分類システムへ割り振られるかが問題となる。紙記録の場合は記録として取り込まれ、作成されたファイルが通常、年度末にファイルクローズされた段階、つまり正式な保存期間がスタートする時点で登録、分類されるケースが多かった。しかしながら電子記録の場合は、文書作成と同時に記録として取込み、登録、分類が行われる。でないと紙のように物理的な移動を伴わない電子記録の場合は、後から登録、分類を行うのは非常に困難だからである。

⑤記録の保存期間管理

記録の保存期間基準は記録のライフサイクル管理を行うための基本的なルールである。北米型の記録管理では"Retention Schedule"（リテンション・スケジュール）といわれる。

保存期間管理とは、定められた保存期間に従って、ファイルのライフサイクル管理を行うことであり、具体的にはその保存期間を高活用期間（事務室保存期間）と低活用期間（書庫保存期間）とに振り分け、事務室から書庫へのファイルの移管（いわゆる「置き換え」）を計画的に行うことを含む。つまりファイルを事務室と書庫にそれぞれ何年保存するかを決定し、頻繁に活用される高活用期間は身近な事務室内で保存管理し、活用度の落ちたファイルは書庫で保存管理する。これは通常、記録は時間の経過と共に活用頻度が低下するという一般的原則及び保存コストを含む業務効率の考え方に基づいている。

そして保存期間が満了すると処分のプロセスとして、再延長、歴史的な記録としてアーカイブズへの移管、もしくは廃棄のいずれかを選択することとなる。廃棄を適切に行うことにより不要文書の滞留を防ぎ、限られた書棚や事務室・書庫のスペースを有効に活用することが可能となる。

これらの記録の移動はすべて登録簿（ファイル管理簿）によって管理されるが、後で記録の所在が判るように（トレーサビリティの確保）、記録の移動は文書化すべきなのである。

またこれら記録の移動は通常ファイル単位で行われる。ファイルを構成す

るレコード単位の管理は煩雑すぎて実用的ではないためである。これは北米型のレコードマネジメントでいう「レコードシリーズ」の考え方と同様である。なお保存期間の起算日、つまりいつの時点から保存期間をカウントするかは、通常、当該年度のファイルが年度末にクローズ（完結）した後、次の新年度の初めから１年というように数える。

⑥保存と取扱い

記録は必要とされる間、その真正性、信頼性、完全性及び利用性を確保できる媒体で保存される必要がある。記録には、その媒体特有の物理的・化学的な特性を考慮に入れた保存条件及び取扱い方法が要求される。フォーマットにかかわりなく、継続的な価値を有する記録の保存には、その価値を損なわないようにセキュリティ条件を満たした安全な保存環境や取扱いが要求される。つまり権限のないアクセスを初め、紛失や不法な廃棄、盗難や災害から記録が守られるように保存方法が設計される必要がある。電子記録の場合、どのようなシステム変更があろうとも、記録の保存期間のすべてにおいて記録がアクセス可能で、真正性、信頼性、完全性、利用性が保たれるように設計される必要がある。これには別なソフトウエアへの移行、エミュレーション・フォーマットの再現などが含まれる。

しかしながら現実には、電子記録の長期保存についての信頼できる方策が確立しているとはいえないので、ものによっては当面、紙・マイクロフィルム等の従来のアナログ媒体の併用を含め確実な方法を考える必要がある。その点、電子記録の長期保存問題は、今後とも常に最新技術動向をウオッチしながら、対処する必要があろう。

⑦アクセス

組織は、誰がどのような記録へのアクセスを許されるかというアクセス制限のルールを作らねばならない。組織が運営されている規制環境により、記録管理システムの運用に組み込むべきアクセス権、すなわちその条件や制限に関する原則が決まってくる。例えば個人情報保護、セキュリティ、情報公開やアーカイブズといった分野をカバーする法令がそれである。記

録には個人情報（特にセンシティブな情報）、営業秘密など取扱いに注意を要する情報が含まれている点、充分に留意する必要がある。

⑧処分の実施

「処分」とは記録のライフサイクル管理の最終段階であり、「処分」では三つの選択肢、すなわち「保存の延長」「アーカイブズへの移管」「廃棄」から一つを選択することになる。従って、すべての記録が短絡的に「廃棄」となるわけではないことは前にも述べた通りだ。

記録がもはや必要でないかどうか、未解決の仕事がないかどうか、あるいは証拠として記録が必要となる訴訟や調査が進行していないかどうかといった点を確認しないで廃棄を行うべきではない。そのため組織は、運用システムから記録を移動する場合の処分権限を含む処分の統制ルールを定めておく必要がある。また記録の処分については記録の移動のトレーサビリティ（追跡可能なこと）を確保するため、いつ誰がどのような処分をしたかを文書化して記録に残す必要がある。

ISO15489のいう処分行為には次のものが含まれる。

ⅰ．上書き・消去を含む、即時の物理的な廃棄
ⅱ．部門内でさらに保存期間を延長する
ⅲ．組織の統制の下、適切な保存場所または保存媒体へ移動する
ⅳ．リストラ、売却、民営化等による業務活動のため責任を引継ぐ別の組織へ移管する
ⅴ．適切な契約を結んだ独立業者が組織的に管理している保存場所へ移管する
ⅵ．記録を作成した組織で物理的に保有しているが、管理責任のみ適切な機関へ移管する
ⅶ．組織内のアーカイブズに移管する
ⅷ．組織外のアーカイブズ機関へ移管する

記録の物理的な廃棄の原則

ⅰ．廃棄は常に処分権限者の許可が必要

ⅱ．現実の、または係争中の訴訟や調査に関係している記録は廃棄すべきではない
  ⅲ．記録の廃棄は、それに含まれる情報の機密性を保ちながら行なう必要がある
  ⅳ．廃棄が許可された記録は、すべてのコピーを含めて廃棄する必要がある（セキュリティのためのコピー、保存のためのコピー、バックアップのためのコピーなど）

上に見たようにISO15489での「処分」段階は実に多様性に富んでいることが理解される。ここにも単なる「文書」でなく「記録」であることの重み（単純に棄てないというこだわり）が現れていると見るべきであろう。特に、ここで述べられているⅰからⅳの「廃棄の原則」は説明責任（アカウンタビリティ）（ⅰ、ⅱ）及び情報の流出（ⅲ、ⅳ）の観点からも重要性が高い。ⅱの「現実の、または係争中の訴訟や調査に関係している記録は廃棄されるべきではない」は、たとえその間に記録の保存期間が満了したとしても廃棄すべきでないと解釈すべきであり、情報公開法に基づく公開請求で対象となっている文書は、たとえ手続き中に保存期間が満了になろうとも廃棄できないのと同様である。またⅳの「廃棄が許可された記録は、すべてのコピーを含み廃棄される必要がある」はOA機器の普及により、あちらこちらでコピーが溢れているオフィスの現状を考えると、有用な指摘といえる。

6）記録管理プログラムの文書化

　記録管理の方針を始め、記録のライフサイクル管理ルールなどの記録管理プログラムは明確に記述し文書化しなければならない。これには記録管理プロセスのための手順や権限、例えば分類体系、保存期間基準、用語の統一、処分、監査などが含まれる。例えば、どのような記録を取込み、どれ位の期間保存すべきかという決定は、すべて明確に文書化し保有することになる。組織全体の情報管理環境の整合性を確保するために、組織内で使われている他の情報シス

テムや方針に対しては充分な注意を払わなければならない。

　ライフサイクル管理を確実に行い、処分行為（再延長、アーカイブズへの移管、廃棄のいずれかを選択する行為）を促進すること、及び記録を別の形態で保存するための移動の指示も明確に記すべきである。これら文書は上級経営幹部（CIO等）に提出され承認を得る必要がある。特に記録の処分など記録の移動に関しては、記録のトレーサビリティ（追跡可能なこと）を確保するため、文書化して記録を残す必要がある。

7）記録管理の教育

　組織は記録管理の継続的な教育プログラムを確立し、実施しなければならない。記録管理の要求事項と具体的な実行についての教育プログラムは、その業務において記録を作成し、これらを記録システムに取込むことにつき責任を有する経営幹部・従業員・派遣社員・パートタイマー・アルバイトなどすべてのメンバーが対象となる。これらのメンバーに対して定期的な教育を実施する必要がある。教育プログラムは外部の専門機関、例えば記録管理のコンサルタント等の協力を得て立案・実施する方法も可能である。

　これら教育で大事なことは、記録管理担当者のみでなく組織の全員が対象となる点である。今までの日本の文書管理で欠けているものの一つがこの教育であるが、それは殆どの組織に、専任の記録管理専門職がいないということにも関連している（教育のできる担当者がいない）。いや、むしろそれ以前に組織の中で記録管理の重要性、つまり何のために記録管理を行うのかが経営トップを含め組織で理解されていなかったということに起因していると思われる。しかしながら、これからの組織はそれでは済まないのである。

8）記録管理の監査

　記録管理システムの手順とプロセスが組織の方針及び要求事項に従って実施され、所期の成果に結びついているかどうかを確認するための監査は、定期的に行なわなければならない。同時にこのような監査では、記録管理プログラム

のプロセスとシステムについてのユーザー満足度を調べる必要がある。もし記録管理システムや記録管理プロセスに不具合や非効率的な点があるなら、修正が必要となる。これらの監査結果は文書化し、報告書としてトップマネジメントに提出され、保存されなければならない。

注：
1. 共通課題研究会：旧総務庁の委嘱により、東大の宇賀克也教授を座長に6名の委員からなる研究会。1999年4月に中間報告が、2000年3月に最終報告「インターネットによる行政手続の実現のために」が公表されている。詳しくは総務省行政管理局のウエブサイトhttp://www.soumu.go.jp/gyoukan/kanri/000316a.htm/参照。
2. 文書の電磁的保存等に関する検討委員会：経済産業省が「e-文書法」の施行の準備を意識して設置した委員会（座長：田中英彦情報セキュリティ大学院大学教授）で、2005年5月に最終報告書「文書の電子化の促進に向けて」が公表されている。民間企業が文書の電磁的保存を実施する場合の標準的な要件及び課題につきガイドラインを示す。詳しくはhttp://meti.go.jp/press/　参照。
3. 抜山勇・作山宗久『文書管理と法務』ぎょうせい、1997、p.114-118参照。
4. Betty R. Ricks, Key F. Gow "Information and Image Management" South-Western Publishing Co. 1992

第6章　電子文書管理の課題

１．電子文書をめぐるオフィスの現状

　現在、官民どのようなオフィスにおいても文書の作成はほとんどが電子的に作成されている。しかしまだ正式文書は紙が幅を利かせているところが圧倒的に多いのではないだろうか。いずれのオフィスも電子文書が増加傾向にあるのは間違いないが、一方紙文書も一向に減らないといった所が多いと思われる。要するに紙文書と電子文書が無秩序に並存しているというのが実態であろう。

　パソコンの普及とともに、一時期、ペーパレスオフィスの時代が来ると喧伝されたことがあった。しかしその後、これは一つの神話に過ぎないという見方が一般的となる。つまり、パソコンが普及するに従って、同時にプリンターや複写機の台数が急増、ハードコピーを取る人の数がやたらと増えたため、ペーパレスどころか、皮肉にも逆に紙が増えたのである。一時、紙にこだわるのは時代遅れと思われるのでは、という後ろめたさがあったのだが、電子媒体の脆弱性など電子文書の弱点が認識されるにつれ、紙を使うことへの抵抗感が薄れたということもある。むしろ紙はその利便性など、媒体としての優れた特長が見直されたために、当分紙は減らないと考える人が増えたのも事実ではないだろうか。アメリカでもこの状況はあまり変わらないようだ。2007年5月に来日したARMA International会長のスーザン・マッキニー氏も講演[注1]の中で、「私は未だ、実際にペーパーレスになったオフィスを見たことがない。」と

語っていた。そしてペーパーレスにならない理由として、やはりプリンターやコピー機が増えたこと、人々が紙に慣れており、紙が使い易いことを挙げていた。

２．問題の背景

　先に述べたように、電子と紙が無秩序に併存しているのが現時点のオフィスの実情だとして、ではどちらの問題が大きいかといえば、明らかに電子文書の方であろう。

　アメリカでも紙文書の方はかなり管理がなされているが、電子文書はまだ不十分という所が多いようだ。2005年、ARMAとAIIM（Association of Image and Information Management）が行った調査(注2)の結果がその状況を示している。それによると43％のレコードマネジャーが、自社の保存期間管理ルールには電子記録が含まれていないと答えたというのである。このような状況を見て、電子記録管理の分野に大きな潜在需要があると判断したマイクロソフト社は、2006年"シェアポイントサーバー2007"により本格的にレコードマネジメント（記録管理）分野への進出を果たしている。

　その点、日本の組織では、アメリカと違いレコードマネジャーという専門職が存在しないことなどから、電子文書のみならず、紙文書の方にもまだまだ問題があるところが多い。

　電子文書に関することの始まりは、すべて1980年代に起こった急激なパソコンの進歩普及がもたらしたものということができる。そして1990年代前半、マイクロソフトのWindowsの登場がこれに拍車をかけた。つまり従来のホストコンピュータ（メインフレーム）によるデータプロセシングの時代からパソコンによるドキュメント・プロセシングの時代へとコンピュータの世界が大きく変わったことによる。

　言い換えると従来、コンピュータは情報システムの専門家の占有物であり、専ら大量のデータを一括処理する文字通り電子計算機的な使い方が主流だった

ものが、パソコン時代の到来とともに、すべての職員が自分で操作する身近な機器となり、ドキュメントの作成・伝達・保存を主な用途とする幅広いツールとなったわけだ。さらにネットワーク時代への突入と共に、パソコンは一躍、情報処理の世界での主役に踊り出た。当初、石や木に記録を残した人類は、やがて紙という偉大な情報媒体を発明するが、コンピュータ時代の到来と共に初めて眼に見えないフォーマットでの記録、すなわち電子記録を作成することに至ったのである。

3．電子文書管理の課題

　電子文書の管理は紙の管理に比べ、多くの新しい課題を抱えている。まず挙げられるのは電子情報の量が膨大で、しかもますます増加の一途を辿っていることだ。それは情報の作成・入手・流通というものが紙時代とは比較にならないほど簡単容易になったためである。しかも現在では、最初から電子的に作成された電子文書（ボーン・デジタル）と従来の紙文書をスキャナー等で読み込み、イメージ情報として電子化したいわゆる電子化文書の２種類の電子文書があり、その両方を管理しなければならない。
　しかしながら、このように電子文書が簡単に作れるがゆえの問題も数多く発生している。たとえば、今やサーバーの中は大量の情報で溢れかえっている。これは、電子文書が紙のように場所をとらず、保管コストも安いことが要因の一つとなっているが、最大の要因はどのような情報を残し、どのような情報を廃棄するかというライフサイクル管理のルールが明確でないために貯まる一方となっているためである。しかも情報を作成した人間が思いおもいの方法で分類し、保存するため、他の人は検索できないという事態が起こっている。全文検索という手段があるにはあるが、必要な情報に絞り込むのが難しく、あまり実用的とはいえない。簡単に検索が掛けられるということと必要な情報が入手できるということは別ものなのである。
　これらの要因が重なり合いサーバーはいわゆる電子のゴミ箱と化すことにな

る。同様な問題が、各クライアントのデスクトップにも存在する。組織ファイルであるサーバーと比較し、個人ファイルである各人のデスクトップは、情報システム担当者の目が届き難いこともあり、サーバー以上に不十分な管理状態になり易い。しかも各人のデスクトップには電子メールという厄介な電子情報を抱えているだけにより問題が大きい。いずれにしてもサーバー及びデスクトップ内の電子文書をどう管理するかは、間違いなく今日の文書管理の最大の課題の一つになっているといえる。

　そこで、これら電子文書管理の課題を少し整理しながらその方策を考えて見よう。

4．電子文書管理の方向とその留意点

1）電子文書へのアクセスと検索

　まず最初に挙げられるのは電子文書へのアクセスまたは検索に関する課題である。情報や文書は活用できてこそ価値がある。必要な情報や文書が見つからなければ活用できないことはいうまでもない。ところがコンピュータの特性上、本来なら紙文書に比べ検索がし易いはずの電子文書が見つからないということが時として起こる。電子文書は紙と違い、物理的な形がなく目に見えないだけに始末が悪い。これは電子文書の見読性の問題と言われているが、要するに電子文書はディスプレーに表示するか紙にプリントしないと内容が読めないわけだ。そのため紙ならば時間をかければ出てくるものが出てこない可能性が高くなるのである。

　この問題の大部分は電子文書管理の運用ルールが不明確なことに起因する。例えば文書が探し出せないのは、それぞれの電子文書のタイトルのつけ方、及びファイル（フォルダー）名のつけ方のルールがなかったり、不明確な場合に多い。もともと電子文書のタイトルはその電子文書の特性・属性により他と識別するためのユニークな特性（独自性）が与えられていなければならない。そのためには電子文書の属性情報であるメタデータが欠かせない。"データの

データ"といわれるメタデータには、その文書の出所、文書がいつ、なぜ、どのようにして作成又は改定、変更されたのか、その他、文書の目的・役割などが含まれており、具体的には作成者、作成日、タイトル（主題）、形式（レポートとか契約書とか）、フォーマット、コンテクスト（分類コード等）などを意味する。これらメタデータが適正に付与されているかどうかが電子文書のアクセス・検索に大きく影響するのである。

　ファイル（フォルダー）のネーミングと大きく係わっているもう一つの要素が電子文書の分類体系である。電子文書の検索には全文検索など様々な検索手段を利用すればよく、分類は必要ではないという見方があるが、これは必ずしも正しくない。実際にはヒット数が多すぎて使い物にならない場合が多いのである。やはり適正に設定された分類体系に基づき、分類しておくことが検索の近道である。紙文書と同様に、電子文書の運用ルールにおいても分類体系、保存期間のルールが重要であることに変わりはないのである。ただ電子文書が紙文書の管理と違う点は、作成と同時に適切なファイル（フォルダー）名を決め、正しく分類するという必要があることだ。紙文書のように後からまとめて分類、整理するという方法は取れないのである。

　また分類体系作りは、あくまで業務分類を基本とすべきであることは前にも述べた通りである。それも単なる業務の分類ではなく、それぞれの業務の分析に基づいた手順やプロセス、つまり業務と業務の関連性を充分考慮して作成すべきである。従来の紙のファイリングシステムでいわれたツミアゲ方式やワリツケ方式では効率的な分類体系を作ることは難しい。

　もう一つ、コンピュータファイルの分類で重要なのは、効率的な検索のためにはあまり階層を増やさない方が良いということである。コンピュータのファイルでは簡単にフォルダーの階層が増やせるため、ついつい多くの階層を作ってしまい勝ちだ。しかし紙のファイルと違い、一覧性がないため、内容を確認する際にいちいち画面に表示しなければならない。これが素早い検索の障害となる。従ってコンピュータのファイルでは、せいぜい第3分類までで階層を留めることだ。

次に電子文書のアクセス・検索に係ってくる要因として電子文書の量の問題がある。いくら紙と比べて場所を取らないといっても、やはり分母が少ない方が検索効率も良い。量を減らすには、先に述べたように電子文書のライフサイクル管理が必須となる。しかしながら紙に比べて電子文書の場合、このライフサイクル管理の徹底が難しい。それには紙のように物理的な形がなく、目に見えないという電子文書の特性がここでも影響しているといえる。そしてそのためには先ほどの分類カテゴリーに基づいた保存期間ルールの設定が必要となる。保存期間ルールに従って的確にサーバーから外部保存媒体に変換し、レコードセンターへ移したり、廃棄（消去）したりすることが重要なのである。このことは単に電子文書の量を減らすだけでなく、アーカイブズの観点からも重要である。というのも電子文書の場合は紙以上にきめ細かなライフサイクル管理を行わなければ、いつの間にか永久保存が必要な歴史的に重要な電子文書が消えてしまう可能性があるからである。

　そこでもう一度、記録管理の基本はライフサイクル管理のプロセスにあることを思い起こす必要がある。つまり記録の作成から活用、保存を経て処分（アーカイブズへの移管含む）に至るプロセスを着実に実行するということである。しかもライフサイクル管理はあくまで記録の中身に基づき設定された分類体系や保存期間ルールに従って行われなければならない。ところがITの担当者には、このような記録のライフサイクル管理という概念があまりない。彼らは電子情報を単なるデータとして扱うのみで、電子文書の中身、すなわちコンテンツには関心が薄く、むしろ最大の関心事はセキュリティを中心とした最新のテクノロジーを追いかけることにあるからである。このことは、電子文書の管理はIT担当者だけに任しては置くわけにはいかず、アメリカのレコードマネジャーのような記録管理の専門職が必要なことを物語っている。つまり記録管理の専門職がIT担当者と協力して、文書のライフサイクル管理の考え方・手順を電子文書に適用することが求められているのである。

2）電子文書の完全性

　紙と違う電子文書のもう一つの問題は完全性についてである。完全性は従来、原本性と表現されることも多かったが、いずれにしても電子文書は簡単に修正・変更ができるという特性から、作成後に不正な修正・書換え（改ざん）が行われていないかどうかという問題である。この問題はすでに旧総務庁時代の「共通課題研究会」（座長：宇賀克也東大教授）[注3]において電子文書の原本性確保に関するテーマとして取り上げられており、原本性確保の要件と基準が明らかにされている。そこでは原本性確保の要件として完全性、機密性、見読性の3つが挙げられており、「完全性」については次のように説明されている。

　　完全性：電子文書が確定的なものとして作成され、又は取得された一定の時点以降（原簿等の追記型のものについては、追記した部分について、その追記した時点以降）、記録媒体の経年劣化等による電子文書の消失及び変化を防ぐとともに、電子文書に対する改変履歴を記録すること等により、電子文書の改ざん等を未然に防止し、かつ、改ざん等の事実の有無が検証できるような形態で、保存・管理されること。

　また「機密性」と「見読性」の定義は次の通りである。

　　機密性：電子文書へのアクセスを制限すること、アクセス履歴を記録すること等により、アクセスを許されない者からの電子文書へのアクセスを防止し、電子文書の盗難、漏洩、盗み見等を未然に防止する形態で、保存・管理されること。

　　見読性：電子文書の内容が必要に応じ電子計算機その他の機器を用いて直ちに表示できるよう措置されること。

　これらの要件を満たすための基準としては組織体制、アクセス管理、記録媒体及びバックアップ、ウイルス対策、見読対策等の確保が必要とされている。

3）国際標準ISO15489の「完全性」（Integrity）

　記録管理の国際標準ISO15489においても、良い記録の要件の一つとして記

録の「完全性」についての記述がある。ISO15489での記録の完全性とは記録が完成しており、変更されていないことをいう。記録は権限に基づかない変更や修正から守られていることが必要であり、たとえ権限のある者が変更を加える場合であっても、記録作成後はどのような場合に、また誰が記録に追加・修正を加えることが許されるのかを、前もって記録管理の方針や手順で特定しておく必要があると述べている。さらに、どのような追加・修正または削除でもそれらは明示され、追跡可能な状態になっていること、すなわちトレーサビリティの確保が要件となっているのである。

4）電子署名とタイムスタンプ

　電子文書の完全性を保証するテクノロジーとして、電子署名とタイムスタンプがある。

　電子署名はその電子文書の作成者と称する本人が作成したこと（真正性）及びその文書が改ざんされていないこと（完全性）を保証するものである。しかし電子署名は作成の時刻を保証するものではないので、これを補うものとしてタイムスタンプの技術がある。タイムスタンプは、その電子文書が、ある時刻より前に存在したこと（存在証明）及びその時刻から検証した時刻までの間にその文書が変更・改ざん等がなされていないこと（非改ざん証明）を保証するものである。この二つの技術を組合せることで電子文書の真正性と完全性を保証することができる。

　しかしながら、すべての電子文書にこのシステムを適用することはできないし、またその必要もない。これらの技術を用いるのは、電子文書の中でも法的な証拠文書など、よほど重要性の高いものに限られるであろう。そうなるとやはり、「共通課題研究会」や「ISO15489」でいっているような基本的な方策を取ることで電子文書の完全性を確保するしかない。すなわち事前に文書の変更・修正ができる人間を決めておくなどルールを明確化し、変更・修正等の改変履歴を記録する。そして何か問題が起こった時に追跡可能な状況にしておくということが重要となる。

5）電子文書の長期保存

　電子文書の大きな問題として、長期保存に向かないという点が挙げられる。電子媒体の寿命はせいぜい10から20年といわれており、紙やマイクロフィルムと比べるとはるかに短い。電子媒体の延命策としてはマイグレーション、すなわち一定期間ごとに新しい媒体に情報を移し替える方法が一般的である。しかしながら最近では、それ以上に電子情報を読み取るハード・ソフトの寿命が短いことの方が問題だとする見方が定着している。確かにITの世界は文字通り日進月歩で、めまぐるしく変化しているため、ハード・ソフトの陳腐化が早い。だからと言って情報が記録された媒体と同時に、それを読むハード・ソフトを長期間保存することは不可能に近い。

　これらの問題を含めて、電子文書・電子記録の長期保存についての完全な方法は現時点では確立されていないといってよい。それゆえにむしろ紙やマイクロフィルムなどの伝統的なアナログ媒体が見直されている面があるくらいだ。確かに現時点では、活用度、コストなどを考慮の上、電子媒体と紙やマイクロフィルムを使い分けて保存することも必要であろう。

　現用文書というカテゴリーでの保存期間は長くてもせいぜい30〜50年が通常だが、何百年、何千年という単位で保存を考えなければならないアーカイブズの分野では、長期保存の問題はより切実である。アーキビスト達は、紙から電子への移行に伴い、残すべき歴史的に重要な記録が失われはしないかという危機感をつのらせている。2007年10月、東京で開催された東アジア地域の国際公文書館会議(注4)の基調講演で米国国立公文書館のケネス・ティボドー博士は電子記録の長期保存について、二つの基本的分野において不十分であるとして、次のように述べた。

　「その1：今日作成されているほとんどの種類の電子記録について真正な電子記録を保存し、これに対する持続的なアクセスを提供する方法がわかっていない。
　その2：情報技術が今後どのように進展していくのか、全く未知数である。一つだけいえるのは、未来の情報技術は、私たちが現在知ってい

る情報技術とは大きく異なるだろうということである。」

　この様に現在、電子文書の長期保存に関しては世界的にも決め手がない状況下にある。そのために今、世界ではいくつかの大きな電子記録の長期保存に関するプロジェクトが活動中である。これらのプロジェクトはほとんどが大規模な産官学の共同プロジェクトで、その中身を知ると、いかに海外では　この問題への関心が高いかが判る。以下代表的なプロジェクトを挙げてみよう。

◆アメリカ国立公文書館（NARA）のERAプロジェクト：

　ERA（Electronic Records Archives）は電子記録の長期保存プログラムとして1998年以来、NARAが連邦政府機関、大学、民間企業など産官学の協力体制の下に取り組んできた一大プロジェクトで、NARAのビジョンに掲げられている「未来のアーカイブズ」を開発しようというものである。

　ERAは、どのような種類の電子記録であっても、また将来どのようにハード・ソフトが変わろうとも、それら電子記録を長期的に保存し、常にアクセスを保証するというシステムである。2005年に最終的なシステム開発業者としてロッキード・マーチン社が選定され、2011年の全面稼動を目指してシステムを開発中である。

　2008年には、その一部の運用が開始されるという。同社のERA担当のディレクターは、このERAプロジェクトを現代の情報技術の中心となる、国家の最大且つ最も複雑な技術的挑戦の一つと位置づけている。

◆インターパレス（InterPARES）プロジェクト：

　カナダのブリティシュコロンビア大学ルチアナ・デュランチ教授が主宰する国際的なプロジェクトで、デジタル形式で作成、維持された記録の長期保存に必須な理論的、実践的な知識を開発するのが狙いである。

　インターパレス1（1999～2001年）は、組織のデータベースやドキュメント管理システムにおいて作成、維持される記録の真正性がテーマだった。インターパレス2（2002～2006年）は、電子政府などより複雑なデジタル環境において作成される記録に関して、作成から永久保存までの

ライフサイクル管理の観点から、真正性に加え信頼性や正確性の問題が取り上げられた。次のドメインのインターパレス3（2007年9月〜2012年8月）が始り、電子記録の評価と保存がテーマとなっている。

◆DLMフォーラム：
DLMフォーラムは、常設的なプロジェクトではないが、電子記録の問題を多角的に検討するため欧州委員会により組織され、3年毎に開催されているフォーラムである。DLMは元々フランス語のDonnes Lisibles par Machines の頭文字で、英語ではMachine-readable data である。第1回は1996年ブリュッセルで開催されたが、2002年の第3回バルセロナ大会以後は定義を拡大し、D（Document）、L（Lifecycle）、M（Management）すなわち「文書のライフサイクル管理」の意味で使われている。第1回のDLMフォーラムの決議に基づき、電子情報活用のベストプラクティスとして開発された包括的な電子記録管理のための要件（仕様）が、MoReq（Model Requirements for the Management of Electronic Records：電子記録管理のためのモデル要件）である。完成は2001年で、公式の標準ではないがデファクトスタンダードとして、ヨーロッパにおける共通のガイドラインとなった[注5]。その後、2008年3月には、その改訂版であるMoReq2が開発されている。

このように海外では電子記録の長期保存に関する長期的かつ大規模なプロジェクトによる取り組みが進んでいるにもかかわらず、わが国ではこの分野の本格的な研究はあまり行われていない。2005年（平成17年）3月、内閣府の「公文書等の適切な管理、保存及び利用に関する懇談会」（座長：尾崎護元大蔵事務次官）の下に「電子媒体による公文書等の管理・移管・保存のあり方に関する研究会」が発足、2006年4月に報告書が出ているが、課題を整理し、より一層の研究の必要性を述べているに過ぎない。いずれにしても、長期保存を含め電子記録管理の問題に対するわが国の対応は諸外国に比べ、著しく遅れているといわざるを得ない状況にある。

わが国においても、海外の先進的なプロジェクトの成果を取り入れると共

に、産官学の協力体制を立ち上げ、早急に本格的な研究を開始すべきである。そうしないと現用段階の活用面での問題のみならず、非現用段階のアーカイブズ分野において永久的に保存すべき歴史的記録がいつの間にか滅失し、残っていないという取り返しのつかない問題が生ずる可能性が出てくる。

5．電子メール記録の管理をどうするか

1）電子メールが大きく変えたビジネス環境

　電子文書管理の分野で、もう一つの大きな課題が電子メール記録の管理である。

　電子メールの普及により、われわれのビジネス環境が大きく変わってきた。まず朝の1～2時間、殆どのビジネスマンが仕事始めの儀式のようにメールを読み、必要な返事を書くことから一日の仕事を始めている筈だ。このように電子メールがわれわれの仕事のやり方を根本的に変えたのである。現在、アメリカでも90％の文書はパソコン等で電子的に作成され、その内の60％が電子メールの添付文書として送付されているという(注6)。今や電子メールは単なる電話やFaxの代替ではなく、ビジネスにおける最も重要なコミュニケーションのツールとなったわけだ。従って、アメリカでもデスクトップのパソコンで作成される他の電子記録と共に、今や電子メール管理は最大の情報管理の課題の一つといわれている。

　これに関連した大きな変化の一つは、電子メールの記録が、訴訟や公的な調査などにおいて法的な証拠として取り扱われるケースが増えつつあることである。

　一方、日常のビジネスの場面においても相手方との交渉や契約等、より重要なやり取りが電子メールを介して行われるようになっている。そのことからメール文書を記録として管理することの重要性がますます高くなってきている。

2）電子メールをめぐる最近の二つの事件

　日本でも電子メール記録が裁判や公的な調査の証拠として取り上げられるようになってきた。その一つは、例のホリエモンことライブドア前社長堀江貴文被告が証券取引法違反の罪に問われたライブドア事件である。2007年3月16日、東京地裁は堀江被告に対し懲役2年6月の実刑判決を言い渡した（弁護側は直ちに控訴）。本件はライブドアが投資事業組合を使った自社株の売却で架空の売り上げや利益を計上した粉飾決算事件であるが、公判では粉飾は堀江前社長主導で進められたとする宮内前取締役等と自分は知らないとして無罪を主張する堀江前社長との間で両者の言い分が大きく食い違っていたのである。そこでどちらが本当のことを言っているのか、つまり堀江前社長が部下に粉飾を指示したかどうかが争点になっていたわけだが、当初から検察側は堀江前社長と宮内取締役等との間で取り交わされた相当数の社内メールを証拠としておさえているといわれていた。

　果して東京地裁は判決理由の中で、堀江被告が「メールの存在などで客観的に明らかな事実に反する供述をするなど、不自然、不合理な弁解に終始している」と述べ、メールの証拠性を明らかにしている。河上和雄弁護士（元東京地検特捜部長）は「事件はメール社会で起きた。特捜部がメールのやり取りで意思決定する会社を摘発したのは、おそらく初めてだろう」と述べている（2007年3月17日付け読売新聞）。

　2008年7月25日の控訴審判決で東京高裁は、堀江被告を懲役2年6月の実刑とした一審・東京地裁判決を支持し、被告側の控訴を棄却している（被告側は上告）。

　もう一つは日興コーディアルグループの不正会計事件である。日興コーディアルは危うく上場廃止を免れたが、不正会計問題に関する外部の特別調査委員会で不正会計に関与した前役員のメールが見つからないことが問題となった。すなわち不正会計が起こった04年8～10月の期間、他の役員は2,000通近いメールをやり取りしているケースがあるのにもかかわらず、ある役員のメールだけが1通も見つからなかった事実が明らかになったことから、問題の役員のメー

第6章　電子文書管理の課題　　*143*

ルが存在しないのは証拠隠滅の可能性があるとの指摘が特別委員会の委員からなされたのである。

3）訴訟対策としてのメール管理

　先に述べたように、日本でも電子メール記録が法廷で証拠として取り上げられるようになってきたが、訴訟社会の米国ではかなり前から訴訟対策としてのメール記録の管理がレコードマネジャーの間で話題になっていた。というのもアメリカ特有の法制度である"ディスカバリー"において、特にメール記録を標的とするものが増える傾向にあるからである。"ディスカバリー"とは訴訟の準備段階で、当事者間で行う証拠開示制度のことで、訴訟に関連すると認められた情報は原則的にすべて提出が義務付けられており、これに違反すると罰せられる（第4章3.1）p.92参照）。

　電子メールを中心とした電子記録対象の開示請求は、特に"eディスカバリー"といわれるが、2006年12月の米連邦民事訴訟規則の改正でこの"eディスカバリー"の手続きが明確化されたことで、より重要性が高まっている。すなわち証拠開示には電子的に保存された情報（electronically stored information）が含まれることが明確にされ、対象となる電子情報の範囲が拡大されたのである。これにより米国では従業員のパソコンや、サーバーに保存されているすべての電子情報を迅速に提出できるようにする必要性が出てきたともいわれている。これらに対処するためには、やはり電子記録を含むすべての社内記録の保存と廃棄に関する明確なルールを構築し、記録管理規則として整備することが重要となっている。電子メールの保存期間ルールがなかった場合、提訴後にメール記録が削除されると「証拠隠し」とみなされ、訴訟で不利になる可能性がある。またメールの管理規則がないと、このメールは存在しないので開示できないという立証も難しくなり、やはり不利になることがある。近年、"eディスカバリー"の中でも、特に電子メール記録がターゲットとされるのには理由がある。つまり電子メールでは紙文書と違い、非公式で気楽なイメージがあるため率直なコメントや本音が出やすく、訴訟において原告側に

とって有利な証拠を発見できる可能性が高いからである。

"eディスカバリー"は米国の制度だが、米国に進出した日本企業は訴訟に巻き込まれる恐れがあり、日本にある本社のパソコンやサーバーも"eディスカバリー"の対象となる点、注意が必要だ。しかも米国の訴訟の影響を受けるだけでなく、日本においても平成15年の民事訴訟法の改正により、米国の"ディスカバリー"に似た、証拠収集手段拡充の制度が導入されているだけに、今後日本でも訴訟において電子メール記録の開示が要求されるケースが増えることが予想される。

日常のビジネスの場でメールの活用範囲が拡がっているだけに、訴訟対策としての適切な電子メール記録の管理の必要性が高まっているわけだ。

4) 電子メール管理の問題

ITサイドから見た電子メールの課題はウイルス対策や情報漏洩対策等のセキュリティ関連が第一かもしれない。しかしながら記録管理の観点から見た場合の問題としてまず挙げられることは、メール文書が無管理状態になっている点である。つまりメール文書が個人任せになっているために、クライアントごとのメールボックスに無管理のまま放置され、行き当たりばったりの保存と廃棄が行われているのである。この点について、アメリカの著名な記録管理のコンサルタントで元ARMA会長のデイビッド・スティーブンス氏は面白いたとえ話をしている。

> 「あなたが今夜、帰宅し郵便受けから手紙類を取り出すとする。請求書、雑誌、ダイレクトメールなど様々な郵便物があるだろう。あなたは、ダイレクトメールの類を捨て、雑誌をテーブルの上に置き、請求書を支払いのため保管ファイルに入れるだろう。しかし、どの郵便物も再び郵便受けに戻すことはないだろう。そう、だが正にこれと同じことがデジタル環境において起こっているのだ」と[注7]。

つまり、電子メールを読んだ後、そのままメールボックスに置いておくのは、一旦取り出した郵便物を再び、郵便受けへ戻すのと同じことだというわけ

である。

　このような問題に対する対策として、組織によっては、60日あるいは90日で自動的にメールを消去する仕組みを取り入れている。不要なメールを削除して容量を空けなければならず、そのため利用者に意識的にメールを捨ててもらうには効果があるかもしれない。しかしそれだけでは不十分なのだ。ITサイドからルールを定めると、一律にデータを破棄することしかできず、情報の中身は考慮されない。だが本当に必要なのは、あくまで情報の内容に基づいた記録管理の観点からのメール管理規則なのだ。現在、われわれは日常業務の中で、かなり重要な情報のやり取りをメールで行うようになっている。特に添付ファイルで提案書や見積書、あるいは契約書の原案などやり取りすることが増えている。日本ではどれほどの量の添付ファイルが送信されているかといったデータはないが、先に述べたように、アメリカではすべての電子文書の60％が電子メールの添付ファイルで送信されているという。従って組織としては、コンプライアンスやリスクマネジメントを考慮しつつ、業務の証拠として従来の重要な紙文書やコンピュータ情報と同様に重要なメール記録を保存し、且つ不要なメールを廃棄しなければならない。そこで、どのようなメールを破棄し、どのようなメールを記録として残すのかという基準（分類法と保存期間のルール）が必要になってくる。重要なのは記録管理としてのメール管理規則なのだ。このことは保存したメール記録を後から効率的に検索するためにも重要である。

5）メールを記録としてどう管理するか

　メール文書を記録として管理するためにまず必要なことは全社的、全庁的な電子メール管理規則（E-mail Policy）を作成することである。個人管理になりやすいメール文書の管理に組織として統一性のある管理方針、手順を明らかにすることが必要なのだ。以下、電子メール記録管理規則作成のポイント（留意点）を述べる。

　①メールを組織の重要な情報資産として位置づけ、記録管理の一環として統

一的なメール管理規則を作成する
②メール文書の内容により保存対象メールを決める
③組織の公式記録として残すべきメール文書の類型を明確にする
④保存すべきメール文書の類型を分類体系として標準化する
⑤分類体系を標準化する場合には、用語の統一を行い、他部門からでも検索ができるようにする
⑥メール文書の類型により保存期間を明確にする
⑦本文のみでなく、ヘッダー部分(日付、差出人、相手先、主題等)及び添付ファイルを含めて保存する
⑧保存すべきメール文書は個人のデスクトップでなく、組織共用のファイルサーバーで保存する
⑨電子メール記録管理規則の作成は、各部門からのプロジェクトチームによる(例えばIT、法務、総務、財務等の各部門)
⑩電子メール記録管理規則ができたら、職員に対する教育を行い、徹底を図る

6．電子文書管理の今後の方向

　ところで最近、組織における電子文書の環境が大きく変わり始めたという。先のデイビッド・スティーブンス氏は、今がちょうど紙から電子への転換点に当たっており、ここ数年で、紙から電子への変換が急速に進行するという見方を示している(注8)。20年後には、オフィスに紙が殆ど見られなくなるだろうと、彼は予測する。今までのオフィスワーカーはほとんどが紙で育った世代であったため、紙への依存度が高かったが、ゲームソフトで育ったこれからの、つまり次世代のオフィスワーカーの行動パターンは大きく変化するというわけだ。そうなると、いよいよ電子記録管理の新しい方針と手順の重要性が高まってくる。

　しかもこれらの新しいルールの作成には、組織の各部門の担当者のコラボ

レーションがどうしても必要である。先にも述べたようにIT担当者のみでは解決できない問題がいろいろと絡んでいるためである。従って新しい電子文書管理の方針と手順は、IT担当者、法務担当者、総務担当者、文書管理担当者など組織の色々な部門の人達の連携の下に作成されることが重要であり、これに基づいて電子文書の管理を行わねばならない。この場合の文書管理担当者とは、従来の兼務的に文書管理業務の一部を担当する者ではなく、あくまでアメリカのレコードマネジャーのような専任の記録管理の専門職でなければならない。つまり日本でもレコードマネジャーに相当する本格的な文書管理専門職の設置が各組織において必須の要件となってきたのである。

またネットワークにつながる大量の電子情報は、漏洩・紛失のアクシデントが起こった場合、その被害と影響は間違いなく紙よりも大きなものとなるので要注意だ。いずれにしても、情報管理全体から見て、これら電子情報を効率的、効果的に制御し、活用できるかどうかが、組織経営上大きな戦略的な価値を持つようになってきたことは間違いない。そのために高度な技術的専門性が要求されることとなるが、それは単に従来からのIT的な専門性だけではなく、記録管理の役割・機能を活かした専門性を取り入れることがより重要になってきたといえよう。

注：
1．ARMA International会長来日記念セミナーが2007年5月9日、虎ノ門パストラルにおいて開催され、会長のスーザン・マッキニー氏が「今日の記録管理の10大テーマを巡って」と題する講演を行なった。
2．「Electronic Records Management Survey 2005」ARMAとAIIMが協力し、Cohasset Associatesが2年ごとに行っている調査。
3．1999年に中間報告「電子文書の原本性確保方策を中心として」、2000年に最終報告「インターネットによる行政手続きの実現のために」がでている。
4．EASTICAといわれているもので、ケネス・ティボドー博士の基調講演「現代の記録を未来へ—米国NARAの挑戦—」は2007年10月23日、KKRホテル東京において行われた。
5．MoReqの実際の制作は、英国のITコンサルタント会社コーンウエル・マネジメ

ント・コンサルタント社によって行われ、英語バージョンの他9ヶ国語に翻訳された。
6．David O. Stephens『Records Management : Making the Transition from paper to Electronic』ARMA International、2007年、p.8参照。
7．ディビッド・スティーブンスの講演会「今日の記録管理の10大テーマを巡って」（2006年11月30日、東京国際フォーラム）より
8．同上

第7章　内部統制のための記録管理

1．日本版SOX法「金融商品取引法」のインパクト

　ここ2〜3年、日本版SOX法あるいは内部統制をテーマにしたセミナー、書籍、新聞、雑誌の特集記事等のオンパレードで、正に過熱気味といって良い程の状況が続いた。それだけ日本版SOX法が企業に与えたインパクトが大きかったといえよう。

　日本版SOX法、正式には金融商品取引法が、従来の証券取引法の改正という形で2006年6月に成立、2008年4月期より施行となっている。日本版SOX法といわれるわけは、もともとアメリカのサーベンス・オクスレー法（Sarbanes-Oxley Act、略してSOX法）がモデルになっているためだが、日本では当初、「企業改革法」と呼ばれることが多かった。ご本家のアメリカでも、企業改革法は、その名の通り企業に大きな改革を迫る内容の法律だったため、産業界に与えるインパクトは非常に大きなのもがあったのである。そこでサーベンス・オクスレー法とはどのような法律なのか、又このような法律が成立した背景は何か、そして記録管理とはどのような関係にあるのか、ということから見ていくことにしたい。

2.サーベンス・オクスレー法（SOX法）とは

　サーベンス・オクスレー法は、法案を連名で提出したポール・サーベンス上院議員とマイケル・オクスレー下院議員の二人の名前から取られた略称であるが、正式な名称は「証券取引法に従って行われる企業のディスクロージャーの正確性と信頼性を改善することにより、投資家を保護する等の目的を有する法律」である。

　その名の通り、この法律の目的は、株式市場における投資家保護のために、企業会計や財務報告の透明性・正確性を高めることにあり、コーポレートガバナンスのあり方及び監査制度を抜本的に改革するとともに企業経営者の責任と義務を強化し、新たな罰則を設けているのが特徴である。具体的には、企業の情報開示や米国証券取引法の遵守について、企業のCEO（最高経営責任者：Chief Executive Officer）やCFO（最高財務責任者：Chief Financial Officer）に宣誓義務を課し、個人的に責任を負わせるなどがその一例である（302条）。また経営者が内部統制を構築、運用、評価し、その内容につき内部統制報告書を作成するよう義務付けている（404条）。

　その他、上場会社の会計監視委員会の設置、監査人の独立性強化、財務ディスクロージャーの拡張、経営者による不正行為に対する罰則強化、証券アナリストに対する規制、内部告発者の保護など幅広い規定が設けられている。

　それだけに当初、米国の経営者の間でも、この法律の対応には時間とコストが掛かり過ぎると批判する反対派と、悪徳経営者による企業の私物化を防ぎ、企業の効率化と生産性向上に役立つという賛成派とに意見が割れていた。その点を当時のUSA TODAY紙は、サーベンス・オクスレー法が企業にとってやっかいな怪獣なのか、それとも正義の白馬の騎士かといった喩え話のイラスト付きで特集記事を掲載した位である。（図7-1参照）

　（第2章4.6）p.58参照）

図7-1　2003.10.23付.『USA TODAY』

　しかしながらその後、この法律は米国経済界に急速に浸透し、世界的にもフランスの「金融安全法」（2003.7）制定などへと、その影響が拡がっていったのである。また、この法律は米国の証券市場に上場している日本企業は当然、規制の対象となったが、それだけではなく色々な面で、わが国にも大きな影響を及ぼした。すでにその例として公認会計士法や証券取引法の改正などが行われ、さらに2006年6月、会計監査制度の充実と企業の内部統制強化を図った日本版SOX法すなわち金融商品取引法が制定されるに至ったのである。

3．サーベンス・オクスレー法を制定させたエンロンの破綻

　アメリカでは、2001年から2002年にかけて、産業界を震撼させるような事件が相次いで起こった。2001年12月にはエネルギー大手のエンロン[注1]が破綻、

続いて2002年7月には米国長距離電話会社No.2のワールドコムなどの大型倒産が続いたのである。特にエンロンの倒産は様々な不正会計処理から生じたものだが、その粉飾に不正を正すべき会計事務所のアーサーアンダーセン(注2)が加担していたことが判明し大きなスキャンダルとなった。米国証券取引委員会（SEC）によるエンロンの調査に必要な証拠となる3万点ものe-メールやコンピュータファイルがアンダーセンにより破棄されたといわれている。その結果、世界の五大会計事務所の一角を占めていた名門会計事務所アーサーアンダーセンが廃業に追い込まれ、90年に及ぶその歴史の幕を閉じることとなったのである。アンダーセンはコンサルティング部門でエンロンから巨額の受注を得ていたために、監査に手心を加えたという側面があったのだが、これをきっかけに会計事務所は監査の相手企業にコンサルティングその他のサービスを提供することができないようになった。これは再び同様の事態を招かないようにというためだが、その結果、他の各大手会計事務所もコンサルティング部門を切り離さざるを得なくなった。例えばプライスウオーターハウス・クーパースは同社のコンサルティング部門をIBMに売却している。

　エンロンを初めとしてワールドコム、タイコなど米国の市場経済と資本市場の根幹を揺るがすような大型不祥事が続いたことから、

「味付けはお好み次第」
図7-2　アンダーセンの不正な文書破棄事件を皮肉ったウォール・ストリート・ジャーナル紙の漫画（2002.9.25付）。
オフィス・マシーンのセールスマンらしき人物が「この機械はスキャナーにも、プリンターにも、複写機にもなります。さらに法的なリスクを計算し、それに基づいてシュレッダーに掛けます。」と売り込んでいる。

その対策として、2002年7月30日にブッシュ大統領の署名により、サーベンス・オクスレー法（Sarbanes-Oxley Act）が制定されるに至ったのである。

4．SOX法と記録管理の関係

　サーベンス・オクスレー法は企業の説明責任及び透明性を要求していることから、特にこれらの裏付けとなる記録の保存と管理の重要性に注目しており、どのような記録をどれ位の期間、保存すべきかを決めている所に大きな特徴がある。すなわち企業は、公共の利益及び投資家保護のために、担当会計事務所に対して、監査調書（ワーク・ペーパー）その他監査報告などの記録を7年以上保存するよう求めるといった会計標準を取り入れるよう求めているのである（第103条(a)(2)）。

　また、どのような種類の業務記録や通信記録（メールを含む）を保存すべきかについては、次のように規定している。

　「証券取引委員会（SEC）は、監査・調査に関連して作成、送付または受領され、しかもそのような監査・調査に関する結論、意見、分析または財務上のデータを含む監査調書（ワーク・ペーパー）、監査・調査の基礎となる文書類、メモ、手紙、通信、その他文書のような関連記録（電子記録含む）の保存に関し、合理的に必要とされる規則及び規制を、180日以内に公布しなければならない。」（第802条(a)(2)）。

　これを受けて証券取引委員会（SEC）は、その規則を改正し、従来の5年保存を7年に延長している（17CFR 210）。

　さらに注目すべきは、記録を改ざんしたり、書類を破棄その他調査の妨害をした者は、罰金刑に加えて20年以下の懲役もあり得るとしている点である。具体的に、不正な記録の取扱に関してサーベンス・オクスレー法は次のように規定している。

　「米国政府各省庁の管轄内におけるすべての事項の、いかなる調査または適法な執行、もしくは本法第11章に基づくいかなる訴訟をも、これを阻害し、妨

害し、または影響を及ぼす目的で、もしくはこれら事項または訴訟に関連し、または予定して、すべての記録、文書または有形物に対して意図的に、改変、廃棄、削除、隠蔽、隠匿、偽造または虚偽の書込みを行った者は、本章に基づき罰金または20年以下の懲役もしくはその双方が科せられる。」(第802(a)条)。

また第11章では不法な記録・文書の取扱に関する罰則を次のように規定している。

「公式の訴訟手続きにおいて利用する記録・文書及びその他の対象物の完全性又は可用性を損ねようとする意図を以って、不正にそれらを改変、廃棄、削除又は隠蔽し、又はしようとした者は罰金及び(又は)20年以下の懲役を科す。」(第1102条)

サーベンス・オクスレー法は、企業経営者に財務報告の透明性・正確性を高めるなど適正な企業会計の確立を義務付けるだけではなく、このように記録の取り扱いに対して細かな規定を設け、厳しい管理を要求しているところに大きな特徴がある。いうならばこの法律の目的は企業記録の正確性と信頼性を高めることにあるともいえるのである。しかもサーベンス・オクスレー法制定のきっかけとなったのがエンロンの破綻とそれに絡むアンダーセンによる不法な記録の廃棄であったことを考えると、その発端から記録管理との係わりが大きかったのである。つまりここには記録管理の立場から見逃すことのできない様々な事例が含まれており、貴重な教訓をわれわれに提供してくれている。

5．日本でも同様の不祥事が多発

日本においても2000年以降、雪印乳業の食中毒事件、雪印食品・日本ハムの牛肉偽装事件、三菱自動車のリコール隠しなど、大企業による不祥事が続発した。

アメリカで起こった事象は、数年後に日本でも同じことが起こるとはよくいわれることであるが、エンロン・アンダーセンの不祥事と正に同様の事件がこの日本でも引き起こされ、図らずもこのセオリーの正しさを実証する形となっ

ている。すなわち、2005年の4月に化粧品大手のカネボウが5年間に2,000億円にも上る粉飾決算を行っていたことが発覚、上場廃止に追い込まれただけではなく、本来ならその不正な会計処理を正すべき同社担当の会計監査事務所の中央青山監査法人がその粉飾に関わっていた事実が判明したのである。中央青山といえば日本の4大会計事務所の一角を占める大手の監査法人であったにもかかわらず、まだ記憶に新しいエンロン・アンダーセン事件の教訓が生かされていなかったのである。

　カネボウの元社長を初めとする旧経営陣が有価証券報告書虚偽記載などの証券取引法違反で、東京地検特捜部に逮捕され、その後、元社長、副社長の有罪判決が確定している。また中央青山監査法人のカネボウ担当公認会計士3名も証券取引法違反（有価証券報告書の虚偽記載）の罪で起訴され、有罪判決がでている。金融庁は法人としての中央青山に対しては、虚偽報告を禁じた公認会計士法違反容疑での立件は見送ったが、後に行政処分として2ヶ月間の業務停止命令を下している。これらの影響で中央青山は、顧客からの監査契約の打ち切りが相次ぐ等苦境に陥ったが[注3]、2006年9月1日より法人名称をみすず監査法人に変更し再出発していた。

　ところがみすず監査法人はその後、2006年12月に発覚した日興コーディアルグループの不正会計処理を見逃すという「2度目のミス」を犯したことから、2007年2月、事実上の解体に追い込まれた。文字通りエンロン・アンダーセン事件の轍を踏む結果となったのである。

　その他日本では、西武鉄道の有価証券報告書の虚偽記載事件（2004年10月）、UFJ銀行の融資先財務書類の隠蔽による金融庁の検査妨害事件（2004年10月）、また最近ではライブドアによる粉飾決算等、証券市場の信頼性・安全性を脅かす不祥事が相次いで起こったのである。これら不祥事の頻発が日本版SOX法の制定を促したといえる。

6．日本版SOX法「金融商品取引法」

1）金融商品取引法とは

　金融商品取引法とはどのような法律なのか。金融商品取引法は2006年6月に制定され、同年7月から段階的に施行されているが、日本版SOX法に相当する内部統制に関する部分は2008年度4月1日より始まる事業年度からの施行となっている。

　ところで、なぜ内部統制に関する法律の名前が金融商品取引法なのか。実はこの法律は元々、証券取引法の改正なのだが、その内容はまことに幅広く、金融商品の販売、証券市場や金融機関のルール、ディスクロージャーの充実、M&Aの規制、インサイダー取引等の罰則強化など、複雑且つ膨大になっており、日本版SOX法といわれる内部統制はその一部に過ぎない。この法律ができた背景には、世の中の「貯蓄から投資へ」という流れがあり、従ってこの法律の目的には様々な新しい金融商品の利用者である金融消費者の保護と拡大する金融・証券市場の安定化ということがあった。そこから金融商品取引法という名前が付いているわけだ。

　まずは日本版SOX法といわれる金融商品取引法の内部統制に関する部分を見てみよう。

　この部分は先に述べたような企業の不正な会計処理を中心とした不祥事が背景となり、投資家保護のために上場会社の責任を強化したもので、ディスクロージャーの強化、財務情報の正確性・公正性確保のための内部統制の構築を義務付けている。

　ここでのポイントは有価証券報告書等の記載内容が適正であると確認した旨を記載した書面を、有価証券報告書と併せて内閣総理大臣に提出するよう義務付けた点である（第24条4の2）。

　もう一つのポイントが内部統制報告書制度である。すなわち、事業年度ごとに、財務諸表その他の情報の適正性を確保するために、必要な体制について評価した報告書（内部統制報告書）を有価証券報告書と併せて内閣総理大臣に提

出しなければならない（第24条４の４）。しかも、この内部統制報告書は、公認会計士または監査法人の監査証明を受けなければならないのである（第193条の２第２項）。

　さらに金融商品取引法は上場会社のディスクロージャー強化として、決算情報の４半期開示を求めている。従来であれば年１回決算の上場会社は決算情報を年２回、開示すればよかった。しかしながら、経済環境の変化が激しく、よりタイムリーな情報開示が求められるようになった現在では、年２回の開示では不十分であり、国際的な会計標準ではすでに４半期開示原則が取入れられていた。東証などは自主ルールとして、すでにこのルールを導入していたが、今回、法律により正式に４半期報告書の開示が義務付けられることになったのである（第24条の４の７）。

２）金融商品取引法の内部統制

　金融庁の「企業会計審議会内部統制部会」（部会長：八田進二青山学院大学教授）の定義[注4]によれば「内部統制とは、基本的に、業務の有効性及び効率性、財務報告の信頼性、事業活動に関わる法令等の遵守並びに資産の保全の４つの目的が達成されているとの合理的な保証を得るために、業務に組み込まれ、組織内のすべての者によって遂行されるプロセスをいい、統制環境、リスクの評価と対応、統制活動、情報と伝達、モニタリング（監視活動）及びIT（情報技術）への対応の６つの基本的要素から構成される」となっている。

　もともとは米国COSO（トレッドウエイ委員会支援組織委員会）のCOSO報告書（1992年）の定義だが、日本の実情に合せそれを修正したもので、目的の４つ目に「資産の保全」が、基本的要素の６つ目に「ITへの対応」が加えられている。少々この定義は分かり難いが、むしろ経産省の「企業行動の開示・評価に関する研究会」（座長：伊藤邦雄一橋大学副学長）の定義[注5]の方が分かりやすい。こちらは「内部統制は企業経営者の経営戦略や事業目的等を組織として機能させ達成していくための仕組み」となっており、基本的な考え方は「内部統制はコーポレートガバナンス及びリスク管理とともに、企業経営者の

取り組み状況を積極的に情報開示することが重要」としている。

　ではコーポレートガバナンスと内部統制はどう違うのだろうか。それは経営者を規律するのがコーポレートガバナンスであり、経営者が組織を規律するのが内部統制だという。実に分かりやすい。

　2007年2月に公表された金融庁の企業会計審議会内部統制部会「財務報告に係る内部統制の評価及び監査に関する実施基準」（ガイドライン）によれば、内部統制報告書の対象となる事業所等は連結売上高の3分の2を目安とするとしている。これは全ての事業所や子会社を対象とすると企業の負担が大きくなるため、規模の大きな事業所に限定したものである。しかしながら企業は、事業年度ごとに業務の流れや管理の仕組みを細かく文書に記録して保存し、内部統制が適正に機能しているという客観的な裏付けを準備する必要がある。

金融商品取引法：内部統制の手順

①社内管理体制の整備：「リスク」や「対応策」の洗い出し　準備資料の作成（文書化）
②内部統制の点検と自己評価：社内監査部門が社内の業務が準備資料通りに行われているかどうかを点検
③内部統制報告書の作成：経営者が自社の内部統制がきちんと機能しているかどうかを評価して報告書にまとめる
④内部統制監査報告書の作成：監査法人が企業の内部統制報告書が正しい内容かどうかを監査し報告書にまとめる
⑤内部統制報告書・内部統制監査報告書を公表

図7-3　内部統制の手順

　以上、金融商品取引法の内部統制に関する部分のポイントを見てきたが、ここで重要なことは、内部統制がコーポレート・ガバナンスやリスク管理と大きく関わっていることから、内部統制は単なる企業内部の統制活動に留まらず、これらの取り組みを企業経営者が積極的に情報開示すべきだという点である。言い換えると、企業を取り巻くステークホルダーなど、むしろ外部との関わりこそが重要なのであって、本質的に時代のキーワードである「説明責任（アカウンタビリティ）」が、その考え方のベースになっているということである。そのために証拠としての記録を確実に保存、管理するということが必須の課題となっているのである。八田教授は「単に内部統制システムがあるだけなのか、そのシステムが機能しているかどうかの違いは、業務プロセスが第三者に

説明できるようになっているかどうかだ」と述べている[注6]。これは正に説明責任のための文書化に他ならない。

7．新会社法の内部統制

　先に述べたように、内部統制を規定しているのは、金融商品取引法のみではない。一足早く2005年6月に成立し、2006年5月より施行された新会社法にも内部統制に関する規定がある（但し、新会社法においては「内部統制」という表現は使われていない）。

　従来、わが国には「会社法」という名の法律はなく、商法の中の第二編「会社」が合名、合資及び株式の3種類の会社について規定し、別途に有限会社については「有限会社法」で規定していた。今回、これらが統合され、さらに現代語化されて新しく「会社法」として制定されたのである。従来と大きく変わった点は、有限会社に相当する会社を株式会社の基本形として位置付け、取締役会設置会社を原則に対する例外として扱っているため、取締役会や監査役を設置しない株式会社も存在するようになったことである。つまり様々な類型の株式会社が作れるようになり選択肢が増えたのである。これらの改正は規制緩和の流れに則ったものだが、いずれにしても新会社法は、会社経営の機動性・柔軟性の向上、及び健全性の確保等を目的とし、さらには企業価値を高め、株主利益を最大化することをねらいとして創設されたといえる。

　新会社法は、大会社（資本金5億円以上又は負債総額200億円以上の株式会社をいう）のコーポレートガバナンスについて見直しを行い、すべての大会社の取締役の職務の執行が法令や定款に適合することなど、会社の業務の適正を確保するための体制構築の基本方針を決定することを新たに義務づけている（新会社法第348条3項4号、第362条4項6号及び5項、第416条1項1号ホ）。すなわち、これが新会社法の「内部統制システム」であり、大会社に対して、コンプライアンスとリスクマネジメントの体制を整備するよう法的に明示したのである。言い換えれば「内部統制システム」の構築は、会社経営の健全性を確

保し、株主や会社債権者の保護を図るための監査体制の充実がその狙いとなっている。その場合に当然ながら、会社法は取締役が法令や定款に適合するのみでなく、株主総会の決議を遵守し、会社のために忠実に職務を行わなければならないことも併せて規定している（会社法第355条）。

　金融商品取引法が内部統制の強化に重点を置いているのと同様に、新会社法においても内部統制が大きな柱となっている。ただ金融商品取引法による内部統制が財務情報の信頼性確保に重点を置いているのに対し、新会社法では、より幅広く企業全体のコンプライアンスやリスク管理体制を対象とした内部統制を規定している点に相違がある。しかしながら新会社法においても取締役の職務執行に係る情報の保存・管理に重点が置かれており、記録管理が重要なポイントとなっている点は日本版SOX法と同様なのである。

　ただし「内部統制システムの構築の基本方針」の詳細は、会社法そのものでは定められておらず、法務省令に委任されている。会社法の委任に基づく法務省令は、当初の案の段階では九つの内部統制省令案に分けられていたものが、2006年2月7日に公表された最終の法務省令では「会社法施行規則」「会社計算規則」「電子公告規則」の三つにまとめられた。内部統制システムに関する細目はその中の「会社法施行規則」に定められている。次にその内容を見てみることにしよう。

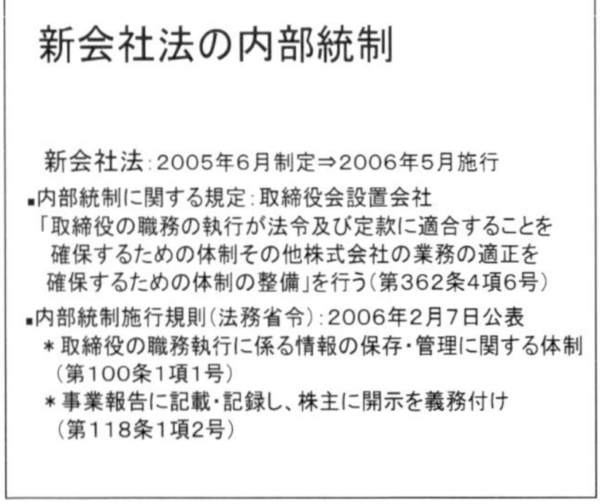

新会社法の内部統制

新会社法：2005年6月制定⇒2006年5月施行
- 内部統制に関する規定：取締役会設置会社
「取締役の職務の執行が法令及び定款に適合することを確保するための体制その他株式会社の業務の適正を確保するための体制の整備」を行う（第362条4項6号）
- 内部統制施行規則（法務省令）：2006年2月7日公表
  * 取締役の職務執行に係る情報の保存・管理に関する体制（第100条1項1号）
  * 事業報告に記載・記録し、株主に開示を義務付け（第118条1項2号）

図7-4　新会社法の内部統制

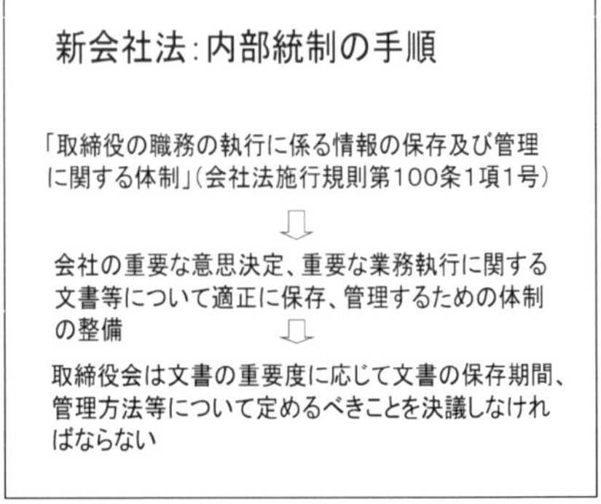

新会社法：内部統制の手順

「取締役の職務の執行に係る情報の保存及び管理に関する体制」（会社法施行規則第100条1項1号）
⇩
会社の重要な意思決定、重要な業務執行に関する文書等について適正に保存、管理するための体制の整備
⇩
取締役会は文書の重要度に応じて文書の保存期間、管理方法等について定めるべきことを決議しなければならない

図7-5　新会社法：内部統制の手順

8．会社法施行規則による内部統制の細則

　会社法施行規則では、内部統制に関する規定は「業務の適正を確保するための体制」として、会社の機関設計に応じそれぞれ個別に定められている。株式会社の代表的な形態である取締役会設置会社の場合から見て行こう。

◆**取締役会設置会社の場合**（会社法施行規則第100条1項）
　①取締役の職務の執行に係わる情報の保存・管理に関する体制
　②損失の危険の管理に関する規程その他の体制
　③取締役の職務の執行が効率的に行われることを確保するための体制
　④使用人の職務の執行が法令・定款に適合することを確保するための体制
　⑤当該株式会社並びにその親会社及び小会社から成る企業集団における業務の適正を確保するための体制

　このように施行規則100条1項1号は「取締役の職務の執行に係る情報の保存及び管理に関する体制」を義務付ける（施行規則第98条の取締役会設置会社以外の場合も同内容）。つまり法律で作成・保存が義務付けられている文書は当然のこと、会社の重要な意思決定及び重要な業務の執行に関する文書を適正に管理する体制の整備を要求しているのである。従って取締役会はこれら文書の作成義務及び文書の重要度に応じた保存期間、管理方法につき決定しなければならない。従来、各社の文書管理規程等は総務部などの所管事項であり、取締役会の決定事項となったことはなかったのではないか。これはかつてない大きな変化であり、それだけ文書管理への要求度が高まったことを意味している。2号は正にリスク管理に関する規定だが、リスク管理の基本方針の策定及び具体的なリスク管理規程の制定を求めている。リスク管理規程の作成のためには、業務プロセスごとに予測されるリスクを洗い出し、そのリスクが発生した場合の影響度の分析、それに対する適切な対応策の決定等が必要になる。4号はコンプライアンスに関する規定である。コンプライアンスを確保する体制作りには、まず企業倫理規程や社員行動指針などの制定、具体的なコンプライアンス・マニュアルの作成が求められる。そしてこれらに基づいた階層別の定

期的な教育が重要となる。公益通報者保護法に則った内部通報制度の整備なども含まれる。また5号の業務の適正を確保するための体制は、自社のみではなくグループ企業全体で取り組まなければならないテーマであることを示している。

　取締役会設置会社で監査役設置会社の場合には、第1項のこれらの規定に加えて、次に掲げる体制を含むものとしている（第100条3項）。
　①監査役がその職務を補助すべき使用人を置くことを求めた場合における当該使用人に関する事項
　②前号①の使用人の取締役からの独立性に関する事項
　③取締役及び使用人が監査役に報告するための体制その他の監査役への報告に関する体制
　④その他監査役の監査が実効的に行われることを確保するための体制

　さらに監査役設置会社以外の株式会社である場合には、第1項に規定する体制に、取締役が株主に報告すべき事項の報告をするための体制を含むものとしている（第100条2項）。

◆委員会設置会社の場合
　＊監査委員会の職務執行のために必要な事項（会社法施行規則第112条1項）
　①監査委員会の職務を補助すべき取締役及び使用人に関する事項
　②前号の取締役及び使用人の執行役からの独立性に関する事項
　③執行役及び使用人が監査委員会に報告をするための体制その他の監査委員会への報告に関する体制
　④その他監査委員会の監査が実効的に行われることを確保するための体制
　⑤当該株式会社並びにその親会社及び小会社から成る企業集団における業務の適正を確保するための体制
　＊執行役の職務執行が法令及び定款に適合することを確保するための体制（会社法施行規則第112条2項）
　①執行役の職務の執行に係わる情報の保存・管理に関する体制
　②損失の危険の管理に関する規程その他の体制

③執行役の職務の執行が効率的に行われることを確保するための体制

④使用人の職務の執行が法令及び定款に適合することを確保するための体制

このように委員会設置会社の場合は、「監査委員会の職務執行のために必要な事項」及び「執行役の職務執行が法令及び定款に適合することを確保するための体制」の二つのグループに分けて規定されているが、「業務の適正を確保するための体制」に関する事項としては、取締役会設置会社の場合とほぼ同様の内容が掲げられている。

以上、見てきたような「内部統制システムの基本方針」は、すべての場合に共通して、事業報告に記載・記録することが求められ、事業報告を通じて株主に対して開示することが義務づけられている（会社法施行規則第118条2号）。これは重要なステークホルダーの一つである株主に対し説明責任を果たすためのディスクロージャー（情報開示）といえる。また同時に「内部統制システムの基本方針」は監査役、監査役会、監査委員会による監査の対象となることが定められている（施行規則第129条1項3号、第130条1項、第131条1項）。

監査役（監査役会、監査委員会も同じ）は基本的に、株式会社の事業報告及び付属明細書が法令または定款に違反していないか、そして株式会社の状況を正しく示しているかどうかについて監査報告を作成しなければならない。と同時に株式会社の取締役（委員会設置会社の場合は執行役）が不正行為を行っていないか、コンプライアンスに違反する重大な事実がないかどうかの監査も含まれている。

こうしてみると新会社法の下での内部統制の基本的なキーワードが「コンプライアンス」「リスクマネジメント」「ディスクロージャー」であることが分かる。しかも、その背景にはやはり「アカウンタビリティ」（説明責任）の理念がベースにあることを見落としてはならない。その結果、これらに共通する基本的なインフラとして記録管理が重要な役割を担っているのである。

9．金融商品取引法・新会社法が求める記録管理

　日本版SOX法や新会社法との関連で記録管理の重要性を指摘したわけだが、これらの状況から、もはや従来の伝統的なファイリングシステムでは十分な対応が難しいことが分かる。法規制を中心とした急激な変化の中で、新しいコンセプトの記録管理の考え方と方法論が必要となっているのである。

　そこで、もう少し詳しく内部統制のための記録管理に必要な要件とは何かを考えることとしたい。そのための前提として金融商品取引法及び新会社法での内部統制が、どのような文書を作成し、保存するよう求めているかを整理してみよう。

　まず金融商品取引法の内部統制では、上場企業の業務遂行や内部管理の状況、取締役会の意思決定過程などの文書化を義務付けており、内部統制の評価に関する重要事項はすべて記録し保存することが必要となる。つまり上場企業は、事業年度ごとに業務の流れや管理の仕組みを細かく文書に記録して保存し、内部統制が適正に機能しているという客観的な裏付けを準備しなければならない。具体的にどのような事項に関する文書を記録として残すべきかという点について、前述の企業会計審議会内部統制部会による「実施基準」では次の例を挙げている。

①財務報告に係る内部統制の整備及び運用の方針及び手続
②全社的な内部統制の評価にあたって、経営者が採用する評価項目ごとの整備及び運用の状況
③重要な勘定科目や開示項目に関連する業務プロセスの概要（各業務プロセスにおけるシステムに関する流れやITに関する業務処理統制の概要、使用されているシステムの一覧などを含む。）
④各業務プロセスにおいて重要な虚偽表示が発生するリスクとそれを低減する内部統制の内容（実在性、網羅性、権利と義務の帰属、評価の妥当性、期間配分の適切性、表示の妥当性との関係を含む。また、ITを利用した内部統制の内容を含む。）

⑤上記④、に係る内部統制の整備及び運用の状況
⑥財務報告に係る内部統制の有効性の評価手続き及びその評価結果並びに発見した不備及びその是正措置
- 評価計画に関する記録
- 評価範囲の決定に関する記録(評価の範囲に関する決定方法及び根拠等を含む)
- 実施した内部統制の評価の手順及び評価結果、是正措置等に係る記録

　しかしながら「実施基準」では、これら記録の保存の範囲・方法・期間については特に規定せず、諸法令との関係を考慮し企業で適切に判断するものとして、企業側の裁量に委ねている。ただ記録の保存期間については、有価証券報告書及びその添付書類の縦覧期間(5年)を勘案し、それと同程度の期間の保存を示唆している。また記録の保存に当たっては、後日、第三者による検証が可能となるよう、関連する証拠書類を適切に保存する必要があるとしている。

　ここで「記録の保存の範囲・方法・期間、は諸法令との関係を考慮し」と言いつつも、有価証券報告書の縦覧期間の5年を例示しているのだが、これを安易に真似ると問題が生ずる可能性がある。というのも記録にはもともと、法定保存年限が5年以上のものも多数ある上に、予測されるリスクや説明責任の観点から考えると、保存期間はより慎重に決める必要があるからである。例えば株主代表訴訟の時効は10年なので、そのような訴訟リスクに対応するためには想定される記録を少なくとも10年間保存しておかねばならない。

　一方、新会社法下での内部統制では、取締役はコンプライアンスに適合しながら、効率的かつ適正に職務を執行する必要があり、同時にその状況を記録し保存しなければならない。ということは、法律で作成・保存が義務付けられている文書は当然のこと、会社の重要な意思決定及び重要な業務の執行に関する文書を適正に管理する体制の整備が要求されているのである。従って取締役会はこれら文書の作成義務及び文書の重要度に応じた保存期間、管理方法につき決定しなければならない。この点に関し、企業法務の第一人者で弁護士の長谷

川俊明氏は「内部統制の決め手は文書化である」とし、文書化には二つあり、その一つは統制文書、すなわち内部統制のための手続きを文書化すること（リスク管理規程等）。もう一つは統制の対象となる文書、すなわち各種議事録などの文書化であると述べている(注7、及び第8章参照)。

　以上のように、二つの法律の求めていることは、経営者が内部統制をいかに適切に実施したかという証拠を文書化し、保存することに他ならない。従って内部統制に求められる記録管理のポイントは、まず記録の証拠性、つまり証拠（evidence）として価値のある記録をいかにして作成し、保存するかにかかっている。

　例えば企業経営者が重要な意思決定を行った場合は、その決定事項だけでなく、なぜそのような結論に至ったのかというプロセス・根拠を文書化し記録として残さなくてはならない。また取締役会の議事録を作成する場合に、従来ならば結論のみの記載で済ませていたようなものも、どのような議論が出て、その結論に達したかの経過が重要になる。特に重要な反対意見は、たとえ少数意見であっても記載すべきであろう。また何か組織として重要な業務の執行を行った場合も、やはりその結果のみでなく、その経過の詳細を記録し、何か問題がなかったのか、もし問題があった場合にはその要因が何かを遡って追跡できるようにしておく必要がある。

　つまり意思決定のプロセスにおいても、業務執行のプロセスにおいてもトレーサビリティが要求されるのである。これは再発防止等の改善を行うために必要なことだが、組織内での責任の所在を明確にするためにも重要なことである。

　このように内部統制では記録の証拠性がポイントとなるとすれば、重要なのは記録の品質である。言い換えると良い記録の要件を満たしていることである。この記録の品質については、やはりISO15489（JIS X0902）が規定して4つの特性が参考になる。4つの特性とは「真正性」（Authenticity）、「信頼性」（Reliability）、「完全性」（Integrity）、「利用性」（Useability）である。この点に関しては第5章2 p.100で詳しく述べたので参照してほしい。

電子記録に関しては、紙記録以上にこれら記録の品質が重要だが、特に「真正性」については電子署名、「完全性」についてはタイムスタンプのテクノロジーを利用することで、これら品質をより確実にすることができる。すなわち電子署名により記録の作成者が本人であること（真正性）、及び署名後その記録が改ざんされていないこと（完全性）の証明ができるほか、タイムスタンプによりある時期にその文書が存在していたこと（存在証明）、及びそれ以後変更が加えられていないこと（完全性）が証明できる。

　またe-文書法の制定により、最初から電子的に作成された（ボーンデジタル）ものでなく、もともと紙の法定保存文書を電子化することが可能になったが、この場合特に技術的な要件を確認しないと、記録の品質に問題が生ずるおそれがあるため注意が要る。

　記録の証拠性がポイントとなるとすれば、もう一つ欠くことのできない特性がある。それは記録管理の一貫性である。

　証拠として高い信頼性を保つためには一貫性、つまり組織内において同様な記録は、同様な方法で取り扱われるということが基本的な要件となる。信頼性をもたらすには、通常の日常業務の中で記録管理がきちんと行われていることが重要であり、そのための全社統一ルールと体制が不可欠となる。その点日本の企業では、文書管理のルールが形骸化しているところが多く、その上、殆どが米国のレコードマネジャーのような専門職体制を持たないという問題がある。これは内部統制のための記録管理を行う上の大きなネックになると考えられる。従って、全社的にこのような記録管理が徹底できる全社統一方針及びルールの作成とそれを実行するための体制作りが急務となっている。弁護士の浜辺陽一郎氏も「問題が起きてから証拠を収集するのではなく、日常の業務記録を正確適切に作成し、管理保存しておれば、これが証拠となる」[注8]と述べ、日常業務における一貫性の重要性を指摘している。また電子記録と紙記録は法的には同じものと考えられているにもかかわらず、各企業では別個のものとして扱われている例が多い。というより紙記録の管理規則はあっても電子記録の管理規則がないところが多い。これでは一貫性ある管理とはいえない。

金融商品取引法と新会社法の内部統制それぞれに共通するキーワードとして「コンプライアンス」があるが、企業経営者はいかにコンプライアンスに適合しているかという状況を常に記録し、何か事が起こった時に説明責任を果たせるようにしておく必要があるわけだ。ここで重要なことは、その記録は単に企業内部のために利用するだけではなく、外部すなわち企業を取り巻く様々なステークホルダーに対し、情報を開示し説明責任を果たすために利用できなければならないということである。と同時に訴訟等のリスクへの対応のために、自己の正当性を主張できる記録としても活用できるようにしておかねばならないのである。

注：
1. エンロンの破綻は負債総額630億ドル、アメリカ企業史上最大規模の倒産であった。全米規模の天然ガス・パイプライン会社として発足後、15年でトップ企業に登りつめ、業績のピークから経営破綻まで1年という急速な興隆と崩壊の歴史を辿った。エンロン事件は簿外債務による不正会計処理、インサイダー取引、関係書類の意図的な破棄、カリフォルニアの電力価格操作、脱税、不透明な政治献金等様々な企業不祥事が絡んでいた。
2. アンダーセンは16年間エンロンの会計顧問を務め、1990年代には1週間に100万ドルの収入を得ていたという（高柳一男『エンロン事件とアメリカ企業法務』中央大学出版部、2005年、p.2参照）。
3. 中央青山は2006年5月30日時点で、今まで契約していた上場企業約800社のうち80社近くが契約を解除したという。
4. 報告書「財務報告に係る内部統制の評価及び監査の基準のあり方について」の定義（2005年12月8日）。
5. 報告書「コーポレートガバナンス及びリスク管理・内部統制に関する開示・評価の枠組について─構築及び開示のための指針」の定義（2005年8月）。
6. 八田進二『これだけは知っておきたい　内部統制の考え方と実務』日本経済新聞社、2006年、p.82参照。
7. 長谷川俊明：講演「日本版SOX法・新会社法：内部統制の課題と文書管理のあり方」より（2006年11月29日、経団連ホール、日本レコードマネジメント株式会社創立30周年記念セミナー）。
8. 浜辺陽一郎『コンプライアンスの考え方』中央公論新社、2005年。

第8章 対談
文書、コンプライアンス、リスクマネジメント、ディスクロージャー
長谷川俊明、小谷允志

内部統制の周辺

小谷 内部統制というのが今、一番旬の話題かと思います。内部統制で先生が前におっしゃっていたのですが、文書化というのも大事だけれど、その後の文書管理がもっと大事なのだと。そういうことを含めて、いま企業ではどの辺まで進んでいるというふうに見たらよろしいでしょうか。

長谷川 結局、会社法の内部統制というよりは、2007年9月30日から施行になりました日本版SOX法、金融商品取引法の下での内部統制対応ということでしょう。まだその部分は適用になっていないわけで、施行になったと言っても適用が2008年4月1日以降に始まる決算期ですが、こちらの方に向けて企業は相当具体的な作業をしていると思います。文書化においてもそうだと思います。

　とくに中小企業といいますか、「上場企業等」といっても新興市場なども入ってきますから、大企業以外のところでは対応がかなり遅れているのではないでしょうか。まだまだこれからということだと思います。

小谷 これからという感じでしょうか。内部統制といいましても、会社法の中の内部統制と、いわゆる日本版SOX法、金融商品取引法と両方あるわけです。会社法は2006年の5月から施行ですので、こちらがかなり先行していたわけですが、一般的に世の中ではむしろ日本版SOX法の方が非常に話題になって大

騒ぎしている。こういうイメージがありますが、基本的に内部統制は会社法の方がきちっと基本的なことを定めてあるような気がいたします。そういう意味では会社法の方をきちっとやっていれば、SOX法はそんなに騒がなくてもいいような気もしますが、同じ内部統制でも何か大きな違いというのがあるのでしょうか。

長谷川　会社法の場合は、よく総論と各論という言い方を私も使っているのですが、法律の関係で言えば、いわば会社法が内部統制に関して一般法で、特別法にあたるのが金融商品取引法のとくにJ-SOXの部分となると思います。対象は、内部統制は今、リスク管理体制と一体をなすとする考え方が主流になり、リスク管理体制部分を主として強調するようになっています。リスク全般に対する管理体制を求めているのが会社法で、それに対して各論部分で財務報告の適正を確保するための内部統制、これがJ-SOXの求めている各論的なその分野での内部統制だと思います。

　この各論的内部統制では、総論に対していう時は個人情報保護法の制定、施行が非常に大きかったと思います。財務報告の適正もディスクロージャーの関係ですから情報管理内部統制という分野だと思いますが、個人情報の保護、その安全管理体制のあり方、この各論的内部統制の要求が日本の企業にとってかなり先駆的だったと思います。

小谷　そうすると、とくに個人情報保護の面では、情報漏えいというようなことに関連したリスクマネジメントの観点からという絡みが大きいわけですか。

長谷川　はい。外部委託先などの従業者も含めて安全管理体制、情報管理体制をきちっとやるようにということで、省庁のガイドラインもかなり出たわけです。従業者、外部委託先に対する監督体制も要求したのは、安全管理体制の総論的な規定だけではなくて、従業者、委託先にも各論的監督体制を求めているわけで、これはその2者からの流出事故が大半を占めるからということです。リスクアプローチの結果です。

小谷　内部統制の考え方、内部統制のポイントということになりますとコンプライアンスとリスクマネジメントがありますね。それといわゆるディスクロー

ジャー（情報開示）、この三つが非常に重要なポイントになっているのではないかというふうに解釈しているのですが、この三つといいますと文書管理が基本的に関わってくる。そういうとらえ方をわれわれはしております。

その三つ、コンプライアンス、リスクマネジメント、ディスクロージャー、それぞれがどちらかというと日本の企業は今までむしろ弱かった面ではないかという気がします。たとえばコンプライアンスですが、日本ではいろいろと話題になりました談合の問題とか、ちょっと前までは総会屋との癒着とか、組織のためなら多少悪いことをしてもいいというような、そういう風潮があったのではないかというような気がします。

リスクマネジメントということについても、どちらかというと問題が起こってから後追い的に処理をするというようなことで、事前にきちっとどういうリスクがあるかを予測していろいろ手を打つ、たとえば予防法務というような訴訟対策を含めて、そういう観点からきちっとやっている企業は少ないのではないかという気が致します。

ディスクロージャーの面については、今までは何か問題があればそれを隠蔽する、こういうのが日本の企業、企業だけではなしに官庁も含めて、そういう傾向があったように思います。今は相当変わりつつありますが。

この三つをきちっとやろうと思うと、やはりベースとなる文書管理がきちっとしていないとできない。こういう側面が非常にあるのではないかと思いますが、その点、先生のお考えはいかがでしょうか。

手続的正義、ということ ── プロセスをもってプロセスをチェックする

長谷川 いま3つおっしゃったコンプライアンスにしてもリスク管理、ディスクロージャー、これは情報管理面ということになりますが、いずれも企業による内部統制の重要な柱ということになると思います。

リスク管理から説明しますと、総論的な要求は会社法で、項目的には会社法施行規則の中に具体化されているわけですが、一つ象徴的なことは、リスク管

長谷川

理についての会社法施行規則の規定が損失の危険を防止するための体制、(リスク管理という言葉は使っていませんが) リスク管理体制のところで、規程その他の体制、といういい方をしています。リスク管理体制を項目的に要求しているのですが、まずリスクを管理するための規程、しかも「テイ」の字が定めるではなくて過程の「程」なんです。これが象徴的だと思います。

　どうしてかといいますと、体制というときに日本の企業がコンプライアンスもリスク管理もディスクロージャーもいずれも苦手にしているのは、それを文書の形で、いってみればプロセスをもってプロセスをチェックするという考え方に馴染んでいないからだと思います。とくにプロセスをもってというときは、マニュアル規程的な、(「程」は過程の程でもあるわけですから、プロセス文書、統制文書といういい方もあって) 統制文書によるプロセスのチェック、これに馴染んでいないと思います。

　なぜ日本の企業はそれを苦手としているかといいますと、今の内部統制の要求はトレッドウェイ委員会のCOSOの考え方がベースになっていますので、アメリカ的な統制の考え方といっていいと思います。大きくいうとコンプライア

小谷

ンスにしても不正をなくす、法令遵守、正義の実現ということに行き着くわけですが、アメリカ的な正義の実現というのはプロセス正義といいますか、手続的正義という考え方によります。

　法の目的は正義の実現であると、こういうふうに抽象的にいえると思いますが、正義を世の中に実現するためには大きく実体的正義と手続的正義があります。アメリカの考え方は手続的正義で、これを憲法的表現で言うとdue processといういい方になるわけです。

　due processはとくに刑事裁判に関して、日本の憲法31条にも取り入れられていますが、徹底した令状主義です。必ず逮捕状を裁判官から発してもらうのでなければ逮捕あるいは家宅捜索もできない。この考え方で、その手続きが踏まれていなくてたまたま捕まえて調べ、あるいは証拠を集めに行ったら決定的な証拠が出てきて、この証拠があるんだから絶対有罪かというと、これでは裁判上、手続きを踏んでいないから有罪にできない。結果が良ければいいじゃないかという考え方は絶対にしないのです。

　その考え方が戦後入ってきて、刑事事件の関係で日本の刑事訴訟法にも取り

入れられているのですが、手続的正義という考え方自体は定着していないんじゃないかと思います。ここでプロセスによるプロセスチェックという２つの考え方、文書化が徹底して要求される。

　コンプライアンスにしても、単に法令その他のルールを守りましょうというだけではなくて、それを形にする、体制にすることが求められています。それには動的な意味と静的な意味があると思いますが、動的な部分ではプロセスによるプロセスチェックのPDCA、それをマネジメントその他企業の業務プロセス等で実現していくことです。もう一つの静的な部分は責任者の配置と、それから規程類の整備、統制文書の作成だと思います。それはマニュアル的な意味もあります。

　もう一つの文書化が、統制の対象になる文書の記録化だと思います。PDCAでCの部分にあたりますが、事後的に業務プロセスとか企業の意思決定プロセスをレビューしていく必要がありますので、その際に記録が残っていないとレビューができないという考えです。そうすると意思決定プロセスの取締役会議事録などはもちろんとしても、稟議書に至るまできちっと残っているということが要求されます。その２つの面で文書化が求められていて、その考え方にまだ日本企業は馴染んでいないということだと思います。

小谷　プロセス管理が確実にドキュメント化されて監査まできちっとレビューされるという、そういうプロセスですが、これは品質管理、たとえばISO9000などではそういうPDCAを要求していますので、ある面では日本企業もわかっているはずなのですが、それが製造部門だけにとどまっていて、全社的に普及していないということになりましょうか。

長谷川　とくにマネジメントシステムの部分では、それを実現するのは難しいと思います。おっしゃったような製造現場では、わりとQC活動にしても日本の企業は得意にし、こなしてきましたからそれはいいと思います。とくに求められるのは２つあると思いますが、経営のトップからトップダウン的にリスクアプローチでPDCAを、という考え方ですので、従来は現場中心の考え方みたいになっていて、なかなかうまくいかなかった。もう１つは、その場合に

PDCAを企業集団単位で考えるということです。内部統制は、「外部」の子会社、別法人であってもグループ単位、とくにSOX法ですと連結ベースを原則としているということで、その面の内部統制、PDCAが日本の企業はやはり苦手だと思います。

小谷 関連会社を含めたグループでものを考えるということは、連結決算等はそうとう前からやっていましたし、最近ではそういうような考え方が広まってきたと思いますが、以前は親会社が子会社をうまく利用するというようなケースが非常に多かったですね。

長谷川 はい。リスクアプローチ的に今回の内部統制の金融商品取引法J-SOXの評価基準すなわち、企業会計審議会の実施基準などを見ても、評価の対象が連結ベースを原則にしますから、全社的統制では海外の子会社も連結子会社として当然入ってくる。それだけではなくて外部委託先まで場合によっては、というほど広くとらえています。

それをリスクアプローチ的にいうと、今おっしゃったように子会社を使う粉飾決算が伝統的な手口で行われてきたわけです。その抜け穴を内部統制でふさがなければ、財務報告の適正は確保できないという考え方です。それで1998年に連結財務諸表規則を改正して子会社の範囲を連結で、しかも海外まで入れることにしました。というのは海外の子会社を使った「飛ばし」がその頃ずいぶん横行しましたので、連結財務諸表規則も変えて子会社の範囲も広げたのですが、その次に何が行われたかというと、今度は連結はずしなんです。連結までディスクロージャーの対象にするというと、じゃあ微妙なところで連結からはずし、これは連結の対象じゃないといえばいい。その典型が、最近の事件、事故の手口を見ても、SPC（特別目的会社）やファンドの利用です。グレーゾーンにあるような、そういった組織を利用して、しかも海外のSPC、こうなるとかなり基準があいまいになってきます。この穴をふさぐような、連結はずし的な手口を封じるような内部統制の要求となっていくと思います。

外部委託先も同じことが言えるわけで、情報が不正確になる、あるいは情報が大量に漏れるといった事故は個人情報のケースでいえばほとんどといってよ

いほど、外部委託先が絡んでいます。

小谷　そうですね。これは企業ではありませんが、有名な宇治市役所の個人情報漏洩事件＊の判例がありますね。

長谷川　あれなども再委託先です。それも含めて、狭義の「内部」からは外れているのですが、外部委託業務は内部の業務ですから、それも含めた統制という考え方だと思います。

＊1999年、宇治市の全住民22万人分の個人情報が外注先から漏洩した事件で、最高裁は宇治市側の使用者責任を認め、損害賠償額を1人当り15,000円と認定した。

文書管理規程の形骸化

小谷　先ほど先生が言われた規程、こういうものを整備してそれを尊重していくという考え方ですが、文書管理のサイドからいきますと、文書管理規程というのはたいていの企業がお持ちなわけです。ところが、これが非常に形骸化しておりまして、相当の大企業でもこれをきちっとメンテをし、みんながそれに従うというコンプライアンスができていないところが多いのです。あることはあるんだが見たこともないとか、実際に日常業務の中でほとんど使っていない。こういうケースが非常に多いですね。ですから文書管理の面でも、そういうルールをきちっと内部で定着させ維持していくという、そういうプロセス管理が重要だと思いますが、この辺が非常に弱いような気がいたします。

長谷川　文書管理の1つのサンプルが個人情報保護法の各省庁のガイドラインにかなり細かく書かれていると思います。廃棄ですとか消去ですとか、そのやり方はつねにガイドラインが一定して要求してまして、安全管理と言っても文書管理の中の廃棄部分の廃棄責任者を置く。あるいは消去にしても消去責任者を置く。責任者を置いて、その責任の下に行うのですが、その基になる文書管理規程の作成で、しかも廃棄ルールもあります。文書管理規程の各論版だと思いますが、これを置きなさいというようなことで、求めているのは、形に現れた体制、責任者の配置と規程、順番からすれば規程を置いてその下で責任者が

管理をする。そういうことだと思います。それが徹底していないですね。

小谷 実はわれわれ記録管理学会で企業の文書管理の実態調査（第1章7 p.36参照）というのをやりまして、日本の代表的な大手企業を何社か調査いたしました。これはアンケート調査ではうまくいかないものですから、というのは企業側にそういうアンケートに答える体制もありませんし、要するに文書管理の専門職がいないものですから全社的な状況がわかる人がいないわけです。それで文書管理に関連した業務をやっておられる方を2、3名向こうから出て頂き、聞き取り調査でじっくりお話を伺い、いろいろな会話の中から実態をつかむという調査方法を取ったわけです。この調査でも文書管理規程はあるけれども形骸化しているというのがほとんどでした。

長谷川 文書管理規程だけでしたら、ほとんどの企業でおそらく30年ぐらい前からあると思います。この文書は消去していいとか、消去とは当時は言わないでしょうが、廃棄していいとか、それからこれについては極秘、対外秘とかランク分けして、これについてはゴム印、ラバースタンプを押しておくようにとかいう、そういった管理の仕方はどこの企業でもやっていたと思います。セクションとして、法務部というよりはむしろ総務部文書課というのが多くの会社にあってやってきたのですが、それが2つの理由でほとんど形骸化して使い物にならなくなってきている気がします。

小谷 その二つの理由とおっしゃいますと。

長谷川 一つはデジタル化対応だと思います。デジタル文書への対応。これができていないといいますか、消去、廃棄一つにしても、今までとはまったくやり方が違うわけです。廃棄したといっても別のところに移しただけだったりするわけですから。消すのだって完全に消すのは大変なことで、そのへんの対応ができていないということと、それから各々消去だの廃棄だの、ルールを作ってその規程の下における実施基準みたいな下位の基準を作って責任者を決めてやっていくという内部統制の考え方が、文書管理そのものに反映していないのです。ですからその2つの理由で時代遅れです。それに対応して新しい文書管理規程を持っている会社というのは、あまり聞かないですね。

文書管理の専門職、レコードマネジャーの必要性

小谷　そうですね。今いわれたデジタル化の問題は、アメリカでもまだ完全にできていないという調査もありますが、向こうは少なくとも紙ベースではたいていの所はきちっとやっておりますので、デジタル化もそれに準じてやるということで日本よりははるかに進んでいます。しかしながら、まだ100％できているという状況ではないようですね。

　文書管理規程はあるが、きちっとup-to-dateされていないとか、それが社内で徹底されていないとか、こういう問題ですが、これは一つには日本で文書管理の専門職というのが殆んどいないというところからきております。記録管理学会では日本を代表するような大手企業ばかり調査したのですが、そういうところでも専任の専門職はいない。ですから総務部門や法務部門の人が一部担当するというようなことで、全社的に文書管理を統括している責任者がいないわけです。

　ここがアメリカあたりとのいちばん大きな違いだと思います。アメリカの場合は非常に専門性の高い「レコードマネジャー」という職能が確立しておりまして、その人間が中心になって社内のポリシーやルールの作成なり、それらをいかにして社内に教育をして徹底するかとか、文書の作成から処分までのライフサイクル管理を全部取り仕切っているわけです。（第10章 2 p.223参照）

　ですからその辺が日本とアメリカと非常に違うところなのです。今後この内部統制の問題だけではなしに、法的な面では訴訟が増えつつある現況でもありますし、いろいろな意味でますます日本の企業は文書管理の体制をきちっとしないといけない状況にあると思います。その点日本でもアメリカのレコードマネジャーに相当する専門職がどうしても必要ではないかと思っているのですが、この辺はいかがでしょうか。

長谷川　リスクに対する考え方が、だいぶ日本の企業とアメリカの企業では違うのではないでしょうか。日本人とアメリカ人の違いといってもいいのかもしれませんが、一つは今おっしゃった訴訟ということだと思います。訴訟は、民

事訴訟に限らず証拠で判断されるわけで、民事訴訟では最大の証拠は文書なわけです。それをもって、管理の仕方が悪ければ訴えられて訴訟リスクと言いますか、敗訴リスクにさらされる。これが訴訟社会アメリカでは企業は骨身に染みてわかっていますから、そのためにきちっとした管理をしておくのです。

これはいってみればリスク管理ですから、後ろ向きといえばいえると思います。リスク管理のために恐いから証拠を取っておくということですが、もう一つはPDCAのためのCだと思います。改善のために過去にこういうことをやってきて、それをレビューして改善する。評価しレビューし、改善につなげるためには記録が残っていないといけません。そういったことを取引、契約の可視化、目に見えるようにするという可視化とか透明化とか、こういうことをきちっとやっていこうということだと思います。記録管理には後ろ向きと前向きとあるんじゃないんでしょうか。

小谷 アメリカのレコードマネジャーの場合でいいますとCRM（Certified Records Manager）というかなり権威のある検定制度がありまして、そういう資格を取りますと給料が上がったり、別な会社に引き抜かれたり、そういう状況になっています。ですから、かなり専門性が高いレコードマネジャーという情報管理のプロフェッショナルが活躍しているわけです。

長谷川 レコードマネジャーがリスク管理的にはリスク管理オフィサーですとか、あるいは危機管理オフィサーということもあるでしょう。そういったオフィサーがアメリカの企業にも、危機管理の場合は何か起こると会社に乗り込んできたりというようなケースもあるようですが、その一環としてのレコードマネジャーというのもあるのではないでしょうか。

小谷 レコードマネジャーの役割としては、社内のレコードマネジメントの方針、ルール作り、それらの教育とか、それからさっきおっしゃられたような監査的なこと、文書管理がうまくいっているかどうか、それをチェックして、それでまた不具合があれば改善する。こういう役割まで負っております。

これから、いちばん重要だと思うのは、社内のコーディネーター的な役割です。たとえば先ほどお話が出ましたデジタル化、これはITの専門家とうまく

手を組んでやらないと、レコードマネジャーだけではできません。それから法務部門とか、リスクマネジメントの担当だとか、そういういろいろな部門と連携をとってレコードマネジメントを推進するという役割を持っています。ですから今後、コーディネーターとしての役割というのは、レコードマネジャーの仕事の中でも非常に重要なのではないかと考えています。それぞれ専門専門があり、何から何まで一人ではできませんので、様々な社内の専門家、ITならIT、法務部なら法務部と連携を取りながら、全社的なレコードマネジメントを推進する、そういう体制が必要になっているのです。

長谷川 それは日本の企業にはいちばん欠けているかもしれませんね。

小谷 そうですね。ですからわれわれとしては、そういう専門職の体制を早くつくるべきだと思っているのですが、官庁も民間も、なかなか日本の場合、専門職という職能が育たない。ですから内部統制の問題をきっかけに企業が率先して専門職をやっぱり置こうというふうになってくれると非常にありがたいと思っているのです。

長谷川 そうなるんじゃないでしょうか。正しく理解していけば、このやり方が日本の企業に向いているかどうかはひとまず置いても、内部統制で今要求されているのはずばり文書化ですから、統制文書による対象になる業務プロセス、あるいは意思決定プロセスのチェック、その記録化ということで、どこからどこまで文書化で、それができなければならないし、それを統括する人がいないといけませんので、それはどうしても必要です。

小谷 ええ。そういう専門職が中心になって社内の各部門と連携を取る、ですから各課はキーマン的な担当がいればよいわけです。レコードマネジャーがキーマン的な人間を教育したりサポートしたりして全社を回していく、こういう体制が向こうのやり方ですね。どうも日本はそこのところができていなかったのです。

長谷川 情報の管理というか、流れ、それから滞留、どこにあるか、保存されているかというようなことは、かなり高いところから見ないとわからないようになっています。急に子会社ですとか関連会社のグループ内の委託先の部署に

重要な情報が飛んでいたりします。どこにあるか社内の誰も知らなくて、会社では消去、消したはずだなんて言っているのが社外に残っていたりとか、こういうことがけっこう多いんじゃないでしょうか。

小谷 少し前に、私はCFO（Chief Financial Officer）協会のセミナーで、内部統制がらみの記録管理というテーマで講演を頼まれたことがあるのですが、その時に各企業の内部統制担当の方々からお話を聞きましても、あまり今までレコードマネジャーとか、文書管理の検定制度などということは聞いたことがないという人が多かったのです。ですから日本ではそういう専門職という考え方がまだまだ浸透していない。こういうのが現状ではないでしょうか。

　それでは、話を訴訟関連に移したいと思います。日本も訴訟が増えつつあるという傾向だと思いますが、その一つの要因は民訴法が改正されて、訴訟の提起がしやすくなったというようなことがあるかと思います。だんだんアメリカ法のDiscoveryとか、これに似たような制度が民訴法の改正で取り入れられたりしておりますが、民訴法の改正以後、最近の新しい判例の動向などはどのような状況になっているのでしょうか。

訴訟社会と文書

長谷川 民訴法の改正でアメリカのDiscoveryの制度をそのまま取り入れたわけでもなく、ただDiscoveryの考え方を反映させて参考にしたような制度がいくつかできています。

小谷 証拠収集制度の拡充といいますか、そういう制度ですね。

長谷川 そうです。一つが当事者照会制度という、アメリカのDiscoveryでいうと質問書を投げかけて答えてもらうという制度がありますが、改正民事訴訟法が1998年に施行されたあと使い勝手が悪いということで、細かい点はともかくとして一部が改正されました。訴え提起前でも当事者照会ができるように変わりまして、そこで少し使いやすくなりました。

　ただ、それほど活用はされていないと思います。というのは答えないことに

何ら制裁がないことがあります。例外もいくつかあり、技術的な理由、ノウハウにあたるからとか、そういうことでも答えなくていいことになっていまして、何らか理由をつけて答えないというのがけっこう多いですね。

小谷 そうですね。銀行の貸出の稟議書、これも最高裁の判例ですと、いわゆる自己使用文書で出さなくてもいいと、こういうふうになったような例もあったかと思いますが。

長谷川 あれは文書提出命令の部分です。文書提出命令の申し立てをしやすくした点でもう1つアメリカのDiscoveryを一部参考にして取り入れたような規定だと思います。

　それが原則と例外を逆にしたような感じで、むしろ提出命令を例外にあたらない限り提出しなければいけないとしたわけですが、おっしゃったように自己使用文書、わかりやすく言えば社内文書ということであれば出さなくていいと、その部分がどの範囲で適用があるのかというので、平成11年の最高裁決定にも書かれているのはそのことだと思いますが、これは銀行の貸出稟議書のケースでした。

　特段の事情がない限りという言い方を当時の最高裁がしておりまして、特段の事情がない限り社内文書は出さなくてよい、貸出稟議書は社内文書、自己使用文書にあたるとのことだったのです。

小谷 なるほど。そういうことになりますと、何でも自己使用文書となり、提出しなくてもよい文書の範囲が拡がってくるような気もするのですが。

長谷川 となると、今度は特段の事情にあたる場合がどの場合かというので、そちらに裁判例としても焦点が移っていきました。かなりの新しい裁判例なども出ております。銀行の行内通達があたるかどうかというのもありました。

小谷 少なくとも文書提出命令というものが強化された方向では動いているのですか。

長谷川 はい、かなり申し立てられていますし、それに対して裁判所も応えているということだと思います。

　それと、この関係で日本がアメリカ並みの訴訟社会になっていくかどうかと

いうので、大きいのは消費者契約法が2006年に改正されて2007年6月に施行になった部分があります。これは一部アメリカのクラスアクションに似たような考え方ですが、クラスアクションそのものではありません。一人ひとりが原告になって訴えを起こすのではなく集団で起こすことができる。これがクラスアクションなのですが、集団と言っても日本の場合は消費者団体がまとめるかたちで、一人ひとりの被害者、消費者に代わって訴えを起こす。この消費者団体は認定消費者団体というふうに政府から予め認定を受けた消費者団体に限られます。そこが本来のクラスアクションとは違うところです。

　もう一つは、損害賠償は今のところ対象になってなくて、差止請求だけです。不当な契約条項を使って取引をしているといったような場合、その行為を差し止めることを求められるということです。

　これでだいぶ権利意識も変わってくるんじゃないかと思います。消費者被害、契約被害にしても悪徳商法だの、さまざまなケースが報じられていますが、この特徴は一つは少額被害ということだと思います。製品事故などで死亡事故があった場合は、それこそ少額なんていうわけにはとてもいかない損害ですが、多くの消費者被害というのは、とくに消費者契約法の関係では、たとえば5万円被害を被った。あるいは高額で普通より10万円高く買わされたとか、それで裁判まで起こすかというと、普通は泣き寝入りという感じが多かったと思います。

　ところが同じような立場の人が何万人もいて、1人が代表でやればいいということであれば、それならクラスアクションに乗っかろうかと、こういう合理性があるわけです。クラスアクション化と言いますか、そのきっかけをつくる法改正だと思います。

小谷　最近企業の不祥事では、品質がらみの不祥事というのがけっこう多かったですね。品質がらみということになりますとPL法の分野になりますが、その辺の訴訟事例というのはいろいろ出てきているのでしょうか。

製造物責任 ― 製造記録をいつまで取っておくか

長谷川 訴訟事例はともかく、事故はかなり多いですね。製品事故としての1つの特徴なのですが、30年前の扇風機が火を噴くとか、そういうかなり前の製品のケースが多いです。そうすると製造物責任でも不法行為でも、不法行為も最長20年というのが時効の期間ですから、それでカバーできないそれより前のケースの場合、それをどうするかが一つの大きな問題になっています。

そこで、PL法は民法の不法行為の損害賠償の規定の特別法規ですから、その考え方に則るわけですが、その理屈を超えてむしろ政策的にメーカーの責任で事故を報告させ、場合によっては行政が回収命令を出して回収させる。こういう考え方に変わってきているということです。

民法的な法理論では被害者救済にならないということだと思いますが、それをカバーするのが消費生活用製品安全法の改正だと思います。2006年11月に法改正があり2007年6月から施行になっています。扇風機で問題になったのは、サンヨー製の扇風機ということでしたね。そうなると30年前だろうと何だろうとそのブランドが付いている以上はサンヨーが責任を持って事故を報告して回収したり修理をする、ということになっています。これはPLの考え方を超えていると思います。そうなると、そのときの製造記録ですとかをずっと取っておかないといけない。

小谷 そうですね。今までのPL法ですと一応時効が10年ということですから、10年程度取っておけばいいという考えだったと思いますが、これからそれでは足りない。こういうことになってきますね。

長谷川 市場にその製品を出してから10年、これは時効というよりは除斥期間的な考え方ですから10年間PL法の下で責任を負えばよかった。その関係の記録も廃棄してもいいだろうということだと思いますが、訴訟リスクとはまた別のリスクが生じたのだと思います。

小谷 そうなりますと、文書の保存期間というのも従来の考え方ではなくて、そういうものを加えた新しい考え方で保存期間を決めないといけないというこ

とになってきますね。

長谷川 そこがリスクアプローチだと思います。どういったリスクがあるのかを誰かがわかっていないといけないということになります。だからといって自社で作っている製品全部について、製造記録から何から取っておくというわけにもいかないとなると、デジタル化も含めて何をどこまで保存しておくかです。

小谷 そのあたりに先ほど申し上げましたレコードマネジャー的な専門職の存在価値があると思います。各部門ですと何をどれだけの期間残していいのかということがなかなかわからないケースがありますから、記録管理の専門職の適切なアドバイスが必要となってくる。

戦後補償問題のケース

長谷川 そうなんです。それは日本の企業に欠けているところで、私が扱ったケースで戦後補償裁判があります。これは普通のビジネス活動とは別でちょっと変わったケースですが、日本の企業が鉱山ですとか炭鉱で中国から、あるいは朝鮮半島から人を連れてきて強制労働をさせた。そこで亡くなった人もいるらしいんですが、失明したとか重労働で健康を害したとか、その被害の賠償を求めて訴えを起こす人がかなりいたわけです。

それもアメリカで起こされた裁判のケースについて私は担当したことがあるのですが、なぜ60年もたって裁判を起こすのかということです。これだけ自由にいろいろなことも言える、行き来ができる世の中になったことが1つと、何と言っても被害者本人、刑事訴訟でもそうですが、これが民事訴訟では最大の証拠なんです。被害者本人がもう80歳ぐらいになってきて、亡くなってしまう前に訴えを起こす、駆け込み的というと変ですが、そういった裁判が何件も起こっています。

旧財閥系の企業ですとか、大手建設会社なども訴えられていますが、記録がほとんど残っていないのです。60年前の記録をきちっと残しておく会社なんか

ないわけで、社史を見てもわからないという。ところが訴える本人は自分の経験したことなんです。こういう場所で強制労働をさせられて右手を失ったとか、訴訟で、これほど証拠力が強いものはないのです。これじゃ相手にならないというか、証拠上ほとんど争いにならないという感じです。反論する手立てがないのですから。こちら側の反論材料がないということです。

　ではその当時からずっと記録を取っておけばよかったじゃないかといっても、そういうわけにはいきません。社史などでも、いいことばかりではなくきちっと残さなければいけないことはあると思います。できれば蓋をしたいという感じでやってきたと思いますが、かなり反省する必要があるのではないでしょうか。

小谷　そうですね。従来ですと、ちょっとまずいケースは隠蔽する。こういう傾向がありましたので、社史なんかでもとくにいい話ばかり出てくるという傾向はあったんじゃないかと思いますが。今では、失敗学なんていう分野ができているくらい、まずいことを材料にして改善をするという考え方が非常に出てきています。そういう点で悪い情報をきちっと残してまた再発防止等に活用するということは非常に大事だと思いますが、この辺も記録管理に関わってくる。社史といいますとこれは記録管理の延長のアーカイブズですので、この辺も今後非常に大事になってくるのではないかと思います。

長谷川　製品事故などはとくに、メーカーは自社製品の事故を表に出したがらないのです。とくに原因がはっきりしないときはそうです。はっきり自社の製造工程でミスがあったという場合ですと、事故防止の観点からも自社の責任で回収したり広告を出したりということも必要なんでしょうが。グリコ森永事件という、あの1980年代の事件あたりから危機管理が日本でも食品メーカー等で始まるのですが、犯人がいて自分たちはむしろ被害者であるというときに、なかなかネガティブ情報を出したがらないのです。その点が今回の消費生活用製品安全法の改正では、とにかく重大事故の情報は報告するようにという義務付けをしたわけです。

　ただ、あの法改正で私がいちばん注目しているのは、事故情報の報告がしっ

かりできない会社には、経済産業大臣が体制構築義務の命令を出すことができるとしている点です。これは内部統制なんです。情報管理内部統制で、きちんといつついつこういう事故があって死亡者が出ましたとか、こういったことを報告しないといけませんから、その点で記録化、文書化を中心とした内部統制を求めています。会社法、それからSOX法だけじゃなくて各論化していますので、その考え方に日本企業も馴染んでいかないといけません。なぜこういう法改正がなされるのかから理解していく必要があるかもしれません。

小谷 そのように色々な面から多角的に情報の管理をするということになりますと、先ほどの文書管理の専門職の体制という問題にやはりつながってくるということだと思います。色々なセクションが社内でも絡んでまいりますから、そこでコーディネーター機能が活きるのではないでしょうか。たとえば内部統制も財務情報だけやっていればいいというのではなくて、品質の情報とかいろいろなリスクの情報というのがあるわけですから、やはりそれらを統合的に解釈ができて管理方法を考えられる、こういう体制がますます必要になってくると考えてよろしいでしょうか。

長谷川 そうだと思います。社会的な背景ですとか、それが法律分野で言えば法改正になって新しい法律の制定になって現れてくるわけですから、それを誰かが理解していないといけません。やはり後手後手に対応が回っているようなところがあり、法律ができたからしょうがないからやるかという感じです。リスク管理的にはもう少ししっかりしないと、大変な危機管理が欠落してしまうという不備が生じ、危機そのものにとらわれてしまうという感じです。

電子メールの管理、情報のデジタル化への対応

小谷 訴訟関連の話ということでは電子メールの問題があります。ライブドアとか日興コーディアルのケースでは電子メールの記録が裁判に出てくる。こういうことが日本でも起こってきたわけです。（第6章5 p.143参照）実はアメリカのレコードマネジャーの間では、5、6年前からこれをe-Discoveryとい

うことで大きな問題として取り上げていたのですが、やっと日本もそういう状況になってきたかという気がいたします。今後この辺の動向というのはどういうふうにご覧になっていらっしゃいますか。電子メールだけではなしに電子文書すべてを含めた訴訟対応といいますか、そういうような点はいかがでしょうか。

長谷川 これは企業社会に限らず、あらゆる情報といっていいように情報がデジタル化されています。企業社会においてはなおさらのことだと思います。これからは、株券も電子化されて株券そのものがなくなっていく。それから手形がなくなっていきます。企業社会で手形1枚落とせなくて倒産したなんていう会社はいくらでもあるわけですが、手形が払えなくてという実態は変わらないにしても、手形そのものがなくなっていくという大変革です。

そうすると当然、民事裁判の最大の証拠である文書の部分が変わってきますから、とくにこの2、3年でガラッと変わってしまうんじゃないでしょうか。

小谷 今まで電子文書について法的には準文書といういい方がされていましたね。

長谷川 そうですね。訴訟法上は準文書です。

小谷 文書と準文書というのは何か差があったのですか。

長谷川 昔から問題になったのは録音テープなどです。録音テープしか残っていないというときに、その証拠性を認めるかどうかというようなところで問題になったことはありますが、扱い上、差はありません。

小谷 証拠能力という点では何か紙と差があるのでしょうか。

長谷川 証拠能力的には今はほとんど議論がないです。ないというのは、証拠能力は認められます。ペーパーベースのとくに文書になっていなくてもいいし、それがデジタル化されていてもよいとします。直接デジタル文書という言葉は出てきませんが、法令上それも文書に入ります。

ところが証拠能力ともう一つ、証拠力というものがあり、紛らわしいんですが、そこで差が出てくるということです。

小谷 それをわれわれはどういうふうに理解すればいいのでしょうか。

長谷川　ものによって証明する力に強弱があるんです。証拠能力はあるかないか、ゼロか百なんです。all or nothingです。証拠力は細かくランク付けなども場合によってはできるので、100％、80％、60％、こういう感じです。世の中でいちばん証明力、証拠力の強い文書は、本人が直筆で、それこそ筆で墨で和紙で書いたような文書のオリジナルがいちばん証明力が強いのです。ですから遺言書というのは大体そういうふうな形で、録音じゃだめです。

　次に、コピーしか残っていないというとき、その覚書はここにあるコピーしかないんですがといったとき、証拠能力はありますが、証明力をどこまで認めるかというと、オリジナルに比べると80％、70％になったりすると思います。それはなぜかというと、たとえばここに私の署名があったとします。コピーですとその上に別の人の署名を乗せコピーしても、偽造ですが、わからないことがあります。それが証明力の弱さです。オリジナルであればすぐ見抜くことができます。ところがコピーでも、文書の一部を消そうとしたら白く塗ってコピーしてもそこがぽかっと空いちゃいますからわかります。その程度の証拠力はあるんです。

　これがわからないのがデジタル文書です。消しても跡形も残りませんから。それから原本とコピーでは今申し上げたような証拠力に差があるのですが、デジタル文書には原本とコピーの違いがないんです。

小谷　なるほど。ここは大きなポイントとなるところですね。

長谷川　そこが最大の強みであり弱みなんです。世の中に同質同程度のものが何万もあるということは、いいようで悪いのです。オリジナルは1つのはずなので、そこで証明力がかなり弱くなります。

　そうなると、よほど文書管理をしっかりして、これはいつ誰かがどういう目的で作って、そのあと修正されたときには修正履歴がこうであるとか、修正されていないとか、これがはっきり証明できないと証拠としては役に立ちません。最悪の場合は、裁判官も裁判の相手方も、あとになって都合のいいようにでっち上げたんじゃないかとか、日付だけこうなっているけれどとか疑わしいとされます。確定日付の問題もあります。確定日付は今はデジタル式で取れま

すが、デジタル文書には日付も付いていない。確定日付というようなスタンプが付いていないということになると、証明力が格段に落ちてしまいます。いちおうの証拠になるだけという恐れがあります。

記録の品質 ― 真正性、完全性、信頼性、利用性

小谷 実は2001年に記録管理の国際標準、ISO15489というのができておりまして、これがいわゆる記録の品質ということをうたっております。今おっしゃられた、最初にまず本人が書いたかどうか、本物かどうかという、そこのところは真正性　authenticityといっていますね。

長谷川 民事訴訟法的にも「文書の真正」と言います。

小谷 要するに、権限のある人間がその文書を作成したかどうかという問題です。電子文書の修正がされていないかどうかという問題、これは完全性 integrity、そういういい方をしています。そのほかに信頼性と利用性という特性を加えて、その四つを良い記録の要件と、こういうふうにISOではいっています。(第5章2 p.100参照)

長谷川 e-文書法でもそういった基準を使います。

小谷 ちょっと似たような。

長谷川 やや違いますが、完全性なんていういい方をします。その観点からの文書管理規程というのは、日本企業はまだ持っていません。日本企業の文書管理規程はその意味で古いですね。

小谷 そういうデジタルの問題とか、いろいろな法的な問題、そういう新しい環境の変化を取り込んだ文書管理規程にアップデートしていかないといけないと思いますが、そこが日本の企業はできていないわけですね。

長谷川 できていません。そのモデル書式的なものを作って解説と共に発表すれば受けると思います。その背景にある考え方がまだ完全に理解されていませんので。さっきおっしゃったように、高いところからIT部門その他を全部見渡している人がいませんから、ITはITで技術的なところから文書化のことを

考えているだけです。

小谷 そうなんです。ITの人たちというのは、情報をデータとしか見ていませんので、記録という考え方がないわけです。セキュリティーの方はITの人たちは一生懸命やるわけですが、記録としての管理、つまりどういうものを保存しどういうものを廃棄するという、ライフサイクル管理の考え方が弱いわけですね。

　そういう意味で、まだ日本では電子メールのルールというのが一般化していません。

長谷川 管理規程を持たない会社も多いですね。

小谷 アメリカはわりと前からメールに関してeメールポリシー（電子メール管理規則）というものを作っているところが多かったのです。そういうところでも大分差がありますね。

長谷川 いま一番恐いのは電子メールだと思います。

小谷 どういう点が普通の電子文書と違うところですか。恐いという面では。

長谷川 情報が外に出ていきますよね。ネットで出ていきます。一番これから不祥事的なことで日本企業が気をつけなければいけないのは、証拠隠し的なことをやる点です。これはやるなと言っても本能的にやる感じで、何かあるとそれに関する書類は燃やしてしまうとか、廃棄するとか、別のところに移すとか、そうすると立入検査があっても内部告発でもない限り、燃やさないにしても容易には見つからないです。

　それはペーパーベースのときはわりと簡単だったんですが、電子メールは隠すのが容易じゃないのです。消去はそんなに簡単にできないし、さっき申し上げたようにどこかの部署にデータで残っていたりします。それを完全に消さないで、消したつもりで後からぽろっと出てきたときは恐いです。

小谷 隠したということがわかると、余計に裁判では不利になる。

長谷川 隠してなおかつ隠したものが残っているというのは最悪ですから、これをやったら会社はもうアウトです。

小谷 どうもまだ日本では隠したことが分かった場合に、余計に裁判で不利に

なるということ自体あまり分っていないような気がするんですが。アメリカの場合は、そこはすごく慎重ですね。ですから、まずい資料ほど迂闊に捨てたら大変なことになるということで、逆に保存期限が来ているのに捨てないで置いておく。

長谷川　先ほどおっしゃった管理オフィサー的なレコードマネジャー的な人は、ある時点から関連部署に、裁判になりそうだから、ということでそのタイミングはまだはっきりはわからない段階でも、そのマネージャーが判断するのです。その段階からこういうことで裁判が起こる恐れがあるので、関連の証拠等は一切捨てないようにと指示を出すわけです。これがアメリカの企業なんかは徹底しているのですが、日本の企業はそこまで行っていないですね。

小谷　そうですね。ですから日興コーディアルのケースでも、ある役員の電子メールがすべて消えていたというようなことが問題になっていましたね。

長谷川　その期間だけ消えていたりしますから不自然で、完全に消えていればまだいいんですが、そこだけ消えてなかったりするから始末が悪いのです。

本音の出る電子メール

小谷　そうですね。メールの場合は相手にもあるわけですから、自分のところだけ消しても意味がない。

　メールについてはこういうことを聞いたことがあるのですが、メールは電話の延長的な気楽な気分があって、つい本音が出てしまうと‥‥。

長谷川　そうですね。チャット感覚で。

小谷　ですからPLがらみの案件の場合に、たとえば営業部門の人間が製造部門に、こんな品質じゃ困るじゃないかというような文句をメールでいっていたということになりますと、欠陥がわかっていたじゃないかということになるわけです。そういうふうにメールの場合は普通の文書と違って、ついつい本音が出やすい。そのため米国の裁判では原告側が有利になる材料がメールに含まれているケースが多いということで、盛んにメールの記録を取り上げる。こうい

う話を聞いたのですが、事実そうなんでしょうか。

長谷川 実際にそうだと思います。最大の証拠になると思います。本音が出ますし、それからJ-SOXの実施基準でも、電子メールのことだけはIT統制の中で具体的に出てくるんです。便利なツールであるということはみんな知っていることで、それもちょっと書いてあるのですが、こういうリスクがありますという中に、財務報告の不正は電子メールの共謀で行われやすい、とはっきり書いてあるんです。共謀というのは、ライブドアのケースなどは典型なんですが、上から下に、この数字はちょっとまずいから子会社に飛ばしちゃえとか、こうした指示は必ずといっていいほど今はメールで行われます。

　ですから捜査機関としては、立入りなどをしたときにディスクその他、パソコンから手を離しなさいと部屋に入ってすぐ言うそうですけれど、ダンボール何十箱もこれからは持って行くようなことはなくなるでしょう。メールの記録だけ取っていけばいい。

　ライブドアの立入り捜査は、金融商品取引法が国会に法案が提出される通常国会の開幕の日と2日ぐらいしかずれていないんです。1月半ばなんです。そのときに取締役だったある人がITの関係の統括責任者で、香港に出張していていなかったそうです。そのときを狙ったと言われています。消されてしまうのを恐れて。それぐらい今、電子メールが証拠の宝庫だと捜査機関は思っています。

　その恐さをまだ日本の企業は知りませんから、とくに私の仕事の関係で一番恐いなと思ったのは、アメリカで何か製品事故でもありますと、アメリカの裁判で何か理屈を付けて日本の親会社も被告にする動きがあります。日本の企業はまず例外なく子会社に指示を出すわけです。これとこれは早く捨てろとメールでやっているんです。それがあとでDiscoveryになって、Discoveryはご承知のようにこれとこれに関するものを全部出してくれということになるんですが、その期間だけなかったりしますとそれでDiscovery規則違反を疑われますし、ないと思ったものがあったというのはなお悪い。これは大変な制裁になってしまいます。

小谷　なるほど。その場合アメリカでの裁判となりますと向こうには懲罰的賠償というのがありますから、日本ではない膨大な損害賠償とか、結果的にそういう可能性があるということですね。

長谷川　それ以前にDiscoveryのルール違反で裁判所の命令に従わないということもありえます。当事者同士で最初やりますが、そのあと裁判所の命令になりますからcontempt of court、裁判所侮辱罪の刑事罰が科され、民事裁判は負ける。とんでもないことになります。

小谷　なるほど。そういう点は、電子メールというのを含めていかに文書管理が大事かということにつながってきますね。

長谷川　ええ。電子メールの管理ができれば、おそらく電子文書の管理というのはできるんだと思います。

今後の文書管理

小谷　先生は以前からこの文書記録の問題については色々なご本でもお書きになっておられますが、今後日本の企業にとって文書管理の問題では、どういう点を一番気をつけなければいけないのか。締めくくりに企業法務の立場から今後のあるべき文書管理の姿をアドバイスいただけるとありがたいのですが。

長谷川　申し上げてきたことですが、文書に対する考え方を変えるのが一番必要なんじゃないでしょうか。内部統制の対象になるということも含めて、内部統制のやり方そのものが統制文書によるマニュアルチェック的なやり方ですから、これに早く馴染むことだと思います。

　その大きな流れの元は個人情報保護法と言いましたが、国が法律を作ってそれを施行していくのも統制だとすると、個人情報保護法あたりから明らかにやり方が変わってきています。というのは、個人情報保護法のような法律の下で施行令を作って施行していく。これは普通の法律ですが、まず内閣が基本方針を出す。ポリシーを作る。その基本方針の下で各省庁がガイドラインを出して事細かな規定をしました。業界団体もガイドライン、指針的なものを出して、

各企業がまたポリシーを作って規程を作ってやっていく。そうすると上から下までずっと規程なんです。これを国の法体系になぞらえるとポリシーとしての憲法、その下に規程としての法律、施行規則、実施基準、こうなっているのです。それで法律を施行していくやり方をそのあたりからはっきり変えています。

　企業もその中に組み込まれていきます。法律の施行の対象なのですが、企業のやり方も同じようにポリシーを作って文書管理ポリシーを作るというのは、その分野のいわば憲法です。それで規程を作ってマニュアルを作って、各論的には電子メールの管理規程、利用規程、それからモニタリング規程と、こうなってきますから、どこからどこまでも文書です。それをリスク管理的にも統制のための文書とその対象の文書、こういうふうに分けてきちっとやっていかないといけないのではないでしょうか。相当遅れていますので。まだ内部統制が文書化、文書管理がポイントだということも正確には理解されていないかもしれません。

小谷　やはり最初に文書管理のポリシーがあって、それに基づいて非常に体系的なかたちで規程類ができているということですね。その点、文書管理の面からいきましても日本の場合はポリシーというのが非常に弱いですね。

長谷川　ポリシーは弱いですね。

小谷　ポリシーがなくていきなり手順に入るわけです。今までの文書管理の導入事例を見てもそのスタイルが多い。実はあるクライアントで、技術系の管理職向けに先ほどお話ししました国際標準ISO15489の話をしてくれと頼まれまして、文書管理ではまずポリシーが大事なんだと話しましたところ、後で質問がありました。若い課長クラスの方だったと思いますが、ポリシーというのはどういうものですかという質問でした。文書管理についても何を重点にやっていくのか、業種、業務によって方針というものがあるはずだというお話をしたのですが、どうもあまりご理解頂けないように見受けられました。

　その時、私はなぜ理解されないのか、逆にそれが分からなかったのですが、しかし後で考えてみますと、今までの日本の文書管理というのはいわゆるファ

イリングシステムということで実体は文書整理なのですね。従って文書管理はクラークがやる仕事だというのがありまして、トップはおろか、管理職がやるような仕事じゃない、そういう意識があるために、そのような仕事になぜポリシーが必要なのかということではなかったかと気がついたわけです。

長谷川 おっしゃるとおりなんです。文書化の分野で憲法にあたるものといいましたが、いちばん上にあるのが基本方針で、それから憲法の下の法律にあたる規程、これができていないんです。フラットですから法令順守にしても法令を守りましょう。守らないと大変なことになるとトップがいって、あとは阿吽の呼吸、以心伝心でいきなり下に行くんです。お前、こんなことやっていたら何とか法規違反だぞと、こうやるんですが、中間が何もないですからどうやっていいかわからないところがあります。これが日本企業の弱点なんじゃないでしょうか。

小谷 お話を聞いてよく理解できました。その点が日本では非常に弱いなという実感が今までしておりました。ある外資系の会社のコンサルティングをした時のことですが、そこへ行きましたらまず文書管理のポリシーを作ってくれというわけです。日本の会社はすぐ手順、要するに分類体系がどうとか、保存期間がどうとか、そういう手順的なものを求めてくる。そこら辺が、外資とは違うなというふうに思いました。

長谷川 そうですね。日本企業は、これは何年で廃棄とか、コンフィデンシャル扱いにするとか、文書管理というとこれだけなんです。それで今までやってきました。

　どっちがいいかというと、アメリカ式の文書管理を中心とした内部統制なのか、それともトップが何かいうと以心伝心で伝わる、このほうがいいかというのはわからないところではありますが。

小谷 しかし、仕事がだんだんグローバル化していますので、色々な意味で日本独自のやり方ではなかなかうまくいかないのではないかという気がいたしますが。

長谷川 そうです。世の中全体がそちらの方向に行っていますので、きちっと

プロセスも踏んで規程も作って、説明ができるようにしておかないと世界的には通用しないですね。

小谷 そういう意味では記録管理の最大の目的は説明責任を果たすためだということがありまして、これは先ほどのISO15489においても基本的な考え方になっている理念なのです。SOX法の内部統制あるいは会社法にしてもそうですが、基本的には説明責任というものが大きな柱になっているということですね。

（2007年10月1日実施）

◆長谷川俊明氏略歴

1973年早稲田大学法学部卒業
1977年4月弁護士登録(第一東京弁護士会)
1978年から79年までサリバン・クロムウェル法律事務所(ニューヨーク)勤務
1979年から80年までスローター・アンド・メイ法律事務所(ロンドン)勤務
現在、長谷川俊明法律事務所代表

日本コンプライアンス・オフィサー協会:金融コンプライアンス・オフィサー検定試験実行委員長
株式会社みずほ銀行監査役
株式会社みずほコーポレート銀行監査役
株式会社ブリヂストン監査役
三井不動産株式会社監査役
株式会社損害保険ジャパン取締役

主要著作
『国際ビジネス判例の見方と活用』(平成5年6月、中央経済社)
『株主代表訴訟対応マニュアル100ヵ条』(平成7年7月、保険毎日新聞社)
『新民訴法・文書管理の要点』(平成9年6月、東京布井出版)
『現代企業法務の課題と対策』(平成10年3月、新日本法規出版、全3巻、渡邊顯共著編)
『新外為法とリスクマネジメント』(平成10年7月、税務経理協会)
『事業構築とM&Aの法務戦略──持株会社、株式交換、会社分割、民事再生手続などの活用』(平成12年8月、シグマベイスキャピタル)
『コンプライアンス法規便覧』(平成13年3月、金融財政事情研究会)
『新会社法が求める内部統制とその開示』(平成18年2月、中央経済社)
『リスクマネジメントの法律知識第2版』(平成19年5月、日経文庫)
『買収防衛とM&A判例集』(平成19年9月、レクシスネクシス・ジャパン)
『内部統制が求める評価・監査体制』(平成20年3月、中央経済社)

第9章　情報セキュリティと記録管理

１．情報セキュリティと記録管理

　通常、情報セキュリティというと、ITサイドの技術的な側面から捉えられた情報システムのセキュリティに関する議論が中心になっているように思われる。そこでは、たとえばウイルス対策や不正アクセス対策など、インターネットを中心にしたネットワークに絡む問題が取り上げられることが多い。しかしながら現状、情報の大部分は文書・記録として作成、利用され、保存されている。逆に現在では文書の作成は、ほとんどがパソコン上で電子的になされるというのが通常である。そうだとすれば情報セキュリティの問題も文書・記録に焦点を置いた記録管理の視点から考えることが重要になってくる。しかも現状われわれの身の回りにはデジタル情報ばかりではなく、まだまだ紙媒体を中心とした相当量のアナログ情報が利用されている。そのため、デジタル情報・アナログ情報の双方を含めたセキュリティを考えなければ、セキュリティ対策に抜けが生じてしまう。

　また単にITの1・0（イチゼロ）の世界の問題として捉えるだけではなく、もう少し情報そのもの、つまり情報の中身（コンテンツ）を視野に入れた対策を考慮する必要がある。この分野では新しい法規制や標準が相次いで登場するなど、環境の変化も激しい。そこで、コンプライアンスやリスク・マネジメントからの視点を含め、文書・記録管理の観点から情報セキュリティの問題を考

えてみようというのがこの章の狙いである。

２．情報セキュリティと情報リスク

　今まで情報セキュリティの意味を考える場合に、1992年のOECDの「情報システムのセキュリティ・ガイドライン」[注1]が一つの基準となってきた。これによると「情報システムのセキュリティの目的は、機密性、完全性、可用性に関する失敗の結果生ずる被害から、情報システムに依拠している人々の利益を保護することである」と定義されている。また機密性、完全性、可用性は情報セキュリティの3要素といわれており、それぞれ次のように定義されている。

　機密性 Confidentiality：「機密性とは、特定のデータ及び情報が、承認された回数、承認された方法により、権限のある人、組織、過程にのみ開示されること」をいう。

　完全性 Integrity：「完全性とは、特定のデータ及び情報が正確に過不足なく処理され、且つ正確に過不足なく保存されること」をいう。

　可用性 Availability：「可用性とは、特定のデータ及び情報、並びに情報システムが、要求に応じて適時に、アクセス及び利用が可能なこと」をいう。

　情報セキュリティの国際標準ISO17799（JIS X 5080）[注2]においても、「情報は、他の重要な事業資産と同様に、組織にとって価値がある資産であり、したがって適切に保護する必要がある。事業継続を確実にすること、事業損害を最小限にすること、並びに投資に対する見返り及び事業機会を最大限にすることを目的として、情報セキュリティは、広範囲にわたる脅威から情報を保護する。」また「情報は、どのような形態のものであろうとも、常に適切に保護されることが望ましい。」とし、「機密性」「完全性」「可用性」を維持するのが情報セキュリティの特徴だとしている。ISO17799（JIS X 5080）においては、この3つを次のように定義している。

　機密性：「アクセスを認可された者だけが情報にアクセスできることを確実

にすること」
完全性:「情報及び処理方法が、正確であること及び完全であることを保護すること」
可用性:「認可された利用者が、必要なときに、情報及び関連する資産にアクセスできることを確実にすること」

　表現は違うが、OECDの「ガイドライン」、ISO17799（JIS X 5080）共に、ほぼ同様のことをいっていると考えてよいだろう。

　具体的に情報セキュリティの方策を考える場合、この「情報セキュリティの3原則」を基に「情報リスク」を考えると分り易い。つまり情報セキュリティの3要素が損なわれる「情報リスク」にどのようなものがあるかを考えるわけだ。

　まず、情報の機密性が損なわれるリスクとしては、情報の漏洩、流出、紛失、盗難などがある。また情報の完全性が損なわれるリスクとしては、情報の不正な変更（改ざん）、削除があり、情報の可用性が損なわれるリスクには情報の隠蔽、不法な廃棄、不適切な保存管理による所在不明がある。次に、これらのリスクについての問題を、それぞれ考えてみよう。

3．情報の機密性をめぐるリスク

1) 個人情報の漏洩・流出のリスク

　情報の機密性を損なうリスクとしては、情報の漏洩、流出、紛失、盗難などがあるが、現在これらリスクの最大のものは、個人情報に絡む問題である。近年、情報漏洩の問題が社会的にも大きくクローズアップされているが、その代表的なものが個人情報の漏洩・流出問題である。個人情報の漏洩は企業等の社会的な信用を大きく失墜させるだけでなく、訴訟による損害賠償の発生など多額の経済的損失につながるおそれがある。

　個人情報保護法に対する過剰反応ともいうべき現象が色々と起こっている反面、相変わらず個人情報の漏洩・流出が後を絶たない。最近、一連のファイル

交換ソフト「ウィニー」による個人情報の流出が連日のように新聞紙上を賑わせたことがあった。あれほど騒がれたにもかかわらず、いまだにこの手の事件がなくならないのはどうしたことだろう。

　日本ネットワークセキュリティ協会（JNSA）の調査[注3]によれば、2007年度の個人情報漏洩原因（図9-1）で1番多いのが紛失・置忘れで20.5％、2番目が管理ミスの20.4％、3番目が誤操作で18.2％、この後、盗難の16.6％、ワーム・ウイルスの8.3％、不正な情報持ち出しの7.9％と続いている。紛失・置忘れと盗難の比率が高いのは、ここ数年の傾向だが、今まで一番多かった盗難が4位に後退し、管理ミスと誤操作が大幅に増加したのが今回の特徴である。管理ミスの内訳は半数が誤廃棄で、USBメモリーのなどの紛失も目立つという。誤操作は電子メールの誤送信が半数近く占めている。盗難は減少傾向だが、紛失・置忘れは依然として減っていない。盗難の大半は車上荒らしや事務所荒らしだが、車上荒らしは自宅に資料やPCを持ち帰る途中に被害に遭うケースが多い。紛失や置き忘れも同様で、これらの事例のいくつかは、持ち出しを禁止しているにもかかわらずオフィスから持ち出した結果、被害に遭遇している

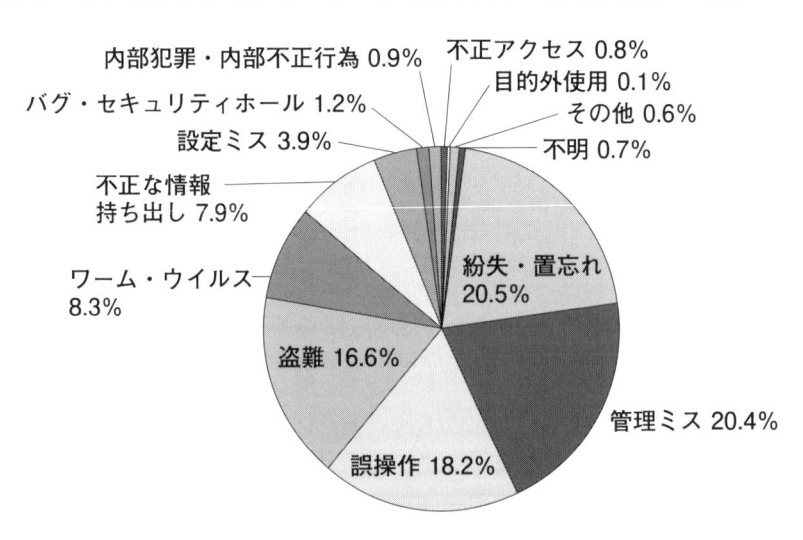

図9-1　漏えい原因比率（件数）

という。資料やPCを持ち出した際に発生する事例が多いという点を考えると、従業員に対する個人情報保護、セキュリティ教育の徹底を図ると共に、持ち出しを前提とした対策を考慮する必要があろう。

次に漏洩経路(図9-2)を見てみると、紙媒体経由というのが1番多く40.4％、2番目がWeb-Net経由で15.4％、3番目がUSB等可搬記録媒体の12.5％、4番目がPC本体の10.9％、5番目が E-mail経由の9.8％となっている。紙媒体の比率が圧倒的に高いのはここ数年変わらない傾向である。「ウィニー」等ファイル共有ソフトを介した情報漏洩はやや減少したもののWeb-Netの2番は変わらない。紙媒体の比率が高いのは電子化が進む一方で、依然として紙が減らないという現実を反映したものと考えられる。問題は紙媒体が情報システムのセキュリティ対策の対象から外れるため、全体的な個人情報対策に漏れが生じていることだ。そこで紙と電子文書を含めた記録管理サイドからの対策を併せて行うことが必要になってくる。やはり情報漏えいの問題もITサイドからだけではなく、記録管理サイドとの連携が重要であることに留意しなければならない。

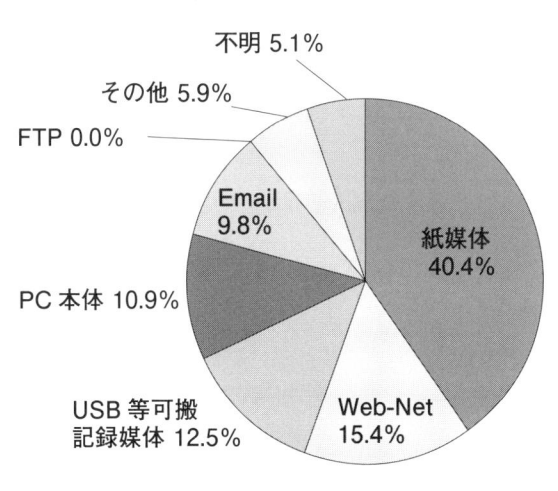

図9-2　漏えい媒体・経路比率（件数）

第9章　情報セキュリティと記録管理　　205

2）個人情報保護法への対応のポイント

個人情報の保護については、日頃から職員に対する教育を徹底し、法律の内容をよく理解させ、この問題に対する意識を高めておくことが基本である。その上で、重要となるいくつかの対応のポイントを述べる。

① 個人情報取扱状況の把握

まずやるべきことは自社の個人情報の取り扱い状況を明確にすることである。つまり、どのような個人情報を、どのような部門で、どのように保有し、どのように利用しているかを洗い出すことから始めるわけだ。次にその個人情報取扱業務ごとに、どのようなリスクが予想されるかを整理し、保護の対策を立てることになる。この場合に保有する個人情報を調べる方法として、次の基準で分類することが有効である。すなわち、

ⅰ．センシティブな（機微な）個人情報なのか、一般的な個人情報（基本情報）なのか—

センシティブな（機微な）個人情報とは、例えば思想・信条・宗教に関する情報、医療情報あるいは人種・門地・本籍地・身体又は精神的障害・犯罪歴その他社会的差別の原因となる情報などのことをいう。個人情報保護法ではセンシティブ情報を特に区別していないが、JIS Q15001では、この種の個人情報の収集を原則禁止している。この種の個人情報は、氏名や住所、生年月日、性別などの基本情報と違い、漏洩するとプライバシーの侵害に関わる大きな問題となる可能性が高いからである。

ⅱ．データベース化された個人情報かどうか—

個人情報保護法においては、いわゆる散在情報（紙文書の中に存在する個人情報）に比べ、コンピュータ等でデータベース化された個人情報の取扱規制がより厳しくなっている。これはコンピュータ化された個人情報の方が大量の情報漏洩につながるケースが多く、漏洩による個人情報の権利侵害の可能性が高いことによる。また紙情報であっても、病院のカルテ、学校の指導要録はデータベース化された情報とみなされる点に注意が要る（政令事項）。

②個人情報の内容調査

個人情報の保有状況が分かったら、その個人情報取扱業務に本当に必要な個人情報に限って保有しているかどうかを調査する。つまり必要以上に個人情報を持ちすぎていないかをチェックし、その業務に必要としない個人情報（あるいは余分な項目）を持っている場合は、直ちに破棄する。余分な個人情報を保有していると不必要なリスクを背負うことになるからである。

③個人情報に対する基本的な考え方

個人情報に関しては、従来の情報（収集及び保存）についての考え方を全面的に改める必要がある。つまり従来はどのような組織でも、情報というものはできるだけ多く集めた方が、仕事がし易いという考え方が基本となっていた筈だ。ところが今後、個人情報に限っては、リスク回避のため、必要最小限度の情報で仕事をするという考え方に基本を改める必要があるわけだ。

3）経産省個人情報保護ガイドラインの安全管理措置

経済産業省発行の「個人情報の保護に関する法律についての経済産業分野を対象とするガイドライン」[注4]では、個人情報取扱業者が個人情報の漏洩、減失又は毀損の防止のために講ずべき安全管理措置として次の項目を挙げている。

組織的安全管理措置

　ⅰ．個人データの安全管理措置を講じるための組織体制の整備

　ⅱ．個人データの安全管理措置を定める規程等の整備と規程等に従った運用

　ⅲ．個人データの取扱状況を一覧できる手段の整備

　ⅳ．個人データの安全管理措置の評価、見直し及び改善

　ⅴ．事故又は違反への対処

人的安全管理措置
  i. 雇用契約時における従業者との非開示契約の締結、及び委託契約等（派遣契約を含む）における委託者と受託者間での非開示契約の締結
  ii. 従業者に対する内部規程等の周知・教育・訓練の実施

物理的な安全管理措置
  i. 入退館（室）管理の実施
  ii. 盗難等の防止
  iii. 機器・装置等の物理的な保護

技術的な安全管理措置
  i. 個人データへのアクセスにおける識別と認証
  ii. 個人データへのアクセス制御
  iii. 個人データへのアクセス権限の管理
  iv. 個人データのアクセスの記録
  v. 個人データを取り扱う情報システムに対する不正ソフトウエア対策
  vi. 個人データの移送・通信時の対策
  vii. 個人データを取り扱う情報システムの動作確認時の対策
  viii. 個人データを取り扱う情報システムの監視

4）営業秘密の漏洩・流出リスク

　個人情報の漏洩問題の陰に隠れている観があるが、今、産業界で注目されているもう一つの情報漏洩問題が「営業秘密の漏洩」である。東アジア諸国の技術的な発展は目覚しいものがあるが、一方、営業秘密の侵害によってわが国企業の技術的優位が脅かされるリスクも増大している。また企業におけるリストラの進展や雇用の流動化等により、退職者による営業秘密の侵害といった問題も顕著になりつつある。特に2007年から始まった団塊世代の大量定年輩出に際し、中国・台湾などのアジア企業が日本人技術者の獲得に動き出していることから、技術流出（営業秘密）の拡大が懸念されている。

　このような背景から、営業秘密の保護強化を求める声が各方面から高まっ

たため、2005年6月には不正競争防止法が改正され、同年11月1日から施行となっている(注5)。この改正のポイントは(a)営業秘密の保護強化と(b)模倣品・海賊版対策の強化となっており、具体的な内容は次の通り。(a)に関しては営業秘密を日本国外に持ち出して不正に使用・開示した場合及び退職した元役員や元従業員が在職中の約束などに基づき営業秘密を不正に使用・開示した場合、刑事罰を新たに適用する。さらに従業員を使って悪質な不正行為を行った法人を処罰の対象とする。(b)に関しては、他人の著名商品などに関する表示を不正に使用したり、他人の商品の形態を不正に模倣したりする行為に対して、刑事罰を適用するとなっている。

5）「営業秘密」とは

営業秘密とは「秘密として管理されている生産方法、販売方法その他の事業活動に有用な技術又は営業上の情報であって、公然と知られていないもの」（不正競争防止法2条6項）であり、通常の意味での営業上の秘密だけではなく、技術的な情報も含まれていることに留意する必要がある。

【営業秘密の要件】

①秘密管理性：秘密として管理されていること

その情報を客観的に秘密として管理していると認識できる状態にあることが必要。

具体的には、次の2つが要件となっている。

(a)アクセス制限：情報にアクセスできる者を特定すること

(b)客観的認識可能性：情報にアクセスした者が、それが秘密であると認識できること

②有用性：事業活動に有用な技術上又は営業上の情報であること

その情報が客観的に有用であることが必要である。例えば、財やサービスが生産、販売、研究開発に役立つ等事業活動にとって有用なものであることが必要。（設計図、製法、製造ノウハウ、顧客名簿、仕入先リスト、販売マニュアル等）

③非公知性：公然と知られていないこと
　保管者の管理下以外では一般に入手できないことが必要。書物、学会発表等から容易に引き出せる情報は、非公知とはいえない。

6）リスク回避のための営業秘密の管理方法
　営業秘密が不正競争防止法上の保護を受けるためには、必要な秘密管理性に関し、事業者が主観的に営業秘密と考えているだけでは足りず、アクセス制限など秘密保持のために必要な管理をしていることが客観的に認められる状態になっていなければならない。そのため営業秘密の管理には次のような事項が必要となる(注6)。
　①他の一般情報と区別する
　②秘密であることを表示（マル秘印の押印等）
　③保管場所の特定と施錠（入退出管理含む）
　④ネットワークにパスワード設定（部外者よりのアクセスの防止）
　⑤アクセスに人的制限及び時間的制限
　⑥営業秘密の管理規則制定
　⑦外注先・派遣先との秘密保持契約の締結
　⑧管理者の選任と営業秘密管理教育
　また情報媒体の保管と廃棄に関しても特別な注意が必要であり、記録管理サイドからのルール化と手順の実施が求められる。保管に関する判例で、顧客情報を記した台帳を施錠できる事務所で保管し、外部から侵入できないようになっていたにもかかわらず、事務所内で机の上に置かれていたために、営業秘密として認められなかった例がある。

7）基本的な機密情報の管理方法
　個人情報にせよ、営業秘密にせよ、機密情報の管理については次のような基本的事項の実施が必要となる。
　①機密情報管理の方法を文書管理規程等で明確にする

②機密情報の重要度のランク付けを行う
　③業務プロセスのどこにリスクがあるかを調査する
　④文書のライフサイクル全体で管理する
　⑤責任者・責任体制の明確化
　⑥定期的な点検・監査体制
　⑦外注先・委託先の管理
　⑧継続的な教育研修

　この中の④「文書のライフサイクル全体で管理する」では、特にライフサイクル管理の最終段階の一つである「廃棄」のプロセスに注意が要る。今まで紙文書にしても電子媒体にしても、廃棄の段階で機密情報が流出するケースが多かったからである。廃棄については、紙媒体はシュレッダーに掛ける、FD等の電子媒体は確実に破砕するなど、完全な廃棄方法により、情報流出にならないよう留意する必要がある。また廃棄を業者に委託する場合は、必ず文書廃棄の専門業者と機密保持契約を締結した上で委託しなければならない。

8）機密文書の廃棄

　機密情報保護の問題は、情報セキュリティに絡み、今や組織におけるリスク管理の一大テーマとなっている。先に述べたように、この点に関しては基本的に文書のライフサイクル管理全体のプロセスの中で配慮がなされるべきだが、特に問題が多い機密文書の廃棄について考えてみたい。

　従来、機密文書の廃棄といえば「焼却処分」が常套的な手段であった。しかし現在ではすでに焼却そのものがダイオキシンの発生や地球温暖化防止の流れから、全国的に不可能になっている。一方、エコロジーの考え方からも焼却は忌避され、再生紙として活用する「溶解再生」が基本となっている。このような廃棄のプロセスは必然的に外部業者の利用を促進する結果となっているが、そのために機密漏洩と環境問題を両立させるという新たな課題が浮かび上がってきたのである。そこで廃棄に係わる留意点を「機密文書のための"捨てる技術"10則」としてまとめてみた。

【機密文書のための"捨てる技術"10則】

①組織の情報は、個人情報・営業秘密など法律で保護されている機密情報をはじめとして、その殆どが社外秘・部外秘である。

②機密情報を適切に管理するためには、ITの情報セキュリティ技術のみでなく、適正・確実な文書管理の技術・ノウハウが必要となる。

③文書管理とは、文書の作成から処分に至る「文書のライフサイクル管理」であり、その最終段階に位置づけられるのが文書の処分（廃棄）である。

④文書の廃棄は、外部に業務委託・アウトソースするケースが殆どのため、管理が行き届かず、情報漏洩につながるケースが多い。

⑤廃棄のプロセスは、文書管理の観点からのみでなく、エコロジーすなわち環境問題としての取り組みがますます重要になっている。

⑥環境対策の観点から、紙を焼却して大気中にCO_2や有害物質を出さない、リサイクルを確実に行って、限りある資源を有効に利用するという二つの側面がある。

⑦リサイクルを考慮した廃棄を実施する場合、通常、書類は殆どがバインダーや留め金等の異物が混在しているため、分別作業が必要で、そこから個人情報等の機密が漏れる危険性がある。

⑧機密文書の廃棄では、機密漏洩を完全に防ぎ、かつ環境問題をクリアーするという二つの異なった要件を満足しなければならない。

⑨文書の廃棄で重要なことは、決して「ゴミ」として処理してはいけないということである。従って文書の廃棄は先の二つの要件を満足する文書・情報の専門業者を利用すべきである。

⑩機密文書の廃棄については、「無開封・無選別溶解リサイクル」方式(注7)など廃棄の最新技術を導入した専門業者を選定することが重要である。

9) 機密の維持と情報の開示（情報管理の二面性）

現在、あらゆる組織（企業・官公庁含め）は、個人情報や営業秘密などの機密情報が漏れないよう保護し、機密性を維持しなければならない一方、財務情

報や品質情報、環境情報など公共性の高い情報は積極的に開示しなければならない。前者では機密を保護しないと、機密性が損なわれるというリスクが生ずる。また後者では説明責任の観点から積極的に情報開示をしなければ、情報の完全性及び可用性が損なわれることのリスクが発生する。情報の開示と非開示、つまりアクセルとブレーキのように相矛盾した情報行動を取らねばならないのが、現在の情報環境の特徴であり、問題を複雑にしているといえる。

　今後、保護すべき情報は保護し、開示すべき情報は開示するという相反する方向での管理がますます必要になってくる。つまり一方ではコンプライアンの見地から、また一方ではアカウンタビリティの見地から、このような組織に対する社会的要請がますます厳しくなっていくからである。

4．情報の完全性をめぐるリスク

1）不正な情報の改ざん・削除

　情報の完全性とは、特定のデータ及び情報が正確に過不足なく処理され、オリジナルのまま保存されることである。つまり情報が完結し、それが変更されていないことを意味する。このような情報の完全性が損なわれるケースには、情報の不正な変更（改ざん）・削除などがあり、このことからリスクが発生する。特に電子媒体の場合、修正、変更が何の痕跡をも残さず簡単に行えるという特性から、紙媒体以上に完全性が損なわれるリスクが生じ易い。従って記録管理の国際標準ISO15489では、記録の完結後に修正が必要な場合は、どのような場合に、また誰が記録に修正・追加を加えることを許されるのかを、事前に記録管理の方針や手順で明確にしておく必要があるとしている。そして、たとえ権限のある者による承認された変更であっても、いつどのような変更を行ったかを記録し、後から追跡できるようにせよと言っているのである。

　記録の改ざん事例としては、雪印乳業の集団食中毒事件の際に製造工程におけるタンクの洗浄記録等が改ざんされた例（2000年）、JFEの工場排水データが改ざんされて千葉市や県に報告された例（2005年）がある。姉歯元1級建築

士等によるマンションの耐震強度偽装事件（2005年）もデータそのものの改ざんであり、情報の完全性を損なう最たる例といってよい。偽装ということでは、その後も食品偽装や製紙会社の再生紙偽装など、様々な分野で数多くの事例が発覚しており、こうなると情報セキュリティの問題というよりも、それ以前の企業倫理の問題と言うべきかも知れない。

2）「文書」と「記録」

　ここで思い起こして頂きたいのは「文書」（document）と「記録」（records）を区分けする考え方である（第1章3.参照）。この考え方は、まだ日本では定着していないが、記録の完全性を保つ上でも重要である。記録管理の国際標準ISO15489では、この考え方が基本となっており、海外では一般的である。ISO15489では、すべての文書が記録となるわけではなく、記録管理システム（recordkeeping system）に取込んだ文書のみが記録となるとしているが、重要な点は文書の段階では修正が可能でも、一旦記録になったものは基本的に修正、変更ができないという特性である。

　これは修正、変更が簡単にできる電子記録の場合に特に重要である。電子記録の場合は不正な修正、変更（改ざん）が行われても全く痕跡を残さないからである。日本でも、このような考え方が定着してくれば、記録の完全性を維持するという点で役立つものと思われる。

3）電子文書の原本性

　電子文書の完全性に関連して、前にも述べた旧総務庁の「共通課題研究会」（座長：宇賀克也東大教授）の報告書が参考になる[注8]。ここでは原本性確保のためには、紙文書と比較した場合の電子文書の短所、すなわち、①改ざん等が容易で、その痕跡が残らないこと、システム障害、記録媒体の経年劣化等により内容の消失、変化のおそれがあること、②盗難、漏洩、盗み見が秘密裡かつ大量に行われやすいこと、③ディスプレイに表示またはプリントアウトする等の措置を講じない限り、可視性・可読性に欠けることなどが克服された状態

にしておく必要があるとしている。そのために電子文書の原本性確保の要件として、完全性・機密性・見読性の確保が必要だとしていた。

4）e-文書法

　従来、紙文書による保存が義務付けられていたものを、一定の条件の下に電磁的に保存することを容認したのがe-文書法である。但し、「共通課題研究会」でも取り上げられたような電子文書の特有の問題点（短所）があるために、各統括官庁より、かなり厳しい要件が設けられており、せっかくの規制緩和もあまり利用されていないのが実情である。

　経済産業省が設けた「文書の電磁的記録保存等に関する検討委員会」（座長：田中英彦　情報セキュリティ大学院大学教授）においても、「見読性」「完全性」「機密性」「検索性」の4つの要件が挙げられているが、その中心になっているのはやはり「完全性」である。この「完全性」がいかに大きな電子文書の課題となっているか示しているといえる。

5．情報の可用性をめぐるリスク

1）情報の隠蔽、所在不明、紛失、不法な廃棄

　可用性とは、特定のデータ及び情報が、必要な時に、アクセス及び利用が可能なことである。このような情報の可用性を阻害するものとしては、意図的な情報の隠蔽や不適切な記録管理による文書・記録の所在場所不明、紛失、不法な廃棄などがある。そのために発生するリスクが情報の可用性をめぐるリスクである。代表的な隠蔽事例としては、三菱自動車のリコール隠し（2000年）（序章4 p.13参照）やUFJ銀行の金融庁に対する検査妨害事件（2004年）などがある。

　UFJ銀行は金融庁の検査の際に、35,000件の大口融資先のファイルを別のサーバーへ移し替えたり、融資先資料のダンボール115点を別室に隠したりした。これらは故意による違法な情報の隠蔽であるが、意図的、違法なものでな

くとも文書管理が悪いために、必要な文書・記録の所在が分からず、検索、利用ができないというケースは、色々な組織で日常的に発生していることと思われる。その一例が厚生労働省でC型肝炎感染者のリストが放置されていたケースである(注9)。

情報の不法な廃棄の例として、また記録の可用性をめぐる代表的な事件として、米国SOX法制定の引き金となったエンロン事件がある。エンロンの倒産には様々な不正な会計処理が絡んでいるが、本来不正を正すべき会計事務所のアーサーアンダーセンがその粉飾に加担し、米国証券取引委員会（SEC）によるエンロンの調査において証拠として必要な３万点ものe-メールやコンピュータファイルを不法に破棄したといわれている。その結果、長い間、会計事務所として世界的な名声を誇ってきたアーサーアンダーセンが姿を消すことになったのである。（第７章３ p.153参照）

不法な記録の廃棄とは保存義務のある記録を廃棄することで、法定保存年限や組織ごとの記録管理規定で定められた保存期間が満了していないのにもかかわらず、故意又は過失で記録を廃棄することをいう。情報公開法施行時に多くの役所で、都合の悪い文書を廃棄する行為があったといわれている。これは意図的な廃棄ではないが、誤って廃棄した例として、インド洋で給油活動に当たった海上自衛隊補給艦の航泊日誌が誤廃棄された事件が最近、話題となった(注10)。

可用性（Availability）に関して、ISO15489では、可用性ではなく利用性（Useability）という捉え方をしているが、利用性とは単に記録の所在場所がわかり、アクセス、利用ができるだけでなく、コンテクスト（Context）、すなわち記録を生み出した組織活動や業務処理との関連性が分かる形で提示可能なことを意味している。また業務活動・機能のコンテクストの中で関連する他の記録が確認できなければならないとしている。つまり可用性（Availability）は、単に情報が入手できれば良いという考え方なのに対して、利用性（Useability）の場合は、単に情報を入手できるだけではなく、業務活動の流れの中でいかに記録を高度に活用するかという観点が含まれている点に

違いがあるといえる。

2）情報の可用性をめぐるその他のリスク

　可用性をめぐるリスクは、情報の隠蔽、紛失、所在不明だけではない。地震や洪水などの自然災害、あるいは火災やテロ、戦争などの人的災害により情報の可用性が大きな規模で損なわれる場合がある。例えば9.11の米国の同時多発テロ事件（2001年）は、まだわれわれの記憶に新しいが、あの事件に巻き込まれた旧富士銀行ニューヨーク支店のファイルが大量に失われたケースが思い出される（第4章3 p.95参照）。

　コンピュータ情報のバックアップはすでに常識となっているが、この例からも電子情報のみでなく、紙情報の重要記録も含めてバックアップ対策を取ることが必要であることが分かる。この場合、紙情報を電子化（またはマイクロ化）してコピーを作成し、保存することになるが、原本と近くの場所に置いておいても意味がない。地震等の災害を考慮すれば、少なくとも100キロは離れた場所（レコードセンター、支店等）で耐火書庫等の安全な環境の下で保存すべきである。

3）「重要記録」"Vital Records"

　先の富士銀行の例のような重要記録のことを米国のレコードマネジメントでは"Vital Records"といって特別な管理を行っている。「重要記録」というより、むしろ意味的には「基幹記録」の方が近いかも知れないが、要するにその記録がなかったら1日たりとも事業を継続できないようなものをいうのである。

　ARMAでは"Vital Records"を「もし災害が起こった場合、組織の継続と生き残りのために必須と考えられる記録情報である」と定義している。具体的な例としては、顧客・仕入先・株主・債権者等のリスト、売掛金及び買掛金台帳、契約書・覚書類、監査前の財務記録などである。「重要文書」は量的には記録全体の2〜7％といわれる。日本の文書管理では「機密文書」という概念はあっても、このような「重要文書」という概念はない。記録の可用性を考

えるならば、機密文書のみでなく、「重要文書」として重点管理をする方策を取り入れる必要があろう。

6．まとめ：記録の不正な取扱いを防ぐには

　情報の機密性・完全性・可用性を維持し、セキュリティを確保するためには、文書・記録管理の面からの取組み、統制が必要であり、且つ有効であることを述べてきたが、まとめとして、記録の不正な取扱を防ぐ方策について付言しておきたい。記録の不正な取扱とは、情報の機密性・完全性・可用性を損なう不法な記録の漏洩・改ざん・削除・廃棄・隠蔽等である。これらを防ぐには当然、組織の記録管理ルールの徹底が必要であるし、最終的には組織あるいは個人の倫理の問題にも関連する。しかしながら記録管理の側面から、これら不正を予防し、適正な記録の取扱をサポートするもう一つの方法が考えられる。それには米国等の組織で活躍する記録管理の専門職、レコードマネジャーの力を借りなければならない。すなわち組織内でレコードマネジャーという専門的職能を確立することにより、その職業への忠誠心、職能への誇りと責任に期待するわけである。

　レコードマネジャーという専門職がいることで、組織内の各部門が適正な記録管理を行うよう、支援や指導ができ、さらには実施状況のチェックや監査が可能となるのである。

　このことに関連して想い出すのは、1996年にARMAのシアトル支部を訪問し、そのメンバーと懇談した時のことである。ちょうど日本では国の情報公開法の制定が間近な時期だったので、私はそこに参加していたワシントン州政府のレコードマネジャーへ関連の質問を試みた。私の質問は「情報公開請求があって、もしあなたが公開しようとした文書の公開を上司が拒んだら、あなたはどうしますか」というものだったが、その女性のレコードマネジャーは何のためらいもなく、即座にこう答えたのである。「私は法律に従って行動するだけです」と。その時は、あまりの潔さに感動すら覚えたのであるが、レコード

マネジャーの職能が確立しているとはこういうことなのかと納得がいったのである。

現在、日本ではこのような職能は確立していないが、このような高度な職業的倫理観とスキルを有した専門職を設けることにより、形骸化していることが多い文書管理規程をアップデイトしたり、実務に即した効率的な運用を指導しながら、コンプライアンスに則り、リスク管理を徹底した組織的な文書・記録管理が実行できると考える。デジタルとアナログの情報が混在し、新しい情報技術、法律、標準などが相次ぎ登場し、複雑に絡み合う今日の情報環境において、このような専門職の必要性がますます高まっていることを強調しておきたい。この点については次の第10章で詳しく述べる。

ちなみに国際的な記録管理専門職の協会であるARMA（Association of Records Managers and Administrators）は独自の倫理規程を有しており、すべての会員が遵守すべきものとして位置付けられている。以下に掲載する。

［ARMAの倫理規程］　The Code of Professional Responsibility(注11)
前文
　記録情報管理は、記録の形式で業務活動と業務処理の証拠及び情報を取込み、維持するプロセスを含み、記録の作成・取得・保存・利用・処分についての効率的・体系的な管理に責任を持つ情報専門職の分野である。
　ARMAは記録情報管理の専門職を代表する非営利の組織である。その基本的な目的は推進活動、教育及び専門的な研究開発を通じて記録情報管理を発展させることである。
規程の目的
　この規程はわれわれの専門職としての価値を新人の実務者、ステークホルダー、さらには社会に対して伝えるものである。
　この規程は、倫理が関係する2大領域、つまり社会と専門的職能における反省と意思決定及び行動についての指針である。
Ⅰ．社会的原則

記録情報管理者は、社会に対する責任を有することから、
* 真正で信頼でき、利用し易い情報の作成、保存及び利用を支援し、さらには記録が完結し、変更されていないことを要求する「正確性」と「完全性」（ISO 15489）に高いプライオリティを置く情報システムの開発と利用を支援する。
* 法的、倫理的且つ道徳的な情報の活用を確約する。
* 個人に関する情報の収集、保有、配布及び利用は信頼に基づく特別な権利であり、すべての個人のプライバシーに関する権利は尊重され、支援されなければならないことを確認する。
* 情報を与えられ、教育を受けた社会に対する必要条件として、公共的に利用可能な情報の自由な流通を支援する。

Ⅱ．職業的原則

記録情報管理者は、その職業に対してまた雇用主及び顧客に対して責任を有することから；
* 顧客及び雇用主に対しては、プロフェッショナルとしての最高の能力で、奉仕するよう努力する。
* 不法な又は反倫理的な記録管理関連の行為を識別し、顧客及び雇用主へ予測される最悪の事態を伝える。
* 顧客、雇用主又は同僚が犠牲となるような利害の対立や不当利得を回避する。
* 機密情報の秘密を守る。
* 知的財産の所有者の権利を侵害せず、情報に対する適切なアクセスを確保するために注意深い行動が必要なことを認識する
* 資格認定を含め、専門的な実践に関する適切な現行の教育プログラムを推進する。
* 自らの教育履歴、能力、認定資格及び経験を職場での上司、顧客、同僚達に正確に示す。
* この職能の知識と経験及び研究の共有化を推奨することで専門性を高める

と同時に、この職能の価値、サービス、能力についての社会的な議論が高まるよう努める。
※この職能に対し人を募集する際は、差別を排し、あくまで能力と取得資格本位で積極的に係わる。
※他の記録情報管理者の貢献に対しては、お互いに協力と尊敬の気持を持って行動し、顧客や雇用主の利益に適うような雰囲気作りを目指す。(以上 小谷訳)

注:
1. 監査法人トーマツ編『セキュリティ・マネジメント戦略』日本経済新聞社、2003年、p.44参照。ただし、1992年のOECD情報セキュリティガイドラインは2002年に改訂されている。
改訂版については同書p.57参照。
2. 情報セキュリティの国際標準ISO17799は2000年12月に制定されたが、もともとは英国標準のBS7799をベースに作成されている。2002年2月、ISO17799をそのままJIS化したJIS X 5080「情報技術－情報セキュリティマネジメントの実践のための規範」が制定された。
3. NPO日本ネットワークセキュリティ協会(JNSA)の「2007年度情報セキュリティインシデントに関する調査報告書」(2008年6月19日発表)。詳しくは、
http://www.jnsa.org/result/2007/pol/insident/2007incidentsurvey_v1.2.pdf参照
4. 経済産業省「個人情報の保護に関する法律についての経済産業分野を対象とするガイドライン」(2007年3月)
http://www.meti.go.jp/feedback/downloadfiles/i40615hj.pdf参照
5. 経済産業省知的財産政策室「不正競争防止法の概要」(2007年度版)
http://www.meti.go.jp/policy/economy/chizai/chiteki/unfair-competition.html#19概要参照
6. 経済産業省「営業秘密管理指針」(2005年10月12日改訂)
http://www.jpo.go.jp/shiryou/toushin/shingikai/pdf/tizai_bukai_7_paper/shiryou_6-2.pdf参照
7. 「無開封・無選別溶解リサイクル方式」とは機密文書をダンボール箱に詰め、封印したまま一切開封することなく、そのまま溶解する方式。書類に付属するクリップ、ホッチキス、バインダー等の異物が混在のまま、しかもトラックから

直接コンベアーで溶解槽へ投入するため、機密保持が万全でリサイクルできる。
8. 共通課題検討会:「中間報告―電子文書の原本性確保方策を中心として」(1999年4月)及び最終報告書として「インターネットによる行政手続の実現のために」(2000年3月)が公表されている。詳しくは総務省行政管理局のサイト http://www.soumu.go.jp/gyoukan/kanri/参照
9. C型肝炎のケースについては序章1 p.8参照。
10. 航泊日誌の誤廃棄については同じく、p.9参照。
11. ARMA本部のウェブサイトで原文を見ることができる。http://www.arma.org/about/overview/ethics.cfm　参照。

第10章　文書管理の専門職

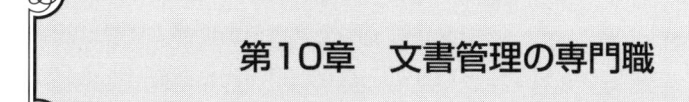

1．「公文書管理の在り方等に関する有識者会議」の動き

　福田首相就任以来、国の公文書管理制度改革への動きが活発になっている。2008年2月29日に設置された「公文書管理の在り方等に関する有識者会議」（座長：尾崎護・元大蔵事務次官）はその中心的な存在である。2008年7月1日、この有識者会議の中間報告「時を貫く記録としての公文書管理の在り方～今、国家事業として取り組む～」が福田首相に提出された。

　この中間報告では公文書管理のあるべき姿（ゴールド・モデル）、公文書管理担当機関の在り方など積極的な改革案が示される中、重要な課題として文書管理の専門職（レコードマネジャー・アーキビスト）の体制作りが取り上げられている。従来、全く考慮されることのなかったこの分野の専門職問題が、このように新たな課題として取り上げられること自体、画期的だといわねばならないだろう。

2．文書管理の専門職（レコードマネジャー）の役割・機能

　第1章の「日本の記録管理の問題点」でも述べたように、行政機関、民間企業を問わず日本の組織に共通する問題の一つとして挙げられるのが、文書管理の専門職がいないという点である。これは今まで、わが国の組織において文書

管理の重要性が充分、認識されて来なかったことを物語っている。しかしながら今回、福田首相のリーダーシップで文書管理や公文書館制度の重要性が認められ、文書管理法の制定が実現するということになれば、次に必要となるのが文書管理の専門職体制である。なぜなら、いくら良いルールができたとしても、それを実行する体制がなければ実際の効果は上がらないからである。

　このような現用文書に関する専門職は海外ではレコードマネジャー（記録管理者）と呼ばれ、官民を問わず、ある程度の規模の組織ではすでに欠くことのできない存在となっている。それに対して非現用段階の歴史的文書に関する専門職はアーキビストと呼ばれ、この二つの専門職が連携を取りながら記録のライフサイクル管理全体を連続して行なう所に価値がある[注1]。

　では文書管理専門職とはどのような役割・機能を担っているのだろうか。海外のレコードマネジャーの例から見てみると、文書管理専門職とは、全庁（社）的な文書管理のプログラム（文書管理の方針、規則、手順、教育、監査等を含む仕組み・システム）の立案及び推進を行う情報管理のスペシャリスト、プロフェッショナルということになる。

　レコードマネジャーは具体的には次のような役割・機能を担っている。
　①文書管理方針の策定
　②文書管理規程の策定（分類体系・文書保存期間等のルール作り等）
　③重要文書・機密文書の保護方針・規則の作成
　④電子文書（電子メール含む）管理規則の作成
　⑤各課（室）文書管理担当者（キーマン）の教育及び支援
　⑥全庁（社）職員の文書管理教育
　⑦文書のライフサイクル管理の推進（作成→活用→保存→処分）
　⑧部門内書庫（中間書庫含む）の管理
　⑨国立公文書館等アーカイブズ機関への移管促進
　⑩安全な文書廃棄の実施
　⑪関連部門との連携のためのコーディネーション（IT担当・法務担当）
　⑫文書管理実施状況の監査及び報告書作成

これを見ると、レコードマネジャーの役割・機能というものがいかに多岐にわたっているかが理解できよう。これはどの組織においても情報化・グローバル化の流れ等の影響により、従来と比べ業務自体が複雑化、専門化しているからで、その結果、文書管理についてもより高度な専門性が求められるようになっているのである。

3．文書管理専門職（レコードマネジャー）の資質・能力

　さて、このような高度な専門職になるには、基本的に一体どのような資質・能力が求められるのだろうか。ここに、ある米国系大手外資企業が最近実際に日本でレコードマネジャーを募集したときの資格要件（Qualifications）の例がある。それによると3年以上の文書管理・情報管理の実務経験が前提で、日本語・英語のバイリンガル、さらに次のような資質・能力を有する人材が求められていた。

　①部門間の接点となる組織運営能力を持つなど、強力な対人関係スキル
　②良好な書面及び口頭でのコミュニケーション能力
　③熱意と誠実さを兼ね備えた前向きな意欲
　④問題発見能力、問題解決能力及び業務推進スキル
　⑤すべての従業員から見て、親しみやすく、尊敬でき近づきやすい
　⑥物事を個別に、秘密を守って処理する能力
　⑦プロジェクト管理の能力
　⑧6～12ヶ月の定められた教育研修を受講する意思

　これらが文書管理そのものの専門的なスキルの他に要求される基本的な能力なのだから、その要求レベルはかなり高いといってよいであろう。言い換えると現在の文書管理専門職というものは、文書管理に関する専門知識・スキルのみではなく、それらにプラス高度なマネジメント能力が求められているのである。中でも、これから最も重要だと思われるのが、先にも述べたコーディネーション能力である。いうまでもなく、これからの文書管理の最大の課題の一つ

は増大する電子文書の管理であるが、これらのインフラを担当しているのはIT部門の専門家達である。しかしながら彼らは電子情報を単なるデータとしか考えておらず、文書・記録として管理するという発想は薄い。従って内容に応じて電子情報を保存し、保存期間に従って電子情報を処分するという文書のライフサイクル管理的な考え方はあまりない。そのため、これらITの専門家と各部門の間に入り、コーディネイターとしてそれぞれの部門の課題を調整、コントロールする機能が必要であり、これこそが今必要な文書管理専門職の役割なのである。

　現在、もう一つの大きな課題はコンプライアンスへの対応である。近年、新しい法令の制定（改正含む）が頻繁に行われるうえに、コンプライアンスには関連標準や倫理規程までを含む幅広い対応が必要となっている。これについても、文書管理専門職が法務部門（弁護士含む）と各部門の間で調整機能を果たし、この課題に取り組まなければならない。

　さらにレコードマネジャーは、アーカイブズ部門の専門職であるアーキビストと連携し、現用から非現用へと歴史的な文書のスムースな移管を促進することも、重要な役割の一つとなっている。このような高度な専門職であるレコードマネジャーの能力を客観的に評価する仕組みとして、海外では権威ある資格認定制度が確立している。たとえばARMAの姉妹団体ICRM[注2]が行うCRM資格認定の場合、その有資格者はこの分野での高い評価と尊敬を受けており、組織がレコードマネジャーを採用する際の重要な判断基準となっている。

　日本でも現用段階の検定制度として、NOMAの「ファイリングデザイナー」検定やJIIMAの「文書情報管理士」検定があるが、今後はより高度な資格制度が必要になろう。一方、非現用段階のアーキビストの資格検定制度は現在、何もない。そのため日本アーカイブズ学会の高埜利彦会長（学習院大学教授）が中心となり、アーキビストの資格検定制度を創設する動きが進んでいる。

4．記録情報管理の基本能力（コア・コンピタンシー）

1）ARMAのRIMコア・コンピタンシー

　世界的なレコードマネジャーの協会、ARMAは2007年10月、「記録情報管理の基本能力」（Records and Information Management: Core Competencies）を発表した。これは、全社的・全庁的な記録管理を統括する専門職であるレコードマネジャーが保有すべき基本的な能力を6つの領域（ドメイン）に分け、それぞれを4つのレベルに分類した一種の標準・ガイドラインともいうべきもので、レコードマネジャーの自己評価、あるいは組織が彼らを採用したり、教育をしたり、業績を評価する時の尺度となるよう設計されている。

　先に述べたように日本でも、公文書管理制度の改革が大きなテーマとなっていることから、レコードマネジャー等の専門職育成と資格制度の新設・拡充が課題となっている。また民間企業においても日本版SOX法金融商品取引法や会社法の施行に伴い、記録管理の専門職が必要となってくる。このような専門職の育成や資格制度を考える場合の参考に、ARMA「記録情報管理の基本能力」（RIMコア・コンピタンシー）の概要を紹介したい。

　コア・コンピタンシーとは「特定の分野で、優れた成果を上げるのに役立つ知識・スキル・特質・または行動特性」と定義されている。6つの領域（ドメイン）とは、「ビジネス機能」、「RIMの実践」、「リスク管理」、「コミュニケーションとマーケティング」、「情報技術」、「リーダーシップ」である。このようにレコードマネジャーには、単にRIMそのものの能力のみではなく、組織の管理職としての基本的な能力が求められている点に特色がある。

2）6つの領域（ドメイン）

　①ビジネス機能：記録情報管理そのものでなく、組織活動を遂行するのに必要な知識及びスキル。例えば記録情報管理スタッフの管理、予算、顧客サービス、ワークプロセスの明確化と設計、経営幹部へのインプット、戦略計画立案などが含まれる。

②**RIMの実践**：記録と情報の作成／受領から配布、体系化、保存と検索を経て最終的な処分に至るまでを体系的に管理するために必要な知識とスキル。情報は組織の意思決定支援、訴訟対策、業務の効率化、法規制対応、史料の参照にとって欠くことのできない組織資産である。

③**リスク管理**：記録と情報の破損や消失に対する危険性を軽減し、管理するために必要な知識とスキル。破損や消失の可能性を明らかにするリスク分析と既知または予測可能なリスクを審査するリスク評価の二つが鍵となる。さらに運用面では事業の継続と災害対策（復旧を含む）がある。

④**コミュニケーションとマーケティング**：組織内で考え、メッセージ、会話、手紙などによる情報を効果的に交換し、RIMプログラムの利点を守るための知識とスキル。このドメインは、組織内でRIMの支援やコンプライアンスを展開し、RIMの原則やベストプラクティスの価値を拡げるために良好な関係を築く点で重要である。

⑤**情報技術（IT）**：データ処理・伝達のために情報処理システム、ソフト・ハード・ネットワークを開発・維持・活用するために必要な知識とスキル。RIMソフトのアプリケーションの選択プロセス、複製・画像処理機器、電子情報所在管理や新技術の特定などに関連するITの要件設定を含む。

⑥**リーダーシップ**：組織全体の目標達成という考えの下に、RIMプログラムの目標達成に向けて職員のモチベーションを高めるための知識とスキル。有能なリーダーは、指導、動機付け、助言といったリーダーシップスキル及び共感や思いやりといった人間関係スキルを用いて、他人に良い意味の影響力を与えなければならない。

3） **4つのレベル**

レベル1：RIMの専門職としては初級レベル。従ってRIMの実務経験は要求されない。RIM分野の基礎的・基本的な知識とスキルを身に付け、記録情報管理とは何かについての基本的な理解を持っていな

ければならない。大学卒の学歴もしくは他分野での実務経験が望ましい（なくても可）。

レベル2：より重要なRIMの知識・スキル・経験を持つ。基本的な技能・技術以上のものを理解しており、また記録管理のプロジェクトを推進した経験や、情報のライフサイクル管理のコンセプトに関する知識がある。さらに特別なスキル（例えば、分析、監査、レコードセンター管理、アプリケーション技術）を持ち、他のRIMスタッフを監督した経験を持つ。通常、RIM関連分野の大学卒の学位を持つ。

レベル3：組織全体のレベルでの豊富な実務経験を持ち、記録管理プログラムの設計、導入、管理及びスタッフの管理につき幅広い知識を有する。この分野におけるベストプラクティス、高度な技能、技術革新などに関するエキスパートとみなされる。
より高度な学位を持つか適切な資格の認定者である。

レベル4：経営幹部として戦略的意思決定ができ、組織の経営幹部と連携してRIMプログラムのスタッフやそのユーザーに対し全社的な方向性を示す。
殆どがより高度な学位を持つか適切な資格の認定者である。個人的な成長のために、事業戦略、チェンジ・マネジメント、事業方針、チーム活動、コラボレーション、連携等に焦点を当てた継続的な研究を行う。

4）各レベルで実際に必要なスキルとは

「記録情報管理の基本能力」は、実際の業務運用上で要求されるスキルの具体例として次のような項目を挙げている。

レベル1：1．基本的なコンピュータ関連スキル
　　　　2．読みやすい文書を作成する基本的なスキル
　　　　3．基本的なキーボード入力スキル

　　　　　　4．読解力
　　　　　　5．指示書や手順に従う能力
　レベル2：1．収集された数値データを％や割合で表現する
　　　　　　2．決められた期間における数値データの増減を比較する
　　　　　　3．情報請求に対し書面で回答する
　　　　　　4．高度なキーボード及びデータ入力スキルを示す
　　　　　　5．オフィス用製品、RIMソフトウエア、データベースについての基本的なスキルを示す
　　　　　　6．簡単な情報検索を確実、効率的に行う
　　　　　　7．基本的なプロジェクト管理のスキルを示す
　レベル3：1．経費予算を作成、提出、適用、監査する
　　　　　　2．数値データを表やグラフに変換する
　　　　　　3．問題解決の手法を示す
　　　　　　4．調査を行い、その結果を適切なフォーマット（図表・報告書・口頭の説明）で表す
　　　　　　5．オフィス用製品、RIMソフトウエア、データベースについての熟練したスキルを示す
　　　　　　6．複雑な情報検索を確実、効率的に行う
　　　　　　7．RIMシステムを導入する
　レベル4：1．調査・分析を行い、結果を検証する
　　　　　　2．複雑なデータの意味づけをし、独自の研究結果を評価する
　　　　　　3．調査・分析を行うためにデータ類を活用する
　　　　　　4．専門的な用語法や専門語を含む言語・語彙の使い方を示す
　　　　　　5．同僚や業務の専門職との会話において考えを表現し、賛同を得る
　　　　　　6．RIMシステムを提案する
　　　　　　7．RIMプログラムの戦略や提唱を策定し、リードする

5．CRM（認定記録管理者）資格認定制度

　CRM（認定記録管理者）(注3)はARMAの姉妹団体であるICRM（認定記録管理者協会）によって認定されるレコードマネジャーの認定資格である。ICRMは1975年に設立された独立の、非営利のボランティア団体で、その主たる目的は、レコードマネジャーのプロフェッショナルとしての資格認定（維持を含む）を行なうためのプログラムの開発と管理である。同時にCRMの資格認定者が参加するメンバー組織でもある。

　CRM資格は記録管理分野における専門的な業績・能力を判定する基準となっており、高い評価と権威を獲得している。つまりCRM資格を持つレコードマネジャーは適切な教育を受けただけではなく、専門的な経験を有し、厳格な試験に合格した専門職で、併せてプロとしての行動指針に従いながら、常に資格要件を満たすよう積極的に資格の維持、向上に努力する人間であることを意味している。

　またCRM資格を持つと、経済的なメリットもあり、彼らは通常のレコードマネジャーの平均的な給与よりも10％は高い給与で採用されるという。

【CRMの資格認定】　CRMの資格認定については、基本的に教育的バックグラウンドと実務経験及び認定試験に合格することの3つに基づいてICRMの認定基準委員会が決定する仕組みになっている。

　教育及び実務経験は書類審査によって行なわれ、書類審査に通った者のみが、認定試験を受験できる。

①認定試験の内容

　CRMの認定試験は次の6科目から構成されている。

　パート1：マネジメントの原則及び記録情報管理（RIM）のプログラム
　パート2：記録の作成と利用
　パート3：記録システム、保管及び検索
　パート4：記録の評価、保存期間管理、保護、処分
　パート5：利用技術、設備、サプライ

パート6：ケース・スタディ（事例研究）

パート1から5までは、それぞれ100の設問（選択方式）から構成されており、パート6のケース・スタディは記述式となっている。パート6を受けるためには、まずパート1～5に合格している必要がある。

②実務経験

実務経験は次のカテゴリーの中から、3つ以上の経験がなければならない。

＊記録管理プログラムの管理
＊記録の作成及び利用
＊活性記録（現用記録）システム
＊非活性記録（半現用記録）システム
＊記録の評価、保存期間管理及び処分
＊記録の保護
＊記録管理の技術（テクノロジー）
＊記録管理の教育

実務経験とは、上記カテゴリーにつき、研究・調査、開発・設計を行なったか、もしくは記録管理システムの導入・実施を行なった、記録管理プログラムの直接的な管理・運営責任者を務めた、信頼できる大学において記録管理講座を常勤で教えた等の場合をいう、となっている。

③教育的バックグラウンド

教育に関しては、最適な経験と教育の組み合わせ要件というものがあり、信頼できる大学の修士レベルと2年間（常勤）の記録管理実務経験の組み合わせが良いとされている。

注：
1．レコードマネジメントの先進国であるアメリカ、カナダ、オーストラリア等の諸国はこのパターンだが、ヨーロッパ諸国においてはアーキビストが非現用分野のみならず、現用分野までを担当している。

2．ICRM：Institute of Certified Records Managers（認定記録管理者協会）の略。
3．Certified Records Managersの略。
　なお、レコードマネジャー及びアーキビストを含む専門職の資格認定制度については、国文学研究資料館アーカイブズ研究系の坂口貴弘氏の詳細な報告がある。「専門職の資格認定制度はどうあるべきか：諸外国の動向に学ぶ」(『レコード・マネジメント』No.55 2008年) 参照。

参考文献

◆文書・記録管理関係

三沢　仁　『五訂ファイリングシステム』　(社)日本経営協会　1987年

ウイリアム・ベネドン（作山宗久訳）　『記録管理システム』　勁草書房　1988年

作山宗久　『文書のライフサイクル』　法政大学出版局　1995年

抜山　勇・作山宗久　『文書管理と法務 ―アカウンタビリティへの対応』　ぎょうせい　1997年

杉浦允／松村雅生・松田綱児　『情報公開と文書管理』　ぎょうせい　1997年

長谷川俊明　『新民訴法・文書管理の要点－マニュアルづくり20講』　東京布井出版　1997年

村岡正司　『情報公開のための文書管理ガイド』　日本法令　1999年

NTTデータ経営研究所編著　『電子文書証明－eドキュメントの原本性確保』　NTT出版　2001年

野口悠紀雄　『「超」整理法(1)　押出しファイリング』（中公文庫）　中央公論新社　2003年

野口悠紀雄　『「超」整理法(2)　捨てる技術』（中公文庫）　中央公論新社　2003年

野口悠紀雄　『「超」整理法(3)　タイム・マネジメント』（中公文庫）　中央公論新社　2003年

野口悠紀雄　『「超」整理法(4)　コミュニケーション』（中公文庫）　中央公論新社　2003年

くろがねファイリング研究所　『ファイリング＆情報共有なるほどガイド－あなたのオフィスを変える』　日刊工業新聞社　2004年

斉藤　孝　『「記録・情報・知識」の世界』　中央大学出版部　2004年

日本規格協会　JIS『情報とドキュメンテーション－記録管理－第1部、総説：X0902-1』　日本規格協会　2005年

山下貞麿　『たかが文書、されど文書管理－企業の存亡を左右する文書管理』　日経BP企画　2006年

池田宏・コクヨS&Tセキュリティ推進室　『セキュリティ時代の文書管理－コクヨの「危機回避」ファイリング術』　日経BP企画　2006年

ビジネス機械情報システム産業協会・ドキュメントマネージメントシステム部会編　『内統制のカギを握る　文書管理システム導入のすすめ』　東洋経済新報社　2006年

(独)国立公文書館　調査研究報告書『電子媒体による公文書等の適切な移管・保存・利用に向けて』（http://www.archives.go.jp/hourei/hourei3_12.pdf、2008.8.5参照）　2006年

(社)日本経営協会編　『文書管理と情報技術～オフィスワークのIT化とこれからのドキュメント管理～』（07・08年度版）　(社)日本経営協会　2007年

(社)日本経営協会編　『トータル・ファイリングシステムとe文書』（07・08年度版）　(社)日本経営協会　2007年

牧野二郎・山野辺泉・石島正勝　『内部統制時代の文書・情報マネジメント』　エフエム・ソリューション　2007年

矢次信一郎　『ファイリング＆整理術』（日経文庫）　日本経済新聞出版社　2007年

高橋滋・総合研究開発機構共編　『政策提言――公文書管理の法整備に向けて』　商事法務　2007年

壺阪龍哉　『できる人の「超」整理術』（中経文庫）　中経出版　2008年

壺阪龍哉　『図解１秒整理術』　三笠書房　2008年

木村道弘・前田陽二・宮崎一哉　『電子文書保存のしくみと実務－記録管理の基本と標準化（第2版)』　中央経済社　2008年

Mary F. Robek, Gerald F. Brown, David O. Stephens　『Information and Records Management』　ARMA International　1995年

Mark Langemo　『Winning Strategies for Successful Records Management Programs』　ARMA International　2002年

William Saffady　『Records and Information Management：Fundamentals of Professional Practice』　ARMA International　2004年

David O. Stephens 『Records Management：Making the Transition from Paper to Electronic』 ARMA International 2007年
ISO 15489-1：2001『Information and Documentation Records Management Part 1：General』
ISO/TR 15489-2：2001『Information and Documentation Records Management Part 2：Guidelines』

◆アーカイブズ関係
安藤正人・青山英幸編著 『記録史料の管理と文書館』 北海道大学図書刊行会 1996年
安藤正人 『草の根文書館の思想』 岩田書院 1998年
小川千代子 『世界の文書館』 岩田書院 2000年
国文学研究資料館史料館編 『アーカイブズの科学』 柏書房 2003年
小川千代子・高橋実・大西愛編著 『アーカイブ事典』 大阪大学出版会 2003年
青山英幸 『アーカイブズとアーカイバル・サイエンス－歴史的背景と課題』 岩田書院 2004年
企業史料協議会編 『企業史料協議会20年史』 企業史料協議会 2004年
青山英幸 『電子環境におけるアーカイブズとレコード－その理論への手引き』 岩田書院 2005年
高山正也編 (独)国立印刷局 『公文書ルネッサンス－新たな公文書館像を求めて－』 国立印刷局 2005年
記録管理学会・日本アーカイブズ学会編 『入門・アーカイブズの世界－記憶と記録を未来に』 日外アソシエーツ 2006年
小川千代子 『アーカイブを学ぶ ― 東京大学大学院講義録「アーカイブの世界」』 岩田書院 2007年
大濱徹也『アーカイブズへの眼－記録の管理と保存の哲学』 刀水書房 2008年
仲本和彦『研究者のためのアメリカ国立公文書館徹底ガイド』 凱風社 2008年

◆情報公開法・個人情報保護法関係

松井茂記　『情報公開法』（岩波新書）　岩波書店　1996年
堀部政男編著　『情報公開・プライバシーの比較法』　日本評論社　1996年
三宅　弘　『情報公開制度　運用と業務』　新日本法規　1999年
中島昭夫　『使い倒そう！情報公開法－FOIA（米国情報自由法）もこうして使える』　日本評論社　1999年
宇賀克也　『情報公開法の理論（新版）』　有斐閣　2000年
松井茂記　『情報公開法入門』（岩波新書）　岩波書店　2000年
宇都宮深志編著　『情報公開制度の新たな展望』　（財）行政管理研究センター　2000年
宇賀克也　『情報公開法・情報公開条例』　有斐閣　2001年
総務省行政管理局編　『詳解情報公開法』　財務省印刷局　2001年
宇都宮深志　『公正と公開の行政学－オンブズマン制度と情報公開の新たな展開』　三嶺書房　2001年
宇賀克也　『ケースブック情報公開法』　有斐閣　2002年
松井茂記　『情報公開法（第2版）』　有斐閣　2003年
宇賀克也　『解説　個人情報の保護に関する法律』　第一法規　2003年
宇賀克也　『情報公開法　アメリカの制度と運用』　日本評論社　2004年
宇賀克也　『情報公開の理論と実務』　有斐閣　2005年
宇賀克也　『個人情報保護法の逐条解説（第2版）』　有斐閣　2005年
(社)行政情報システム研究所編　『行政機関等個人情報保護法の解説』　ぎょうせい　2005年
三宅　弘　『Q&A個人情報保護法解説』　三省堂　2005年
(財)行政管理研究センター編　『情報公開制度　改善のポイント』　ぎょうせい　2006年
宇賀克也　『新・情報公開法の逐条解説（第4版）』　有斐閣　2008年

◆ナレッジマネジメント関係

野中郁次郎・竹内弘高（梅本勝博訳）『知識創造企業』 東洋経済新報社 1996年

野中郁次郎・紺野 登 『知識経営のすすめ—ナレッジマネジメントとその時代』(ちくま新書) 筑摩書房 1999年

トーマス・H・ダベンポート、ローレンス・プルサック（梅本勝博訳）『ワーキング・ナレッジ —「知」を活かす経営』 生産性出版 2000年

ハーバード・ビジネス・レビュー編 『ナレッジ・マネジメント』 ダイヤモンド社 2000年

ゲオルク・フォン・クロー・野中郁次郎・一條和生 『ナレッジ・イネーブリング — 知識創造企業への五つの実践』 東洋経済新報社 2001年

紺野登 『ナレッジマネジメント入門』(日経文庫) 日本経済新聞社 2002年

野中郁次郎・紺野 登 『知識創造の方法論－ナレッジワーカーの作法』 東洋経済新報社 2003年

マイケル・ポランニー（高橋勇夫訳）『暗黙知の次元』(ちくま学芸文庫) 筑摩書房 2003年

ドロシー・レナード、ウォルター・スワップ（池村千秋訳）『「経験知」を伝える技術』 ランダムハウス講談社 2005年

トーマス・H・ダベンポート（藤堂圭太訳）『ナレッジワーカー』 ランダムハウス講談社 2006年

◆コンプライアンス、リスクマネジメント関係

長谷川俊明 『戦略的企業法務－リスクマネジメントとしてのコンプライアンス経営』 経済法令研究会 1999年

長谷川俊明 『危機管理30章－法的リスクマニュアル』 東京布井出版 2002年

産経新聞取材班 『ブランドはなぜ墜ちたか－雪印・そごう・三菱自動車事件の深層』(角川文庫) 角川書店 2002年

監査法人トーマツ編 『セキュリティ・マネジメント戦略』 日本経済新聞社

2003年

高　巌　『コンプライアンスの知識』（日経文庫）　日本経済新聞社　2003年

牧野二郎　『企業情報犯罪対策入門』　インプレス　2004年

酒巻久・キヤノン電子情報セキュリティ研究所編　『企業情報漏洩防止マニュアル』　アスキー　2004年

宮崎貞至　『企業情報はこんな手口で盗まれる』　東洋経済新報社　2005年

上野治男　『現場で生かすリスクマネジメント』　ダイヤモンド社　2005年

小林秀之　『裁かれる三菱自動車』　日本評論社　2005年

浜辺陽一郎　『コンプライアンスの考え方－信頼される企業経営のために』（中公新書）　中央公論新社　2005年

国広　正・五味祐子　『なぜ企業不祥事は、なくならないのか－危機に立ち向かうコンプライアンス』　日本経済新聞社　2005年

郷原信郎　『コンプライアンス革命－コンプライアンス＝法令遵守が招いた企業の危機』　文芸社　2005年

櫻井　稔　『内部告発と公益通報－会社のためか、社会のためか』（中公新書）　中央公論新社　2006年

長谷川俊明　『リスクマネジメントの法律知識（第2版）』（日経文庫）　日本経済新聞出版社　2007年

岡村久道　『情報セキュリティの法律』　商事法務　2007年

齋藤憲監修　『企業不祥事事典－ケーススタディ150』　日外アソシエーツ　2007年

吉川吉衛　『企業リスクマネジメント－内部統制の手法として』　中央経済社　2007年

高野一彦　『情報法コンプライアンスと内部統制－内部統制時代の企業法務のあり方』　九天社　2007年

桐山桂一　『内部告発が社会を変える』（岩波ブックレット）　岩波書店　2008年

◆記録管理・アーカイブズ関連の主な定期刊行物
【関連団体の機関誌】
『レコード・マネジメント』：記録管理学会（年2回発行）
『月刊IM』：(社)日本画像情報マネジメント協会
『Records and Information Management Journal』：ARMA東京支部（季刊）
『アーカイブズ学研究』：日本アーカイブズ学会（年2回発行）
『アーカイブズ』：国立公文書館（季刊）
『Information Management Journal』：ARMA International（bimonthly）
『infonomics』（旧『AIIM E-DOC』）：AIIM（bimonthly）

【その他の情報関連団体の雑誌】
『行政&情報システム』：(社)行政情報システム研究所（隔月）
『季報情報公開・個人情報保護』：(財)行政管理研究センター（季刊）
『情報管理』：(独)科学技術振興機構（月刊）
『情報の科学と技術』：(社)情報科学技術協会（月刊）

事 項 索 引

【数字】
4半期開示原則 ……………………… 159
9.11同時多発テロ ……………………95

【A】
Accountability ………………………70
AIIM ……………………………… 132
ARMA …39, 43, 82, 85, 131, 132, 145, 217〜
219, 226, 227, 231
ARMAの倫理規程 ……………………… 219
AS4390 …………………… 25, 51〜53, 65, 82
Authenticity ……………………… 101, 168

【C】
CIO ……………………………39, 108, 129
COSO報告書 …………………… 159, 174
CRM ……………… 39, 43, 181, 226, 231, 233
CSR ………………49, 60, 61, 66, 88, 105

【D】
Discovery …………… 183, 184, 189, 195, 196
DLMフォーラム ……………………… 141
document ……………………… 20, 21
due process ……………………… 175

【E】
ERA ……………………………… 140
e-Discovery ……………………… 189
e-文書法 ………… 102, 130, 169, 192, 215
eメールポリシー ……………………… 193

【F】
Freedom of Information ACT (FOIA) …
71, 72, 75

【H】
HACCP ……………………… 11, 16, 54, 55

【I】
IBM ………………………55, 61, 66, 154
ICRM ………………………43, 226, 231, 233
Integrity ……………… 101, 137, 168, 202
InterPARES ……………………… 140
ISO15489 … 17, 20, 23, 25, 31, 41, 42, 52〜54,
69, 82, 83, 97, 101〜103, 111, 114, 127,
128, 137, 138, 168, 192, 197, 199, 213,
214, 216, 220
ISO17799 ……………………… 202, 203, 221
ISO9000 ……………………… 176

【J】
JIS Q 15001 ……………………………94
JIS X 0902 ……………………… 17, 54
JIS X 5080 ……………………… 202, 203, 221

【M】
MoReq ……………………………… 141

【N】
NARA …29, 33〜35, 41〜43, 67, 80, 140, 148
NIRA ………………………………31

【O】
OECD「個人情報保護のためのガイドライン」……………………………94
OECD「情報システムのセキュリティ・ガイドライン」……………… 202

【P】
PL法 ……………… 91, 93, 185, 186

【R】
records ……………………… 20, 21
Reliability ……………………… 101, 168
RIMコア・コンピタンシー ………… 227

241

【S】
SOX法　……　58, 59, 66, 83, 151〜153, 155, 157, 158, 162, 166, 170〜172, 177, 189, 199, 216, 227

【T】
Transparency ……………………………57

【U】
Useability ………………………… 102, 168, 216

【V】
Vital Records ………………… 94, 95, 217

【あ】
アーカイブズ ……………………… 19, 23, 30, 32, 33, 35〜37, 40, 42, 43, 46〜48, 63, 64, 66, 76, 82, 84, 100, 109, 110, 114, 115, 119, 125〜127, 129, 136, 139, 140, 142, 188, 224, 226
アーキビスト …30, 33, 63, 114, 139, 223, 224, 226, 232
アーサーアンダーセン ………… 154, 216
アカウンタビリティ　24, 25, 45, 46, 49〜51, 54, 60, 65, 69, 70〜72, 78〜80, 82, 87, 88, 107, 128, 160, 165, 213
アクセス ……7, 34, 35, 70, 82, 90, 94, 98, 99, 112, 122, 124, 126, 134〜137, 139, 140, 201〜203, 208〜210, 215, 216, 220
安全管理体制 …………………………… 172
暗黙知 ……………………………………89

【い】
委員会設置会社 ……………… 164, 165
移管　…………… 21, 23, 30, 35, 39, 43, 79, 80, 82, 100, 109, 110, 117, 119, 123, 125, 127, 129, 136, 141, 224, 226
インターパレス ………………………… 140
隠蔽体質 ………… 9, 10, 13, 14, 59, 63, 83

【う】
ヴァージニア権利章典………………………70

【え】
営業秘密 ……… 92, 127, 208〜210, 212, 221
エイズ薬害訴訟 ………………………… 9
永年保存 ………………………… 79, 117
エンロン　5, 57〜59, 153, 154, 156, 157, 170, 216

【お】
黄金のトライアングル ……………… 27, 28
オーストラリア記録管理国家標準（AS4390）……………… 51, 53
オープンネス ……………………………72
オンブズマン ………………… 71, 84

【か】
会社法施行規則 ……… 162〜165, 173, 174
過去文書 …………… 52, 53, 65, 76, 84
合衆国アーキビスト ……………… 33, 63
カネボウ ………………………… 57, 157
可用性 ……… 156, 202, 203, 213, 215〜218
株主代表訴訟 ……………… 91, 167, 200
監査と維持管理 ……………… 104, 106
完全性 …24, 48, 50, 53, 97, 101, 102, 126, 137, 138, 156, 168, 169, 192, 202, 203, 213〜215, 218, 220

【き】
基幹記録 ………………………… 217
危機管理（リスクマネジメント）…24, 87, 91
企業会計審議会内部統制部会… 159, 160, 166
企業行動の開示・評価に関する研究会… 159
企業統治 ……………………………58
企業の社会的責任 ……………… 49, 60, 88
企業倫理 ……………… 54, 56, 163, 214
機密情報 ………… 92, 94, 210〜212, 220

242

機密性 …102, 128, 137, 202, 203, 212, 213, 215, 218
教育・研修 …………………………… 104, 106
行政文書 …20, 21, 26, 31, 39, 40, 42, 52, 53, 65, 69, 74, 76～78, 80, 81, 117, 118
行政文書ファイル ……………………………77
行政文書の管理方策に関するガイドライン ………………………… 26, 39, 77, 117
行政文書ファイル管理簿……… 39, 81, 118
共通課題研究会 … 102, 130, 137, 138, 214, 215
業務価値 …………………………… 113, 114
業務分類 ……………… 104, 111, 112, 135
記録管理学会 ……30, 36, 42, 43, 66, 67, 179, 180
記録管理のパラダイムシフト …25, 45, 51, 52, 58, 63, 64
記録管理のプログラム ……… 87, 103, 109
記録管理の要求事項…4, 23, 53, 97, 103, 119, 129
記録管理プログラム …29, 34, 97, 103, 106, 108, 128, 129, 229, 232
記録の隠ぺい ……………………………51
記録の改ざん ……………………… 50, 59, 213
記録のコンテクスト …… 98, 102, 111, 115
記録の属性情報 ……………………………98
記録の取込み…………………… 120, 122
記録の内容 ………………………… 98, 121
記録の品質 48, 54, 100～103, 168, 169, 192
記録の不作成 ……………………………49
記録の不法な廃棄 ………………………50
記録の紛失 ……………………… 50, 51
記録の保存期間短縮 ……………………50
記録のライフサイクル管理 …………………… 38, 97, 104～106, 109～112, 119, 123 ～125, 127, 128, 136, 224
金融商品取引法 …………………………… 14, 57～59, 83, 88, 151, 153, 158～162, 166, 170～172, 177, 195, 227

【く】
グローバル・スタンダード 15, 17, 25, 35, 54
郡司ファイル ……………………… 9, 15

【け】
形式知 ……………………………………89
決裁・供覧文書 ……………………… 46, 52
検索時間の短縮 ……………………… 24, 87
検索性 ……………………… 99, 102, 215
現状調査 ……………………… 103, 104
現用文書 …26, 29～31, 35, 36, 41, 46, 48, 63, 76, 79, 82, 84, 114, 139, 224
見読性 ……………… 102, 134, 137, 215
原本性保証 ……………………… 102, 137

【こ】
公益通報者保護法 ……………………… 59, 164
公文書館推進議員懇談会…………… 32, 64
公文書管理の在り方等に関する有識者会議 ……………………… 32, 64, 223
公文書等の適切な管理、保存及び利用に関する懇談会 … 32, 63, 66, 84, 141
コーディネーション能力…………… 225
コーポレートガバナンス…58, 152, 159, 160, 161, 170
国立公文書館 …30, 31, 35, 36, 39, 41, 43, 63, 64, 79, 80, 82, 117, 224
国立公文書館記録管理局（NARA） …29, 33, 34, 41, 63, 67, 139, 140
個人情報 ……………… 14, 26, 42, 51, 80, 84, 92, 94, 126, 127, 172, 177, 178, 196, 203, 204～208, 210, 212, 221
個人情報保護法 …14, 92, 94, 172, 178, 196, 203, 206
コンテンツ ……………… 98, 101, 136, 201
コンプライアンス …… 10, 14, 24, 45, 47, 51, 52, 54～60, 88, 100, 105, 114, 120, 146, 161, 162, 163, 165, 167, 170～174, 176, 178, 200, 201, 219, 226, 228

索引　　243

【さ】

サーベンス・オクスレー法…58, 59, 66, 151～153, 155, 156
索引（インデックス）……………… 113
散在情報 …………………………… 206

【し】

『思考スピードの経営』……………… 90, 95
自己使用文書 ………………… 62, 96, 184
修正履歴 …………………………… 191
重要記録 …………………… 94, 95, 122, 217
出版の自由に関する法律……………… 71
準文書 …………………………… 91, 190
証拠収集手段の拡充…… 62, 63, 66, 91, 96
証拠能力 …………………………… 190, 191
消費者契約法 ……………………… 185
消費生活用製品安全法……………… 186, 188
情報公開条例 …… 46, 52, 65, 76, 79, 84, 88
情報公開法 …………………………… 14, 20, 26～29, 42, 46, 52, 57, 65, 69, 70～74, 76, 79, 81, 82, 84, 88, 117, 120, 128, 216, 218
情報公開法制の確立に関する意見 ……52
情報公開法要綱案 …………… 42, 52, 64, 69
情報公開法要綱案の考え方 ……… 42, 52
情報自由法 ……………… 26, 71, 75, 84
情報セキュリティの3要素 ……… 202, 203
情報の開示 …… 57～59, 69, 83, 212, 213
情報の共有化 ……………………… 24, 87
情報漏洩…9, 91, 92, 145, 178, 203～206, 208, 212
情報を与えられた市民………………72
職業秘密文書 ……………………… 62, 96
食品偽装 …………………………… 10, 214
処分 …8, 9, 23, 28, 29, 78, 80, 100, 105, 106, 109, 110～112, 117～119, 122～125, 127～129, 136, 157, 180, 211, 212, 219, 224, 226, 228, 231, 232
ジョンソン&ジョンソン社 ……………55
知る権利 ……………………… 33, 70

【す】

新会社法 …14, 161, 162, 165～167, 170, 200
真正性 …24, 48, 50, 101, 115, 119, 126, 138, 140, 141, 168, 169, 192
信頼性 …24, 48, 101, 115, 119, 126, 141, 152, 156, 157, 159, 162, 168, 169, 192

【す】

スウェーデンの情報公開法 ……… 71, 84
ストラクチュア ………………………98
スペースセーブ ………………… 24, 46, 87

【せ】

世界で最も賞賛される企業 ……………61
説明責任（アカウンタビリティ）………23, 24, 25, 27, 28, 30, 32, 33, 36, 37, 45～49, 51～54, 56, 57, 59, 60, 63, 69, 70, 72, 76, 78, 79, 82, 83, 87～89, 97, 99, 101, 105, 107, 108, 114, 115, 120, 128, 155, 160, 161, 165, 167, 170, 199, 213
センシティブな（機微な）個人情報 ……127, 206

【そ】

総括文書管理者 ………………… 39, 40, 81
総合研究開発機構（NIRA）……………31
組織共用文書 ……… 42, 52, 53, 65, 74, 75
「訴訟」 ………………………………93
存在証明 …………………… 138, 169

【た】

タイムスタンプ ……………… 138, 169

【ち】

知識管理（ナレッジマネジメント）…24, 87, 89
知識労働者 …………………………… 90
中央青山監査法人 ………………… 66, 157
中間書庫 …………………………… 79, 224
著述と出版の自由に関する1766年12月2日の憲法法律 ………………………71

【つ】
ツミアゲ方式 ……………………… 111, 135

【て】
ディスカバリー ……… 62, 92, 93, 144, 145
ディスクロージャー…57, 152, 158, 159, 165, 171～174, 177
データプロセシング …………………… 132
電子署名 ………………………… 138, 169
電子政府構想 ………………………………31
電磁的記録 ……………… 20, 42, 74, 76, 215
電子メール … 134, 142～147, 189, 190, 193～197, 204, 224

【と】
透明性 … 30, 48, 57, 59, 60, 88, 152, 155, 156
登録 …8, 106, 111, 121～125, 200
ドキュメントプロセシング ………… 132
取締役会設置会社 ………… 161, 163～165
トレーサビリティ …48, 125, 127, 129, 138, 168
トレッドウエイ委員会…………… 159, 174

【な】
内部告発 ………………… 59, 66, 152, 193
内部統制 …… 57～59, 151～153, 158～163, 165～174, 177, 179, 180, 182, 183, 189, 196～200
内部統制報告書 ………… 152, 158, 159, 160
ナレッジワーカー ………………………90

【に】
日興コーディアル ……… 143, 157, 189, 194
日本アーカイブズ学会…………… 43, 226
日本ネットワークセキュリティ協会 …… 204, 221

【ね】
年金記録問題 ……………………… 7

【は】
バインダー ……………… 121, 212, 221
バックアップ …………………………95
パロマ ………………… 11, 12, 57, 83

【ひ】
非現用文書 ……………… 35, 76, 82, 84
ヒューレット・パッカード …………55
評価選別 ………………… 35, 37, 114
標準タイトル ……………………… 121
標準ファイルタイトル………… 112, 123
開かれた政府 ………………………72

【ふ】
ファイリングシステム 15, 17, 22～25, 45～47, 87, 107, 109, 110, 135, 166, 197
ファイル管理簿 ……………… 123, 125
ファイル基準表 ……………………… 123
ファイル名 ……………… 81, 99, 121, 123
ファイルメーター ……………………… 104
フィブリノゲン ……………………… 8, 15
『フォーチュン』 ………………… 61, 62
フォルダー ………… 99, 121, 134, 135
不二家 …………………………10, 11, 12
不正競争防止法 ……… 92, 209, 210, 221
フランス人権宣言 ………………………70
「文書」と「記録」……… 20～23, 120, 214
文書化 …28, 29, 48, 53, 105, 108, 113, 115, 119, 125, 127～130, 161, 166, 168, 171, 176, 182, 189, 192, 197, 198
文書管理者 ……………… 9, 39, 40, 81
文書管理専門職 …30, 38～41, 148, 224～226
文書管理担当者 ……… 39～41, 81, 148, 224
文書管理法 ……………… 14, 28～32, 224
文書提出命令 ……………… 62, 91, 95, 184
文書不存在 ……………… 21, 26, 29, 78
分類 ……………………… 37, 39, 76, 77, 81, 91, 98, 99, 104, 106, 107, 110～114, 121～125, 128, 133, 135, 136, 146, 147, 198, 206, 224, 227

索引　　245

分類体系 … 98, 104, 107, 110～113, 128, 135, 136, 147, 198, 224

【へ】
米国証券取引委員会（SEC）…… 154, 216
ベストプラクティス …… 54, 141, 228, 229

【ほ】
ホイッスルブロワー ……………………59
法定保存年限 ……… 50, 114～116, 167, 216
法務価値 …………………………… 113, 114
ポーン・デジタル ………………………… 133
「保管」と「保存」…………………………110
保存期間 ………… 9, 24, 27, 35, 39, 50, 77～81, 99, 100, 105～107, 109～119, 123, 125～128, 132, 135, 136, 139, 144, 146, 147, 163, 167, 186, 198, 216, 224, 226, 231, 232
保存期間を延長 ……………………… 79, 127

【ま】
マイナス情報 ……………………… 48, 57

【み】
三菱自動車 … 13, 16, 51, 57, 59, 83, 156, 215
民事訴訟法 …… 62, 91, 92, 95, 145, 183, 192

【む】
無開封・無選別溶解リサイクル方式…212

【め】
メタデータ …90, 98, 99, 101, 119～124, 134, 135

【ゆ】
雪印乳業 ……………… 11, 55, 57, 83, 156, 213

【よ】
良い記録の要件 … …54, 100～102, 119, 137, 168, 192

溶解再生 …………………………………… 211

【ら】
ライフサイクル ……………………………
23, 35, 38, 41, 49, 77, 81, 84, 91, 92, 97, 102, 104～106, 109～112, 119, 123～125, 127～129, 133, 136, 141, 180, 193, 211, 212, 224, 226, 229
ライブドア ……………… 143, 157, 189, 195

【り】
リスク管理 … 37, 58, 114, 159, 160, 162, 163, 168, 170, 172～174, 181, 189, 197, 211, 219, 227, 228
リテンション・スケジュール ……… 125
利用性 ……… 24, 48, 102, 126, 168, 192, 216

【れ】
歴史価値 …………………………… 113, 114
レコードシリーズ ………………… 77, 126
レコードマネジメント …………………17
レコードマネジャー…30, 36, 38～40, 43, 108, 132, 136, 144, 148, 169, 180～183, 187, 189, 194, 218, 223～227, 231
連邦記録法 ……………………… 26～29, 41

【わ】
ワリツケ方式 …………………… 111, 135

人 名 索 引

【あ】
アレン・ワインシュタイン ……… 33, 67

【い】
石井米雄 ……………………………36
伊藤邦雄 …………………………159
井出嘉憲 ……………………………84

【う】
ウィリアム・サファデイ……………43
宇賀克也 ………… 84, 102, 130, 137, 214
宇都宮深志 ……………… 43, 67, 84

【お】
尾崎護 ……………… 32, 64, 141, 223

【か】
上川陽子 ……………………… 32, 64

【き】
菊池光興 ……………………………31

【け】
ケネス・ティボドー……………139, 148

【さ】
堺屋太一 …………………… 18, 41
坂口貴弘 ……………………… 233
作山宗久 ……………… 65, 84, 113, 130

【し】
ジェームズ・マディソン……………71
ジョン・カーリン ………… 33, 43, 63, 67

【た】
高橋滋 ……………………………31
高埜利彦 ……………… 19, 42, 226

【た】
高山正也 ……………………………63
田中英彦 …………………… 130, 215

【て】
デイビッド・スティーブンス…58, 145, 147, 149

【な】
中根千枝 …………………… 19, 42
仲本和彦 ……………………………67

【の】
野口悠紀雄 ………………… 18, 41
野中郁次郎 ………………… 89, 95

【は】
長谷川俊明 ………… 95, 167, 170, 171, 200
八田進二 …………………… 159, 170
浜辺陽一郎 ………………… 169, 170

【ひ】
ピーター・F・ドラッカー ………… 89, 95
平松毅 ……………………………84
ビル・ゲイツ ……………… 90, 95

【ふ】
福田康夫 ……………… 32, 63, 64

【へ】
ベティ・リックス …………………… 114

【ほ】
ポール・サーベンス …………… 66, 152
堀部政男 ……………………………84

【ま】
マイケル・オクスレー …………… 66, 152

松岡資明 ……………………………… 31

【み】
三沢仁 ………………… 23, 42, 46, 65, 95

【む】
村山治 ………………………………65

【や】
山﨑久道 ……………………………43

あとがき

　日本における文書・記録管理の環境が大きく変わりつつある。記録管理の後進国であったわが国においても、ようやく記録管理の重要性が認識されようとしている。その最も大きな動きが、2008年の初めから始まった国の公文書管理制度改革への取り組みである。本文でも触れたが、福田首相が2008年1月、国会での施政方針演説の中で、この問題を取り上げた後、翌月には「公文書管理の在り方等に関する有識者会議」が設置され、7月には同会議の中間報告が首相に提出された。10月には最終報告書が出され、2009年初めの通常国会には、これを基にした公文書管理法（仮称）案の提出が予定されている。

　この有識者会議は中間報告まで4カ月、実にスピーディに審議が進められたが、その内容もまた実に意欲的で素晴らしいものであった。もちろん多くの課題が存在する。公文書管理担当機関の具体的な体制・権限をどうするのか、レコードマネジャー・アーキビストといった専門職をどう育成するのか、電子文書化の問題にどう取り組むのか等々である。それよりもっと大きな問題は、予想される霞が関の抵抗を排し、ここで示された理念や方向性がどこまで法制化され、施行段階で実行に移されるかである。しかしながら、中間報告に筆者が長年主張してきた文書管理の目的は説明責任にあること、現用と非現用文書の一元的な管理、レコードマネジャーの専門職体制の確立などの基本的な考え方が盛り込まれたことは、喜びに堪えない。

　文書管理法制定という、われわれ文書管理関係者の夢が実現に大きく近づいたことは間違いなく、尾崎護座長を始め有識者会議のメンバーに心より敬意を表したい。国の文書管理改革が進めば、自治体もこれに準ずることになろうし、民間企業への伝播も期待できる。そうなれば日本の文書・記録管理が国際的なレベルに一歩近づくことになり、2008年はわが国の文書・記録管理にとって記念すべき年となるわけだ。

　ここで民間企業の文書管理の環境変化に触れておくと、こちらは官公庁と

違った問題に直面していると言える。その一つが、労働環境の変化である。つまり終身雇用制の崩壊、非正規社員の増加等により、組織に対する忠誠心が失われる一方、団塊の世代の退職等により、組織から高度な技術やノウハウが失われるという危機に直面しているのである。今までは教育レベルが高い優秀な社員によって支えられ、何とかなってきた文書管理も、これからはそうは行かなくなって来るのは目に見えている。国の公文書管理改革に倣い、民間においても真剣な改革を行わないと重要な文書・記録が全く残らないという事態になりかねないのである。ぜひ国の取り組みを参考にして、この際、本格的な文書・記録管理の仕組みを構築して欲しいものである。

　実を言うと筆者個人にとっても2008年は、偶然だが、いささか記念すべき年となっている。その一つは、初めて国際的な記録管理者の協会であるARMAの年次大会（ボルチモア大会）へ参加したのが、ちょうど20年前の1988年だったのである。その時に味わった強烈な印象は正にカルチャーショックであり、今でも忘れない。まず世界各国から2,000名もレコードマネジャーが参集し、かくも盛大な大会を開いているのに驚いたが、これはとりもなおさず専門職としてのレコードマネジャーの職能が確立し、社会的にも認知されていることを意味しており、このことがもっと印象深かったのである。しかも参加者の60％が女性で、協会の役員を含めこの分野で女性が大活躍していることにも感銘を受けたのであった。また大会の帰りに訪問したロッキード社のレコードマネジャー、ウイリアム・ベネドン氏が取締役なのにも驚いたが、同社のレコードセンターが体育館の何倍もあるような巨大な施設であったことも印象的だった。というわけでこの出張旅行は正に驚きの連続だったのである。そして翌1989年、筆者はまだリコー勤務の時代だが、日本レコードマネジメント(株)の山下貞麿社長らと共にARMA東京支部を設立することになる。

　2008年が記念というもう一つは、(社)行政情報システム研究所の雑誌『行政＆情報システム』に筆者が連載しているコラム「文書と記録のはざまで」がこ

の8月で、ちょうど50回目を迎えたのである。2002年11月号の第1回以来、この文書・記録に関する時評的なコラムを6年間にわたり書かせてもらったことになる。ちなみに第1回目のタイトルは「日本の文書管理の課題」だったが、最新の第50回は「公文書管理・有識者会議の中間報告を見て」となっている（その間、誌名も2007年4月、『行政＆ADP』から現在のものに変更となり、月刊から隔月発行に変わった）。

　実は、この連載を始めたのはひょんなきっかけからであった。その頃、当研究所の理事で事務局長をされていた渡邊浩太郎氏に、「日本で文書管理を普及させるために何か良い方法はないですかね」と相談を持ちかけたことがある。「小谷さん、それはあなたが雑誌に書くことだよ」、これがその時の渡邊氏の答えだったのである。このようなきっかけで、この連載が始まったのであるが、当初は正直言って、ネタが続くかどうかが心配であった。それが書き始めるとあまりネタには不自由しなかった。それだけ日本の文書管理には課題が多かったということなのかも知れない。ともあれ渡邊氏と当時の理事長百﨑英氏（元総務庁事務次官）のお二人は文書管理の問題にとてもご理解があり、ARMA東京支部の活動にも、大変ご協力をいただいたのである。心より感謝申し上げたい。

　最後に、筆者が記録管理についての経験や考え方を深めるために、今までお世話になった数多くの方々に心より感謝申し上げると共に、本書をまとめるにつき献身的なご協力を頂いた編集者の朝日崇氏に心よりお礼を申し上げる次第である。

　　2008年8月

小谷　允志

著者略歴

小谷 允志（こたに・まさし）

1936年生まれ。神戸大学法学部卒。㈱リコー、日本レコードマネジメント㈱レコードマネジメント研究所所長を経て、現在、社史・年史とアーカイブズの専門会社、㈱出版文化社アーカイブ研究所所長。記録管理学会前会長、ARMA(国際記録管理者協会)東京支部理事。
＜著作＞
『情報公開制度の新たな展望』（共著）（㈶行政管理研究センター、2000年）　『入門・アーカイブズの世界』（共訳）（日外アソシエーツ、2006年）　『文書管理と情報技術』（共著）（日本経営協会、2007年）『公文書管理のための方策』（共著）（日本経営協会、2009年）『情報公開を進めるための公文書管理法解説』（共著）（日本評論社、2011年）

今、なぜ記録管理なのか
＝記録管理のパラダイムシフト
―コンプライアンスと説明責任のために―

2008年9月25日　第1刷発行
2011年6月27日　第2刷発行

著　者／小谷允志
発行者／大高利夫
発　行／日外アソシエーツ株式会社
　　　　〒143-8550 東京都大田区大森北1-23-8 第3下川ビル
　　　　電話(03)3763-5241(代表)　FAX(03)3764-0845
　　　　URL　http://www.nichigai.co.jp/

組版処理／有限会社デジタル工房
印刷・製本／大日本印刷株式会社

©Masashi KOTANI 2008
不許複製・禁無断転載　《中性紙北越淡クリームキンマリ使用》
＜落丁・乱丁本はお取り替えいたします＞

ISBN978-4-8169-2137-7　　　　Printed in Japan,2011

文書管理・記録管理入門　ファイリングから ISOマネジメントまで

城下直之 著　A5・270頁　定価3,360円(本体3,200円)　2008.9刊

文書・記録におけるファイリングの基本、ISOの本来的な定義、理論的な記述にかたよりがちな管理手法と問題解決への道筋、今後の課題等を具体的事例を交えて詳説。"文書管理・記録管理"を基礎から学べる。

アーカイブへのアクセス
―日本の経験、アメリカの経験　《日米アーカイブセミナー2007の記録》

小川千代子・小出いずみ 編　A5・320頁　定価3,990円(本体3,800円)　2008.9刊

東京大学山上会館で開催された公開フォーラム（2007.5.9～11）をまとめた報告書。日米の研究者が集い、国レベルから民間レベルまで多方面から見たアーカイブの現状、互いの経験の共有による将来への展望などを検証。

今、なぜ記録管理なのか＝記録管理のパラダイムシフト
―コンプライアンスと説明責任のために―

小谷允志 著　A5・250頁　定価3,675円(本体3,500円)　2008.9刊

国際標準に則った日本初の本格的な記録管理の解説書。国・地方自治体、民間企業などにおける文書・記録管理の現状と課題、その解決策を提示。組織にとって、急がなくてはならない文書管理の重要性がわかる。

入門・アーカイブズの世界　記憶と記録を未来に　《翻訳論文集》

記録管理学会・日本アーカイブズ学会 共編　A5・280頁　定価2,940円(本体2,800円)　2006.6刊

記録管理学およびアーカイブズ学の分野で世界をリードしてきた理論家・実践家の定評ある論文7編を精選し、翻訳した論文集。記録管理の歴史的背景、海外での現状、未来への展望まで俯瞰することができる。

電子記録のアーカイビング

小川千代子 著　A5・230頁　定価2,940円(本体2,800円)　2003.12刊

アーキビストである著者が、電子情報の長期保存のための各国の取り組みや日本の現状を紹介し、研究動向や今後の見通しについて解説。第20回電気通信普及財団賞（テレコム社会科学賞奨励賞）受賞。

データベースカンパニー
日外アソシエーツ

〒143-8550　東京都大田区大森北1-23-8
TEL.(03)3763-5241　FAX.(03)3764-0845　http://www.nichigai.co.jp/